Geburt der Moderne

Deutsche Geschichte im 20. Jahrhundert

Herausgegeben von

Manfred Görtemaker
Frank-Lothar Kroll
Sönke Neitzel

Band 1

Frank-Lothar Kroll

GEBURT DER MODERNE

Politik, Gesellschaft und Kultur vor dem Ersten Weltkrieg

be.bra verlag

Моей дорогой Светлане

Abbildungsnachweis
Archiv des Autors 21, 35, 101
Archiv des Verlages 7, 97, 160
Bundesarchiv 11 (Bild 136-B0242, Fotograf: Tellgmann, Oscar), 68 (Bild 183-R44447), 129 (Bild 183-R25540)
Historische Bildpostkarten – Universität Osnabrück – Sammlung Prof. Dr. Sabine Giesbrecht, www.bildpostkarten.uos.de 121
Simplicissimus 55 (1907), 77 (1911), 99 (1907)
ullstein bild 93
Wikimedia 127 (Fotograf: Dontworry)

Die Deutsche Bibliothek verzeichnet diese Publikation in der Deutschen Nationalbibliografie; detaillierte bibliografische Daten sind im Internet über http://dnb.d-nb.de abrufbar.

KulturBrauerei Haus 2
Schönhauser Allee 37, 10435 Berlin
post@bebraverlag.de
Lektorat: Matthias Zimmermann, Berlin
Gesamtgestaltung: typegerecht, Berlin
Schrift: Swift 10/13,9 pt
Druck und Bindung: GGP Media GmbH, Pößneck
ISBN 978-3-89809-401-6

www.bebraverlag.de

Inhaltsverzeichnis

1 Einleitung: Dynamische Zeiten

Eine Stadt im Umbruch: Bau des neuen U-Bahnhofes am Halleschen Tor in Berlin, um 1900.

Die Beurteilung des Wilhelminischen Zeitalters als einer epochalen Weichenstellung der deutschen Nationalgeschichte ist in den letzten Jahren stark in Bewegung geraten. Ausmaß und Umfang der damit verbundenen Neubewertungen auf zahlreichen kulturwissenschaftlichen Forschungsfeldern lassen es als berechtigt, ja beinahe als geboten erscheinen, hier eine regelrechte Tendenzwende zu konstatieren.[1] Seit den späten 1960er Jahren war in der deutschen Geschichtsschreibung eine Einstellung vorherrschend gewesen, die das kaiserliche Deutschland, zumal im Blick auf die Spätphase seiner Existenz ab etwa 1897, zu einer monströsen Schreckgestalt degradiert hatte – einem rückwärtsgewandten, autoritären und demokratiefernen Obrigkeitsstaat, dessen Unfähigkeit zur Einleitung von Reformschritten und zur Realisierung von Modernisierungsmaßnahmen schließlich in die selbstverschuldeten Katastrophen von 1914 bzw. 1918 und deren Jahrzehnte währenden Folgen geführt habe.

Im Verlauf der 1970er und 1980er Jahre verengte sich diese Perspektive zu jener zeitweise forschungsleitenden Unterstellung eines deutschen »Sonderwegs«, welche – bei gleichzeitiger Annahme eines westeuropäischen »Normalwegs« – die Entwicklungslinien des kaiserlichen Deutschlands direkt in den Nationalsozialismus einmünden ließ. Die Geschichte des Bismarckreiches wurde mehr oder weniger als eine bloße Vorgeschichte des »Dritten Reiches« interpretiert. Sich als »kritisch« gebärdende Repräsentanten einer Historischen Sozialwissenschaft, allen voran Hans-Ulrich Wehler, überboten sich in ihrem Bemühen, entsprechende Kontinuitätszusammenhänge zu konstruieren und gegenläufige Forschungsmeinungen, wie sie etwa von Thomas Nipperdey, David Blackbourn, Geoff Eley oder Richard J. Evans prominent vorgetragen wurden, nach Kräften zu delegitimieren.

Gegenüber solchen Einschätzungen präsentiert dieses Buch – unter Bezugnahme auf jüngste Ergebnisse der internationalen und interdisziplinären Kaiserreichforschung – eine längst überfällige Neubewertung des wilhelminischen Deutschlands. Denn anders, als es die in modifizierter Form vereinzelt noch immer vertretene »Sonderwegs«-These glauben machen will,[2] ist mittlerweile deutlich geworden, wie stark das deutsche öffentliche Leben gerade in den letzten drei Jahrfünften vor Kriegsausbruch durch Wandlungsprozesse und Reformbestrebungen bestimmt war, die das Reich auf vielen Gebieten als einen fortschrittlichen und leistungsstarken Nationalstaat auf der Höhe zeitgenössischer Modernität auswiesen. Sichtbar wird dies besonders im Vergleich mit anderen europäischen Ländern. Diesen nicht gezogen zu haben, erweist sich rückschauend auch als das wohl schwerwiegendste Versäumnis der germanozentrisch verengt argumentierenden »Sonderwegs«-Historiker. Dagegen wird das Wilhelminische Deutschland in diesem Buch auf sein europäisches Normalmaß zurückgeführt – soweit die wenigen bisher vorliegenden Untersuchungsergebnisse einer bewusst transnational ausgerichteten Europa-Historie dies jetzt schon zulassen.[3]

»Modernität« und »Reform« erscheinen dabei geradezu als Leitwörter der Epoche, als prägende Schlüsselbegriffe für ein in fast alle Lebensbereiche ebenso hineinwirkendes wie sich dort zugleich spiegelndes Zeitsymptom. Dass die künstlerisch-kulturelle, die technisch-wissenschaftliche und die wirtschaftlich-industrielle Entwicklung im letzten Vorkriegsjahrzehnt eine durch fundamentale Wandlungsprozesse geprägte Dynamik aufwiesen, wurde in der Regel schon von älteren Darstellungen betont. Dass jedoch auch das angeblich so verkrustete wilhelminische Gesellschaftsgefüge Schauplatz eines rasanten Erneuerungsgeschehens war, wird demgegenüber weitaus seltener eingestanden. Und dass der Modernisierungssog damals sogar das politische System erfasste, dass selbst die staatliche Ordnung, trotz mancher Stagnationsmomente, einem ganz unverkennbaren Partizipations-, Emanzipations- und Demokratisierungsschub ausgesetzt war, ist überhaupt erst durch jüngste Forschungsbeiträge zur Wahl-, Parteien- und Parlamentsgeschichte des Kaiserreichs ans Licht getreten.

Angesichts eines begrenzten Umfangs kann die mit alledem verbundene Problematik in diesem Buch nur sehr eingeschränkt diskutiert werden. Geboten wird – bei weitgehendem Verzicht auf narrative Darstellungselemente – ein stark komprimierter Überblick, der die maßgeblichen inneren Geschehensfelder des spätwilhelminischen Deutschlands einbezieht. Außenpolitische oder diplomatiegeschichtliche Aspekte, denen sich andere Autoren und Bände dieser Reihe widmen, werden nur gestreift. Wenn dabei das »Jahrfünft um 1900«[4] als »markante Epochenscheide«[5] erscheint und die nach der Säkularwende noch verbleibenden 14 Jahre bis zum Kriegsausbruch als eigenständiger Abschnitt innerhalb der Gesamtgeschichte des Deutschen Kaiserreichs verstanden werden, entspricht dies weitgehend dem Wahrnehmungshorizont der meisten Zeitgenossen. Diese verbanden mit dem Jahrhundertwechsel nämlich mannigfache Erwartungen an das Heraufdämmern einer Zukunftsära, die sich von allem Vorangegangenen nicht nur graduell, sondern prinzipiell abheben sollte. Und sie blickten der Silvesternacht des Jahres 1899 daher entweder mit kühnen Hoffnungen oder aber in verhaltenen Ängsten entgegen, keinesfalls jedoch mit unbeteiligtem Gleichmut, sondern vielmehr in dem Bewusstsein, eine »große« Wandlung zu erleben und einer echten Zeitenwende beizuwohnen.[6]

Dieser von den Zeitgenossen nachdrücklich empfundenen »Jahrhundertzäsur« hat die historische Forschung bisher insofern Rechnung getragen, als auch sie in der Säkularwende – jenseits aller nur symbolischen Bedeutung, die dem Jahrhundertwechsel zweifellos innewohnte – mittlerweile eine historische Epochenscheide erblickt.[7] Deren Indizien verwiesen auf einen fundamentalen Umbruch im politischen, gesellschaftlichen und kulturellen Lebensgefüge Deutschlands oder kündigten ihn doch zumindest an – nicht unähnlich jener »Sattelzeit«, die einst Reinhart Koselleck für die geschichtliche Wende von 1800 diagnostiziert hat.[8] Symptome des in den Jahren nach 1900 verstärkt einsetzenden Wandels präsentierten sich in derart unüberschaubarer Vielfalt, dass man ihnen auf den unterschiedlichsten Feldern und Sektoren des öffentlichen Lebens begegnete. In der Presse- und Medienlandschaft waren sie ebenso anzutreffen wie im Rechts- und Bildungswesen, im Konsum- und Freizeitverhalten, in der parlamentarischen politischen Kultur oder im künstlerisch-literarischen Milieu. Dass parallel zu den damit verbundenen Aufbruchshoffnungen und Erneuerungsstimmungen – gleichsam als deren spiegelbildliche Schattierung – stets auch Verlustempfindungen, Krisenerfahrungen und Untergangsängste artikuliert wurden, steht nicht im Widerspruch zu der in diesem Buch behaupteten »Modernität« des spätwilhelminischen Kaiserreichs. Im Gegenteil: Solch ambivalente Strebungen kennzeichneten und begleiteten die »Geburt der Moderne« von Anfang an – keineswegs nur in Deutschland, sondern in allen europäischen Transformationsgesellschaften des frühen 20. Jahrhunderts.

2 Staat, Regierung und Verwaltung

Ambivalenzen der Moderne: Mit dem Automobil vorgefahren, ist Kaiser Wilhelm II. für die Frühjahrsparade des Gardecorps auf dem Tempelhofer Feld aufs Pferd gestiegen, 1913.

Struktur und Wandel der konstitutionellen Monarchie

Die Staatsform, nach deren Grundsätzen das Deutsche Reich in den anderthalb Jahrzehnten vor Ausbruch des Ersten Weltkriegs regiert wurde, war die der konstitutionellen Monarchie. Lange Zeit haben sowohl deren Befürworter als auch zahlreiche Kritiker in ihr eine spezifisch deutsche Ausprägung des monarchischen Prinzips erblickt, die das Machtverhältnis von Krone und Volksvertretung allzu stark zugunsten des preußischen König- und deutschen Kaisertums ausbalancierte und dem Parlament nur geringe Spielräume für die Artikulation von Bürgerinteressen offerierte. Mittlerweile hat die vergleichende historische Forschung jedoch klargestellt, dass es sich beim monarchischen Konstitutionalismus um den Normalfall europäischer Verfassungsstandards im 19. und frühen 20. Jahrhundert handelte.[1] Er erscheint geradezu als eine Art Epochentyp, der, mit annähernd gleicher Machtverteilung zwischen Monarch und Parlament, in den Jahren vor 1914 die Verfassungswirklichkeit Deutschlands ebenso kennzeichnete wie etwa diejenige Belgiens, Italiens oder Spaniens, Schwedens oder Dänemarks, Rumäniens oder Bulgariens. Wer sie noch immer als vermeintliche deutsche Sonderform missversteht und zu einem »autokratischen, halbabsolutistischen Scheinkonstitutionalismus« herabsetzt, ignoriert jede europäische Vergleichsperspektive.[2]

Kennzeichnend für die monarchisch-konstitutionellen Verfassungsverhältnisse des späten Kaiserreichs war deren ausgesprochener Kompromisscharakter. In seiner Struktur war das konstitutionelle System dualistisch angelegt. Es beruhte auf der Anerkennung des Prinzips der Königsherrschaft einerseits und des parlamentarischen Mitentscheidungsrechts der Nation andererseits. Dabei war keines dieser beiden aufeinander bezogenen Verfassungselemente ohne das jeweils andere für sich funktionsfähig: Der Monarch konnte nicht ohne das Parlament agieren, aber auch das Parlament war ohne den Monarchen handlungsunfähig. Aus dieser wechselseitigen Zuordnung und Verschränkung zweier zwar gegensätzlicher, doch gleichberechtigter Verfassungsprinzipien – der monarchischen Regentschaft und der Volkssouveränität – ergab sich die Notwendigkeit zur Kooperation, zur Verständigung und zum Ausgleich zwischen ihnen gleichsam als ein Gebot der praktischen politischen Vernunft. Ein beständiges »Sichentgegenkommen, Sichverstehenlernen, Sichanpassen«[3] von monarchischer Regierung und parlamentarischer Volksvertretung galt folglich auch der zeitgenössischen Staatslehre als charakteristischer Aktivposten der konstitutionellen, auf Teilung der Macht substanziell angelegten Regierungsweise.

Seit Beginn des neuen Jahrhunderts gab es mehr und mehr Beispiele für das konstruktive Zusammenwirken von monarchisch-kaiserlicher Reichsleitung und demokratisch-parlamentarischer Reichstagsmehrheit: Die beiden Flottengesetze von 1899 und 1900 mit ihren drei Novellen von 1906, 1908 und 1912 wurden ebenso auf der Grundlage eines umfassenden parlamentarischen Konsenses verabschiedet wie die Heeresnovelle von 1913. Gleiches galt für die ab 1902 mit ausländischen Wirtschaftspartnern geschlossenen Zolltarif- und Handelsverträge, für die Reform des Vereins- und Versammlungsrechts 1908 oder für das Gesetz zur Reichsfinanzreform 1909. Bei der Realisierung einzelner Gesetzesvorhaben konnte sich die Regierung sogar die Zustimmung der sozialdemokratischen Reichstagsfraktion sichern, mehrfach im Rahmen sozialpolitischer Reformprojekte, doch auch etwa anlässlich der Verabschiedung der Verfassung für das Reichsland Elsaß-Lothringen 1911, wovon noch zu sprechen sein wird. Das die historische Forschung eine Zeit lang dominierende Bild einer autokratisch und volksfern agierenden, zudem kaiser- und militärhörigen Reichsleitung, der ein in sich uneiniges und schwaches Parlament konfrontativ gegenüberstand,[4] findet in der historischen Wirklichkeit keine Bestätigung.

Ein Blick in die Protokollbände der Parlamentsverhandlungen führt vielmehr zu der gegenteiligen Erkenntnis, dass der kaiserliche Reichstag, gerade in den letzten beiden Jahrzehnten seiner Existenz, ein von großer Offenheit und Freimütigkeit der Diskussionskultur geprägtes Entscheidungsforum war, das kaum politische Tabuzonen kannte, auch keine Konsensszenarien konstruierte, sondern durch ein hohes Maß an fachlicher Kompetenz, sachbezogener Arbeitsleistung und stetig steigendem Selbstbewusstsein bestach. Schon die Reichsverfassung vom April 1871, die das konstitutionelle Prinzip verbindlich festgeschrieben hatte und bis zu den zur vollständigen Parlamentarisierung führenden Verfassungsreformen vom 28. Oktober 1918 formal in Geltung stand,[5] hatte der Volksvertretung ausgedehnte Befugnisse verliehen. Dazu zählten in erster Linie jene beiden Instrumente, deren Vorhandensein bis heute Macht und Einfluss parlamentarischer Vertretungskörperschaften überall auf der Welt anzeigt: Gesetzgebungskompetenz und Budgetrecht. Jedes Reichsgesetz bedurfte für sein Zustandekommen der Mitwirkung des Reichstags als der wichtigsten legislatorischen Instanz im kaiserlichen Deutschland. Ohne seine Zustimmung konnten zudem keine Steuern eingeführt, keine Anleihen erhoben und keine Ausgaben getätigt werden, auch nicht im militärischen Bereich. Ein Vetorecht des Kaisers oder ein Notverordnungsrecht der Regierung, das diese parlamentarischen Befugnisse einzuschränken oder gar außer Kraft zu setzen vermocht hätte, war nicht vorgesehen, anders als in der späteren Weimarer Reichsverfassung von 1919. Vertagt werden konnte der Reichstag nur für kurze Zeit, und seinen Geschäftsgang regelte er selbst, frei von äußerem Druck und von öffentlichen oder gouvernementalen Normierungszwängen.

Effizient war die aus solchen Regularien hervorgehende legislatorische Tätigkeit allemal: Sämtliche vier zwischen 1900 und 1914 einberufenen Reichstage beeindrucken auch noch den heutigen, an die Alltagswirklichkeit der »Berliner Republik« gewöhnten Betrachter durch die Vielfalt parlamentarischer Gesetzgebungsakte, die mit großer Professionalität verabschiedet wurden. Nimmt man dazu noch die Intensität, mit der alle Reichstagsfraktionen – durch das ihnen zustehende Recht auf Festlegung des Etats – an der Planung und Kontrolle des Einsatzes öffentlicher Finanzmittel beteiligt waren und auf diese Weise die Prioritäten staatlichen Handelns mitbestimmten, so wird man das oft kritisierte Urteil des Verfassungshistorikers Ernst Rudolf Huber wohl doch ernst nehmen müssen und dem Reichstag gerade der späteren Kaiserzeit eine starke Stellung innerhalb des konstitutionellen Verfassungsgefüges des Zweiten Reiches zusprechen können.[6] Durch den demokratischen Modus seiner Zusammensetzung, die seit 1871 bekanntlich auf der noch zu erörternden Grundlage des allgemeinen, freien und gleichen (Männer-)Wahlrechts erfolgte, wurde das Gewicht parlamentarischen Handelns auf Reichsebene zusätzlich gestärkt.

Nun traf allerdings dieses mit starker Handlungsmacht ausgestattete Reichsparlament auf eine nicht weniger machtvolle Reichsregierung, vertreten durch Amt und Person des Reichskanzlers. Dieser wurde bekanntlich vom Kaiser ernannt und entlassen, und er blieb daher der unmittelbaren parlamentarischen Verfügungsgewalt entzogen.[7] Maßgeblich für seinen Machterhalt war das persönliche Vertrauen des Monarchen. Der Reichstag besaß laut Verfassungstext keine Möglichkeit, an der Berufung des Reichskanzlers mitzuwirken oder dessen Rücktritt zu erzwingen. Indes lohnt auch hier ein Blick in die verfassungspolitische Realität des Wilhelminischen Zeitalters. Denn selbstverständlich musste auch der durch keine verfassungsrechtlich einklagbare parlamentarische Verantwortlichkeit gebundene »konstitutionelle« Kanzler der gewählten Volksvertretung Rede und Antwort stehen. Er musste Auskunft erteilen und Rechenschaft ablegen über sein Regierungshandeln. Er musste seine Politik vor dem Forum der Nation verteidigen. Und er musste es hinnehmen, dass die von ihm getroffenen Entscheidungen dort öffentlich diskutiert und gegebenenfalls scharf kritisiert wurden. Auf diese Weise bestand zwar keine juristisch-formale Verantwortlichkeit, wohl hingegen eine politisch-moralische Verantwortung der Reichsleitung gegenüber dem Reichstag als legitimiertem Sprachrohr der Bevölkerung. Letztlich waren Reichskanzler und Reichsleitung ohne Unterstützung durch die Reichstagsmehrheit genauso handlungsunfähig wie im Fall mangelnden Rückhalts seitens der Krone. Einer Politik administrativer Willkür waren damit weitgehend Grenzen gesetzt. Diesem Befund entsprach die Tatsache, dass faktisch alle nach 1900 amtierenden Kanzler des konstitutionellen Systems unter mehr oder weniger starker Mitbeteiligung des Reichstags – bei formell unvermindert fortbestehender kaiserlichen Prärogative – zum Amtsverzicht bewogen wurden.

Gleichwohl kam es in den Vorkriegsjahren weder zur vollständigen Parlamentarisierung der Reichsverfassung, noch wurde ein solcher etwaiger Wechsel des politischen Systems von allen zeitgenössischen Beobachtern vorbehaltlos gewünscht. Es war nicht zuletzt die damalige Staatsrechtslehre, welche die monarchisch-konstitutionelle Regierungsform Deutschlands positiv von der parlamentarischen Verfassungsordnung Frankreichs und besonders Großbritanniens abzugrenzen versuchte. »Bei dem monarchisch-konstitutionellen System«, so liest man repräsentativ etwa in Schriften des prominenten Berliner Verfassungshistorikers Otto Hintze (1861–1940), »ist die Krone, in der der Staatsgedanke sich verkörpert, der erste Faktor im öffentlichen Leben und das Parlament als die Vertretung der verschiedenen Gesellschaftsklassen der zweite; beim parlamentarischen System hat das Staatsoberhaupt nur eine formale Ehrenstellung.« Die Regierung werde dort vom Parlament und von den Parteien geführt, die Minister agierten lediglich als »ein Ausschuß der jeweiligen Parlamentsmajorität [...], während sie in monarchisch regierten Staaten nach freiem Ermessen der Krone bestellt und in der Regel aus den Kreisen des Beamtentums entnommen« würden. Dies wiederum, so Hintze weiter, verbürge Talent und Sachwissen und ermögliche ein am Gemeinwohl orientiertes Handeln jenseits aller sozialen Klassenunterschiede. Hingegen bedeute parlamentarische Herrschaft stets »Parteiregierung« und führe unweigerlich zur Dominanz subjektiver gesellschaftlicher Teilinteressen gegenüber dem »objektiven« Gesamtinteresse der Nation. Zudem sei die konstitutionelle Monarchie mit ihrer autoritätssichernden Betonung der Krongewalt und dem Vorrecht des Herrschers zur Besetzung der Regierungsspitze auch aus geopolitischen Gründen die für Deutschland gemäße Verfassungsordnung. Denn anders als England, das durch seine Insellage einen weitgehenden Schutz vor den territorialen Begehrlichkeiten machtpolitischer Konkurrenten und Rivalen genieße und sich daher ein erhöhtes Maß an innerer Freiheit leisten könne, bedürfe das an seinen Außengrenzen ständig bedrohte Reich einer politisch wie militärisch gleichermaßen straff gespannten monarchischen Führung.[8]

Tatsächlich gingen die realen Machtbefugnisse, die der kaiserlichen Staatsspitze gemäß der Reichsverfassung von 1871 zustanden, nicht wesentlich über jene monarchischen Vorrechte hinaus, wie sie auch den gekrönten Häuptern der meisten anderen konstitutionell verfassten Staaten Kontinentaleuropas gewährt wurden. Dazu zählten im Bereich des Auswärtigen die eher unspektakuläre Befugnis zur völkerrechtlichen Vertretung des Reiches sowie das Recht, Verträge mit fremden Staaten zu schließen und, falls erforderlich, Kriegserklärungen zu unterzeichnen. Im Innern war der Deutsche Kaiser dazu befugt, den Reichstag einzuberufen und aufzulösen sowie die Ernennung der Reichsbeamten formell zu bestätigen. Hinzu kam der kaiserliche Oberbefehl über das Heer und die Kriegsmarine. Legislative Gewalt hingegen besaß der Reichsmonarch nur insofern, als die Reichsgesetze in seinem Namen ausgefertigt und verkündet wurden. Ein Vetorecht gegen vom Parlament verabschiedete Gesetze kam dem Kaiser nicht zu – anders als dem belgischen, dem italienischen oder dem rumänischen König. Gemessen an den Machtbefugnissen, welche die beiden anderen vergleichbaren Verfassungswerke auf gesamtstaatlicher Basis in Deutschland dem jeweiligen Staatsoberhaupt zubilligten – die nicht in Kraft getretene Frankfurter Paulskirchenverfassung von 1849 und die nicht eben von Erfolg gekrönte Weimarer Reichsverfassung von 1919 –, waren die aus der Verfassung des Bismarckreiches von 1871 abzuleitenden kaiserlichen Herrschaftsansprüche und Einflussmöglichkeiten alles andere als ungewöhnlich oder gar überzogen. Ihren Kern – und zugleich den Hauptansatzpunkt für entsprechend artikulierte Kritik – bildete das Ernennungsrecht des Reichkanzlers.

Es ist viel darüber gestritten worden, ob Deutschlands letzter Kaiser seine ihm konstitutionell zugewiesenen Grenzen durch selbstherrliche Einmischungen in die laufenden Staatsgeschäfte überschritten und ein »persönliches Regiment« unter Umgehung der verfassungsmäßig verantwortlichen Entscheidungsgremien zu führen, also Reichsregierung und Reichstag auszuschalten versucht habe.[9] Die unbestreitbaren verbalen Fehlgriffe und rhetorischen Entgleisungen Wilhelms II. im Rahmen der gerade von vielen monarchietreuen Deutschen mit wachsender Besorgnis aufgenommenen »Kaiserreden«[10] machten schon manchem Zeitgenossen die Existenz verborgener absolutistischer Neigungen des Herrschers deutlich. Vorhanden waren solche Neigungen gewiss. Auch mochte der Kaiser selbst – wie viele spätere Kritiker – seine herausfordernden und anmaßenden Worte nur allzu oft bereits als vollzogene Taten empfunden haben. Und die Wirkungen seiner vielfach militant aufgeladenen Semantik auf das sensationsheischende Massenpublikum des In- und Auslands waren gemeinhin stark und nachhaltig.

Insgesamt jedoch wird man sich von der Vorstellung einer improvisierten oder gar systematisch durch unverantwortliche Ratgeber und Vertrauensleute beförderten monarchischen Selbstregierung, wie sie unlängst noch einmal mit großem wissenschaftlichen Aufwand ausgebreitet wurde, zu verabschieden haben.[11] Die Vielfalt politischer Machtzentren, aber auch der Pluralismus gesellschaftlicher Kräfte – der öffentlichen Meinung und der Presse, der Parteien und der Verbände – ließen eine unentwegt im Verborgenen erfolgende Einflussnahme des Kaisers auf Sachentscheidungen der Innen- und Außenpolitik mittels einer monarchischen Nebenregierung nach spätabsolutistischem Vorbild grundsätzlich nicht mehr zu.[12] Darüber hinaus vereitelten auch Wilhelms II. allseits bekannte Charaktereigenschaften von vorneherein jeden ernsthaften Versuch, eine verfassungswidrige autokratische Herrschaft längerfristig auszuüben oder gar dauerhaft durchzustehen.

Denn der letzte Träger der preußischen Königs- und deutschen Kaiserwürde war alles andere als ein starker Monarch. Sprunghaftigkeit und Willensschwäche kennzeichneten seinen Habitus schon in jungen Jahren und sind durch ungezählte Selbst- und Fremdzeugnisse umfassend dokumentiert.[13] Ruhelos, hyperaktiv und voll hektisch-nervöser Betriebsamkeit im Verfolgen auch der kleinsten Anliegen, neigte er zum Erteilen nicht erbetener Ratschläge ebenso, wie er sich in seiner Impulsivität zu übereilten Einmischungen und vorschnellen Handlungen hinreißen ließ. Angesichts dieser Persönlichkeitsdefizite, die sich mit einem stark übersteigerten Geltungs- und Mitteilungsbedürfnis als Kompensation innerer Unsicherheit verbanden, fiel es seiner dienstlichen und privaten Umgebung leicht, ihn für Zwecke und Ziele einzuspannen, die oftmals nur bedingt die seinen waren. Nicht, dass es Wilhelm II. an politischen Ideen und Interessen gefehlt hätte. Doch er stellte die eigenen Positionen gegenüber den Empfehlungen ministerieller oder diplomatischer Ratgeber, besonders in wichtigen außenpolitischen Entscheidungssituationen der unmittelbaren Vorweltkriegszeit, immer wieder zurück – mehrfach wider besseres Wissen und zum Schaden Deutschlands.

Hier nur einige Beispiele: Der 1905 demonstrativ in Szene gesetzte Kaiserbesuch in Tanger etwa, der die weltmachtpolitischen Ambitionen des Reiches herausstellen sollte, war von Kreisen des Auswärtigen Amtes angeregt und gegen Wilhelms vernehmliche Einwendungen durchgesetzt worden. Und die aufsehenerregende Entsendung des Kanonenboots »SMS Panther« nach Agadir (1911) musste ihm vom damaligen Staatssekretär des Äußeren, Alfred von Kiderlen-Wächter (1852–1912), geradezu abgerungen werden. Wilhelm II. selbst hielt eine solche Politik des Säbelrasselns zum gegenwärtigen Zeitpunkt für unangebracht. Die meisten Zeitgenossen freilich empfanden derartige Aktivitäten als Manifestationen kaiserlicher Hybris, als Zeichen imperialer Machtanmaßung und als Ausdruck eben jenes vielberufenen »persönlichen Regiments«, welches in den vielen rednerischen Unbedachtsamkeiten seine augenfälligste Entsprechung zu finden schien. Dass sich hinter der äußerlich so glänzenden Fassade des kraftstrotzenden Imperators eine außerordentlich fragile und letztlich zutiefst durchsetzungsschwache Existenz verbarg, blieb den meisten Beobachtern in der Regel verborgen.

Allerdings verwiesen gerade die »Kaiserreden« mit ihrer demonstrativen Zurschaustellung imperialer Herrschaftsansprüche und ihrer weitstrahlenden Resonanz im öffentlichen Raum auf das machtsymbolisch-repräsentative Gewicht, das dem Kaiseramt in seiner Handhabung durch Wilhelm II. zuwuchs. Nicht nur in seinen wortreichen Auftritten, sondern auch bei effektvoll inszenierten Militärparaden und Jubiläumsfeiern, auf Besichtigungsfahrten, Hoffesten oder seinen eifrig unternommenen Reisen[14] bediente der Kaiser den eigenen wie auch öffentlichen Bedarf nach monarchischer Selbstdarstellung in durchaus virtuoser, medienwirksamer Form. Dabei spiegelte er sich selbst und seiner Umwelt das Bild eines in ungetrübter Souveränität erstrahlenden Selbstherrschers vor, der die Geschicke seines Landes mit starker Hand zu leiten wusste. Der Kaiser agierte hier in vollem Bewusstsein als »Reichsmonarch«, mithin als eine Instanz, welche die Nation nicht nur symbolisierte, sondern sie zugleich auch sehr vernehmlich repräsentierte. Und Wilhelm II. entsprach mit diesem in der Rückschau so überheblich und selbstgefällig wirkenden Gebaren den Erwartungen zahlreicher Zeitgenossen in hohem Grad. Dies galt nicht zuletzt deshalb, weil er sich in den verschiedenen »Rollen« auch unterschiedlich verhielt und ein beträchtliches Maß an Anpassungsfähigkeit besaß.

Man sah es keineswegs ungern, wenn der Imperator in markiger, bildreich-assoziativer Sprache die »Weltgeltung« des Reiches im Kreis der Mächte einforderte und die politischen Rivalen Deutschlands, insbesondere Großbritannien,[15] in die Schranken verwies. Man empfand Genugtuung darüber, dass ein glanzvoll ausgestaltetes Hofleben in Berlin und Potsdam trotz steigender Kosten dem internationalen Wettbewerb der Höfe um Prestige und Reputation standhielt und hier weder von der in London, Wien oder Sankt Petersburg betriebenen Prachtentfaltung in den Schatten gestellt wurde, noch gar hinter den Luxusaufwand prunkvoller Lebensführung des heimischen Wirtschaftsbürgertums zurückfiel.[16] Man wollte dabei sein, wenn der Herrscher einem großen Kreis geladener Gäste aus allen Bevölkerungsschichten eine Gelegenheit bot, im Rahmen der jährlich stattfindenden Krönungs-, Ordens- und Geburtstagsfeierlichkeiten mit ihm und den Mitgliedern der kaiserlichen Familie in Kontakt zu gelangen. Tatsächlich hat Wilhelm II. für eine Öffnung des Hofzeremoniells »nach unten« gesorgt und durch Ausdehnung der Zugangsmöglichkeiten zu den Festen der Dynastie – die Liste

Kaiserlicher Neujahrsspaziergang: Wilhelm II. und seine sechs Söhne auf dem Weg vom Schloss zum Berliner Dom, 1913.

der Gäste bei Hofbällen reichte hinab bis zu kleinen Postbeamten und Straßenbahnschaffnern[17] – erheblich dazu beigetragen, dass der preußische Königs- und deutsche Kaiserhof seinen Kommunikationsraum erweiterte, ihn in gewissen Grenzen sogar demokratisierte.

Die konstitutionelle Monarchie besaß in Deutschland, trotz manch irritierender Momente, in weiten Kreisen der Bevölkerung ein hohes Maß an gesellschaftlicher Akzeptanz, weil sie Integrationskräfte zu entfalten, Bindemittel freizusetzen und auf dem Weg starker medialer Präsenz Loyalitäts- und Legitimationspotenziale zu mobilisieren vermochte, die erst im Verlauf des Weltkriegs ihre Wirkung verlieren sollten.[18] Vor 1914 waren solche Wirkungsverluste indes marginal, auf keinen Fall gaben sie Anlass, etwa eine latente Krise des monarchischen Gedankens zu unterstellen. Das Kaisertum konnte vielmehr für sich in Anspruch nehmen, als agile, ja als moderne, ebenso populäre wie wandlungsfähige Institution auf der Höhe der Zeit wahrgenommen zu werden. Dazu trug auch Wilhelms II.

starke Aufgeschlossenheit gegenüber allen Fragen der Technik bei, seine Begeisterung für die Errungenschaften des industriellen Systems und, nicht zuletzt, die Dynamik seiner eigenen Lebensführung.[19] »Niemals zuvor«, so urteilte der spätere deutsche Außenminister Walther Rathenau (1867–1922), dem der Kaiser aus zahlreichen Begegnungen vor 1914 persönlich vertraut war, in der Rückschau des Jahres 1919 über das Verhältnis der Deutschen zu ihrem langjährigen Staatsoberhaupt, »hat so vollkommen ein sinnbildlicher Mensch sich in der Epoche, eine Epoche sich im Menschen gespiegelt«, wie dies bei Wilhelm II. der Fall gewesen sei. »Dies Volk in dieser Zeit«, so Rathenau weiter, »bewußt und unbewußt, hat ihn so gewollt, nicht anders gewollt, hat sich selbst in ihm so gewollt. [...] Nicht einen Tag lang hätte in Deutschland regiert werden können wie regiert worden ist, ohne die Zustimmung des Volkes.«[20]

Ausbau und Reform des Nationalstaats

Symbolisch aufgeladene politische Handlungsfelder, wie sie das Kaisertum vor dem Ersten Weltkrieg in der beschriebenen Form für sich zu erschließen und erfolgreich zu besetzen vermochte, waren in der Reichsverfassung von 1871 selbstverständlich nicht vorgesehen. Überhaupt boten die Verfassungsbestimmungen kaum belastbare Handhabe für eine offensive Interpretation des kaiserlichen Amtes im Sinn reichsbezogener, den Gesamtstaat betreffender Machtbefugnisse. Gemäß den Regularien des Verfassungstextes von 1871 kam dem Kaiser, und zwar in seiner Funktion als König von Preußen, zunächst nur die Aufgabe eines geschäftsführenden Präsidialorgans des Deutschen Reiches zu. Dessen oberster Souverän war nicht der Kaiser – und auch nicht das Volk –, sondern der Bundesrat. Dieser vertrat die Gesamtheit der zum Reich vereinigten Einzelstaaten und war mit umfangreichen legislativen und exekutiven Rechten ausgestattet. Doch der zunächst – und verfassungsrechtlich auch weiterhin – äußerst bescheidene Machtrahmen, in den die

Krone hineingestellt war, hatte sich schon zu Lebzeiten Kaiser Wilhelms I. insofern symbolpolitisch geweitet, als dieser überaus populäre Monarch durch die zurückhaltende und ausgewogene Art seiner Amtsführung das Kaisertum auch dort zur Akzeptanz geführt hatte, wo man der Hohenzollernmonarchie mit landsmannschaftlich, konfessionell oder klassenspezifisch bedingten Vorbehalten begegnet war. Wilhelm II., charakterlich so gänzlich anders veranlagt als sein Großvater, vermochte von diesem symbolpolitisch angesammelten Kapital ebenso zu zehren, wie er es durch sein sehr entschiedenes Auftreten als »Reichsmonarch«, nicht zuletzt im weltpolitischen Geltungsraum, seinerseits zu mehren wusste. Wenn der Kaiser so von den meisten Deutschen als sinnbildliche Verkörperung der Reichseinheit wahrgenommen wurde, dann entsprach dies nur der sich seit Jahrhundertbeginn noch einmal verstärkt artikulierenden Tendenz zur Zentralisierung und Unifizierung, von der zahlreiche Felder des öffentlichen Lebens in Deutschland betroffen waren.[21]

Längst schon hatte sich der Bundesrat, der im Verfassungstext als höchstes Reichsorgan und föderatives Element schlechthin firmierte, zu einer nachgeordneten Strukturgröße im politischen Leben des Kaiserreiches entwickelt. Laut Verfassungstext wäre ihm eigentlich eine starke Stellung zugekommen, denn allein der Bundesrat war, anders als der Reichstag, an der Legislative und der Exekutive zugleich beteiligt, da er sowohl Gesetze mitbeschloss als auch die zu deren Ausführung erforderlichen Verwaltungsvorschriften verfügte. Doch ließ – schon in der späten Bismarckzeit, und dann verstärkt seit Beginn des neuen Jahrhunderts – das Zusammenspiel zwischen Reichsleitung und Reichstag das bundesstaatliche Föderativorgan zusehends in den Hintergrund treten. Überhaupt war das Vordringen unitarischer Energien, der Durchbruch zum »unitarischen Bundesstaat«[22] für die Verfassungsentwicklung der Wilhelminischen Ära das kennzeichnende Merkmal. Die zeitgenössische Staatsrechtslehre hat diesen gleichsam unterschwelligen Verfassungswandel und die sich daraus ergebende Differenz zwischen einem stark föderalistisch geprägten Verfassungstext einerseits und der zunehmend unitarisch ausgerichteten Verfassungswirklichkeit andererseits als charakteristisches Zeitsymptom konstatiert und – in der Regel zustimmend – kommentiert.[23]

Aufs Stärkste betroffen vom Erstarken der Reichsgewalt war in den letzten Vorkriegsjahren das Gebiet der Reichsgesetzgebung. Pünktlich zum Jahrhundertbeginn, am 1. Januar 1900, trat nach jahrzehntelanger Vorbereitung[24] das Bürgerliche Gesetzbuch in Kraft, das die Modalitäten des alltäglichen Rechtsverkehrs zwischen Privatpersonen reichseinheitlich regelte und in manchen seiner Bestimmungen bis heute Gültigkeit besitzt. Mit Verabschiedung des Urheberrechts- und Verlagsgesetzes (1901), der drei Finanzreformgesetze von 1904, 1906 und 1909, des Reichsvereinsgesetzes (1908) und des Angestelltenversicherungsgesetzes (1911) waren die großen, von Regierung und Reichstag gemeinsam auf den Weg gebrachten rechtsvereinheitlichenden Kodifikationen im Wesentlichen abgeschlossen. Das hinderte viele Vertreter der deutschen Justiz jedoch keineswegs daran, trotz des hohen Grades an Verrechtlichung, Rechtsbewusstsein und Rechtsstaatlichkeit, den die politische Kultur des Kaiserreichs im gesamteuropäischen Vergleichsmaßstab für sich in Anspruch nehmen konnte, speziell nach der Jahrhundertwende in eine umfassende Reformdiskussion einzutreten, die alle relevanten Bereiche der Rechtsprechung einbezog.[25]

Der 1911 gegründete Verein »Recht und Wirtschaft«[26] verstand sich ausdrücklich als ein Diskussionsforum für jene »kritischen« Juristen und Laien, denen an einer Erneuerung des Rechtswesens und an einer verbesserten Justizpflege gelegen war. Und auch der »Deutsche Richterbund«, 1909 als nationaler Dachverband aller bis dahin existierenden bundesstaatlichen Richtervereinigungen geschaffen, beteiligte sich lebhaft an entsprechend geführten Modernisierungsdebatten.[27] In deren Mittelpunkt stand eine sehr differenzierte Auseinandersetzung mit der damals verstärkt aufkommenden öffentlichen Kritik am Standesverhalten der Richter und Staatsanwälte. »Klassenjustiz«, »Parteilichkeit« und »Weltfremdheit« – das waren die in diesem Zusammenhang am häufigsten erhobenen Vorwürfe. Damit verbanden sich Erörterungen über eine Reform der Strafverfahrens- und Strafprozessordnung, die vielfach einer vermehrten »Demokratisierung« für bedürftig erachtet wurden. Solche Erwägungen konkretisierten sich in der Forderung nach erweiterter Einbindung von Laien in das Prozessgeschehen und nach transparenterer Gestaltung des Ermittlungsverfahrens. Jedenfalls waren die Bemühungen, den deutschen Rechtsstaat reichsweit zu modernisieren, in den letzten Friedensjahren vollauf im Gang.

Ebenso wie die Entwicklung des Reiches zum Rechtsstaat erfuhr auch dessen Ausbau zum Sozialstaat in der spätwilhelminischen Ära eine nochmalige Steigerung.[28] Die Intensität dieses sozialstaatlichen Entwicklungs- und Modernisierungsschubes manifestierte sich in einer Fülle verfassungsgemäß zustande gekommener Gesetze, die zwischen Regierung und Parlamentsmehrheit zwar oftmals kontrovers diskutiert, jedoch letztlich stets im Konsens aller Beteiligten realisiert wurden. Nachdem bereits zu Beginn der 1890er Jahre auf Initiative des preußischen Handelsministers Hans Hermann Freiherr von Berlepsch (1843–1926) die Arbeiterschutzgesetzgebung erheblich erweitert worden war, begann kurz vor dem Jahrhundertauftakt eine neue Phase staatlicher Sozialpolitik. Deren unbestrittener Hauptakteur war der von 1897 bis 1907 als Leiter des Reichsamtes des Innern (also faktisch als Innenminister des Reiches) und Stellvertreter des Reichskanzlers amtierende Arthur Graf von Posadowsky-Wehner (1845–1932). An der generellen Zielsetzung des sozialreformerischen Kurses der Reichsregierung änderte sich unter Posadowsky wenig. Weiterhin sollte durch Anhebung des Leistungsniveaus der staatlichen Sozialfürsorge und durch Schaffung von Mitwirkungsmöglichkeiten in berufsspezifischen Selbstverwaltungsorganen die Arbeiterschaft in die bestehende Gesellschaftsordnung integriert werden – was zugleich den

Wunsch nach Zurückdrängung und Eindämmung der revolutionären sozialdemokratischen Bewegung einschloss.[29] Neu und zukunftweisend indes war, dass sich Posadowskys Wirken aus der Überzeugung speiste, bleibende politische Erfolge nur auf dem Weg intensiver Verständigung und Zusammenarbeit mit der Majorität der sozialpolitisch aktiven Parteien im Reichstag erzielen zu können. Für eine solche Partnerschaft kamen insbesondere das Zentrum und die Linksliberalen in Betracht, gelegentlich bot sich sogar die Chance einer – freilich seltenen – Verständigung mit den Sozialdemokraten. Schwierig, ja nahezu unmöglich war hingegen der Weg zu einem parlamentarischen Konsens mit den konservativen Parteien. Deren Politik folgte zunehmend dem Prinzip unternehmerischer Interessenswahrung und geriet durch sozialpolitische Indolenz mehr und mehr in eine selbstverschuldete Isolation.

Die in diesem Bezugsfeld erzielten Regierungserfolge waren indes allemal beachtlich, und sie sicherten dem kaiserlichen Deutschland bis zum Ausbruch des Ersten Weltkriegs den nicht unverdienten Ruf, von allen Industriestaaten Europas die in materieller Hinsicht fortschrittlichste und arbeiterfreundlichste Sozialgesetzgebung zu betreiben.[30] Zu den im neuen Jahrhundert unter Posadowskys Federführung zustande gekommenen gesetzlichen Verbesserungen zählte[31] – neben der finanziellen Aufstockung der Krankenunterstützung (1903), der weiteren Einschränkung von Kinderarbeit in gewerblichen Betrieben (1903) und der Bereitstellung öffentlicher Mittel für den Bau von Arbeiterwohnungen (1901) – vor allem die Novelle zum Preußischen Berggesetz von 1905. Diese wurde zwar vom Preußischen Abgeordnetenhaus, also vom Landesparlament des größten deutschen Bundesstaates, verabschiedet, ging in ihren Intentionen jedoch wesentlich auf Betreiben des Reichsamts des Innern unter Posadowsky zurück und besaß reichsweite Ausstrahlung.

Als Auslöser für dieses zukunftweisende Gesetz sollte sich der Anfang 1905 im preußischen Ruhrgebiet tobende Bergarbeiterstreik erweisen, der von gewerkschaftlichen Vertretungen aller politischen Richtungen unterstützt wurde und zeitweise fast neun Zehntel der Belegschaften in den Ausstand trieb. Angesichts der allseits als ungebührlich empfundenen Anmaßungen der Zechenleitungen, die auf Lohnminderung bei gleichzeitiger Arbeitszeiterhöhung abzielten, stand nicht nur die öffentliche Meinung mit ihren Sympathien mehrheitlich aufseiten der Streikenden. Auch die preußische Regierung verabschiedete sich auf Drängen Posadowskys vom Grundsatz staatlicher Nichteinmischung in Arbeitskonflikte, indem sie den Plänen der Unternehmer, ukrainische und italienische Streikbrecher zu engagieren, entgegentrat und die staatlichen Bergbaubehörden zur genauesten Prüfung der von den Streikenden vorgebrachten Beschwerden anwies. Die aus solcher Gemengelage hervorgehende Berggesetz-Novelle trug diesen Beschwerden insofern Rechnung, als sie alle größeren Bergbaubetriebe hinfort zur Einrichtung von Arbeiterausschüssen verpflichtete, was von den Montan-Unternehmern mit äußerstem Missfallen zur Kenntnis genommen wurde. Die Mitglieder dieser Ausschüsse sollten von den Belegschaften in geheimer Wahl bestimmt werden. Ihnen fiel die Aufgabe zu, Wünsche und Beschwerden der Arbeitnehmer vorzutragen und in Konfliktfällen zwischen Belegschaft und Betriebsleitung zu vermitteln. Der unternehmerische »Herr-im-Haus-Standpunkt« war damit zwar noch keineswegs überwunden, und es gab bis 1914 weiterhin zahlreiche Fälle, in denen die Tätigkeit der Arbeiterausschüsse von den Unternehmensleitungen wirkungsvoll torpediert wurden.[32] Dennoch kann man in der Novelle zum Berggesetz den wohl »entscheidenden Durchbruch zur sozialstaatlichen Betriebsverfassung für den damals wichtigsten Teil der deutschen Schwerindustrie«[33] erblicken. Aus heutiger Perspektive erscheint die Novelle von 1905 als eine unmittelbare Vorläuferin des Prinzips betrieblicher Mitbestimmung der Arbeitnehmer, wie es, gleichfalls noch im kaiserlichen Deutschland, durch das Hilfsdienstgesetz vom Dezember 1916 in allen wichtigen Wirtschaftssektoren des Reiches eingeführt werden sollte.[34]

Der überzeugte Sozialreformer Posadowsky musste nach den Reichstagswahlen von 1907 aus dem Amt scheiden, weil Reichskanzler Bernhard von Bülow die parlamentarische Zusammenarbeit mit der Zentrumsfraktion beendete und sich im Rahmen seiner »Block«-Politik auf die Unterstützung der konservativen Parteien verließ. Diese wiederum machten sich ziemlich einseitig für die Arbeitgeberinteressen stark und hielten Posadowsky für einen verkappten Sozialisten. Eine Beendigung des sozialpolitischen Engagements der Reichsregierung war damit jedoch nicht verbunden. Posadowskys Nachfolger als Leiter des Reichsamts des Innern, der spätere Reichskanzler Theobald von Bethmann Hollweg, galt als entschiedener Verfechter des Prinzips staatlicher Sozialpolitik und bemühte sich intensiv um die Integration der Arbeiterschaft in den deutschen Nationalstaat. Bis zur Übernahme des Reichskanzleramts 1909 konnte er mit der Einführung des Zehnstundentages für weibliche Beschäftigte (1908) und der Durchsetzung von Arbeitszeitbeschränkungen in der Eisen- und Stahlindustrie (1908) allerdings nur geringfügige Fortschritte in dieser Richtung erzielen. Erst sein Amtsnachfolger als Reichsstaatssekretär des Inneren, Clemens Delbrück (1856–1921), vermochte durch den Erlass der Reichsversicherungsordnung 1911 eine erhebliche Umfangserweiterung des Kranken-, Invaliden- und Altersversicherungswesens durchzusetzen.[35] Mit dem im gleichen Jahr realisierten Angestelltenversicherungsgesetz glückte darüber hinaus die endgültige, seit 1901 intensiv vorbereitete Ausdehnung des Sozialversicherungssystems auf diese sich neu etablierende soziale Formation. Dadurch wurden die Angestellten zugleich aus der Masse der »normalen« Arbeitnehmerschaft herausgehoben und erfuhren eine staatlicherseits sehr bewusst betriebene Privilegierung.[36]

Die insgesamt beeindruckende Bilanz sozialpolitischer Leistungen des spätwilhelminischen Staates ließ allerdings *eine* entscheidende Frage unbeantwortet: das Problem der gesetzlich verbürgten Anerkennung der Gewerkschaften als legitimen Interessenvertretungen der Arbeiterschaft. Damit jedoch stand letztlich die politische Gleichberechtigung des Vierten Standes insgesamt weiterhin aus. In Großbritannien und Frankreich waren die Gewerkschaften längst offiziell legalisiert worden.[37] Seitens der Reichsleitung tat man sich indes auch im neuen Jahrhundert schwer, deren Rechtsstellung als Berufsvereinigungen gesetzlich zu sanktionieren und so die Voraussetzung für eine sozialpartnerschaftliche Zusammenarbeit zwischen Arbeitern und Unternehmern auf Augenhöhe zu schaffen.[38] Stattdessen favorisierten sowohl Posadowsky als auch Bethmann Hollweg – in Fortführung des seit 1905 für die preußische Montanindustrie geltenden Prinzips der Arbeiterausschüsse – das Modell der Errichtung von regionalen Arbeitskammern, in denen Arbeitnehmer und Arbeitgeber jeweils paritätisch vertreten und alle anfallenden Arbeitsstreitigkeiten, Lohnkonflikte und Interessengegensätze in gemeinsamer Beratung einvernehmlich gelöst werden sollten. Doch der Entwurf eines solchen »Arbeitskammergesetzes«, den die Regierung 1910 im Reichstag einbrachte, kam aufgrund massiven Widerstands konservativer und rechtsliberaler Kräfte nicht in der gewünschten Form zur Verabschiedung. Ihre endgültige Anerkennung als Arbeitnehmervertretungen sollten die Gewerkschaften erst 1916 im Rahmen des Hilfsdienstpflicht-Gesetzes finden.

Stiefkinder des Reiches?

Zu den charakteristischen Signaturen des deutschen Nationalstaats in den Jahren vor 1914 gehörten nun allerdings nicht nur dessen unbestreitbare Reformleistungen auf sozialpolitischem Gebiet und im Rechtswesen, sondern auch ein nicht unproblematischer Umgang mit jenen fremdnationalen Minderheiten, die innerhalb seiner Grenzen lebten. Das Ideal eines möglichst homogenen, von einer einheitlichen Ethnie gebildeten Nationalstaats erfüllte damals das Denken und Handeln der meisten Zeitgenossen. Minoritäten galten in der Regel als Störfaktoren, als unbequeme und ungeliebte Sonderformationen, denen man mit Skepsis begegnete, und mit deren Umgang man sich schwertat. In allen großen westeuropäischen Nationalstaaten gab es ähnliche problembeladene Minoritätenfragen – Großbritannien haderte mit den Iren, Frankreich mit Korsen und Italienern, Spanien mit den Basken und den Katalanen. Keinem dieser Länder gelang es während der Vorweltkriegszeit, die damit verbundenen vielfältigen Schwierigkeiten zu lösen. Das deutsche Kaiserreich bildete auch in dieser Hinsicht keine Ausnahme vom europäischen »Normalfall«.[39]

Nach den Angaben des Kaiserlich-statistischen Amtes gab es am 1. Dezember 1900 im Deutschen Reich eine Gesamtbevölkerungszahl von 56.367.178 Einwohnern.[40] Davon bedienten sich 3.086.489 der polnischen, 211.679 der französischen, 142.049 der masurischen und 141.061 der dänischen Sprache. Hinzu kamen 106.305 Litauisch, 100.213 Kaschubisch und 93.032 Sorbisch sprechende Einwohner. Im Ruhrgebiet war fast ein Drittel der dort heimisch gewordenen Bergarbeiterschaft polnischsprachig. Für die Stellung der beiden wichtigsten nichtdeutschen Minderheiten im Reich – der Franzosen in Elsaß-Lothringen und der Polen in den preußischen Provinzen Posen, Westpreußen und Schlesien – brachte das letzte Friedensjahrzehnt einen erheblichen Qualitätswandel mit sich.[41] Im Westen führte er zu einem entspannteren Miteinander der beiden Nationalitäten, im Osten hingegen beförderte er deren wachsenden Antagonismus.

Lange Zeit war das 1871 von Frankreich an Deutschland abgetretene Elsaß-Lothringen wie eine Art Stiefkind des Reiches behandelt worden.[42] Die deutsche Politik hatte zwischen dem Willen zu Versöhnung, Normalisierung und Ausbau der bereits 1879 teilweise gewährten Autonomie einerseits und dem Misstrauen gegenüber einer zeitweise sehr aggressiven deutschfeindlichen Agitation andererseits geschwankt, die im vorwiegend französischsprachigen Lothringen einige Resonanz gefunden und aus Pariser Quellen immer neuen Zufluss erhalten hatte. Nach der Jahrhundertwende kam es jedoch zu einer Neuordnung der verfassungsrechtlichen Stellung des »Reichslandes«, in die man mit einigem Recht manche Hoffnung auf eine endgültige Lösung des Dauerproblems setzen durfte. Das »Gesetz über die Verfassung Elsaß-Lothringens« vom Mai 1911 erhob das jahrhundertelang zu Deutschland gerechnete Territorium in den Rang eines vollgültigen Bundesstaates des Deutschen Reiches.[43] Der Deutsche Kaiser übernahm hinfort das Amt des Landesherrn und wurde von einem Statthalter dauerhaft vertreten. Der kaiserliche Statthalter und das schon seit 1879 existierende »Ministerium für Elsaß-Lothringen« mit Sitz in Straßburg bildeten seitdem die für die Verwaltung des Landes zuständige Exekutive, die als Landesregierung gegenüber dem neu geschaffenen »Landtag des Reichslandes Elsaß-Lothringen« verantwortlich war. Dem Landtag wiederum oblag die Zuständigkeit für die Landesgesetzgebung.[44] Da das Landesparlament nach Maßgabe des allgemeinen, gleichen, direkten, freien und geheimen Männerwahlrechts gewählt werden sollte und damit den Bedingungen des Reichstagswahlrechts entsprach, stimmte die sozialdemokratische Reichstagsfraktion dem Gesetz vorbehaltlos zu, während die beiden konservativen Parteien ihre Unterstützung versagten.

Aufs Ganze gesehen eröffnete das im Reichstag mit großer Mehrheit (212 zu 94 Stimmen) angenommene Gesetz[45] der Bevölkerung von Elsaß-Lothringen umfassende Möglichkeiten einer politischen Mitsprache und Selbstbestimmung in Landesangelegenheiten, wie sie diese nach ihrer erzwungenen Eingliederung in den französischen Zentralstaat 1919 niemals wieder besitzen sollte.[46] In den wenigen noch verbleibenden Jahren bis zum Kriegsausbruch wurden diese Möglichkeiten auf vielfältige Weise genutzt. Die ersten (und zugleich letzten) elsaß-lothringischen Landtagswahlen von 1911 brachten bei einer Wahlbeteiligung von mehr als 80 Prozent eine klare Niederlage der entschieden frankophonen bzw. frankophilen Gruppierungen, die zwar in Lothringen einige Mandate errangen, mit insgesamt 16,3 Prozent der Wählerstimmen und zehn Abgeordneten jedoch lediglich ein Sechstel der Landtagssitze einzunehmen vermochten.[47]

Ihnen gegenüber dominierten eindeutig jene Parteien, die – wie das Zentrum (31,0 Prozent; 24 Sitze), die SPD (23,8 Prozent; elf Sitze) oder liberale Vereinigungen (15,9 Prozent; sieben Sitze)[48] – loyal zum Reich standen und sachbezogene parlamentarische Arbeit zu leisten bereit waren. Der von 1907 bis 1914 amtierende kaiserliche Statthalter Karl Graf von Wedel (1842–1919) trug durch eine bewusst vorangetriebene Ausgleichs- und Versöhnungspolitik maßgeblich dazu bei, dass die verfassungspolitische Integration Elsaß-Lothringens in den Reichsverband am Vorabend des Ersten Weltkriegs deutlich an Schwung gewann – trotz mancherlei Irritationen und Rückschlägen, wie sie sich etwa in den Turbulenzen der »Zabern-Affäre« manifestieren sollten, von denen noch zu sprechen sein wird.

In eine genau entgegengesetzte Richtung entwickelte sich die nationalitätenpolitische Lage im Osten des Reiches. Preußen, für dessen historische Entwicklung nationale Gesichtspunkte stets von untergeordnetem Rang gewesen waren, hatte mit der Reichsgründung von 1871 über zwei Millionen polnische Untertanen in den neu gegründeten deutschen Nationalstaat eingebracht – das waren fast zehn Prozent der Gesamtbevölkerung des Hohenzollernstaates.[49] 1910 sollten es dann bereits über 3,5 Millionen polnischsprachige Preußen sein. Daraus ergab sich insofern eine veränderte Lage, als Deutschland, wie damals fast alle modernen, nach ethnischer Homogenität strebenden Nationalstaaten Europas,[50] allmählich zur Politik einer Assimilierung der polnischen Minderheit überging. Vollstrecker dieser Politik sollte nun allerdings paradoxerweise gerade nicht das dem nationalstaatlichen Homogenisierungsmodell verpflichtete Reich, sondern ausgerechnet Preußen werden, dessen Staatsräson sich bisher durch das Prinzip der Toleranz gegenüber gruppenspezifischen Minoritäten ausgezeichnet hatte. Dagegen profilierte sich der Deutsche Reichstag nun als Verteidiger polnischer Minderheitenrechte, vertreten durch die Fraktionen des Zentrums, der Linksliberalen, der Sozialdemokraten und der polnischen Minorität (»Polnische Fraktion«); letztere vermochte in relativer

Konstanz zwischen 16 (1903), 20 (1907) und 18 Reichstagssitze (1912) zu erlangen.[51] Nicht das Preußische Abgeordnetenhaus, sondern der Deutsche Reichstag gewann in den Jahren nach 1900 als Gegenspieler einer restriktiven preußischen Polenpolitik zunehmendes Gewicht, obwohl seine diesbezügliche Kompetenz verfassungsrechtlich umstritten war.

Die deutsch-polnischen Nationalitätenkonflikte hatten sich in den Jahren nach der Reichsgründung zunächst an schul- und sprachenpolitischen Auseinandersetzungen entzündet.[52] Die Frage einer Wiederzulassung des Polnischen als Schulsprache, auch und gerade im katholischen Religionsunterricht, war vor allem in Posen und Westpreußen von erheblicher Brisanz, weil hier national- und konfessionspolitische Interessen einander kreuzten, und weil sich dadurch die gesamte katholische Geistlichkeit der beiden Provinzen – polnischer wie deutscher Herkunft gleichermaßen – herausgefordert fühlte. Seit 1886 war die preußische Regierung jedoch dazu übergegangen, mittels eines im gesamten Reich äußerst kontrovers diskutierten »Ansiedlungsgesetzes« erhebliche finanzielle Ressourcen für den staatlichen Ankauf verschuldeter oder brachliegender polnischer Güter bereitzustellen sowie deren Aufteilung und Weitergabe an neu angesiedelte deutsche Bauern in die Wege zu leiten.

Seit der Jahrhundertwende dehnten sich die deutsch-polnischen Antagonismen auf die polnischsprachigen Gebiete Oberschlesiens aus und gewannen insofern eine neue Qualität, als nun auch die Enteignung polnischer Grundbesitzer in Aussicht genommen wurde. 1908 verabschiedete das Preußische Abgeordnetenhaus ein entsprechendes »Gesetz über Maßnahmen zur Stärkung des Deutschtums in den Provinzen Westpreußen und Posen«. Auch wenn darin eine vollständige finanzielle Entschädigung der von einer Enteignung betroffenen polnischen Gutsbesitzer vorgesehen war, stellten die damit verbundenen Bestimmungen doch eine eklatante Verletzung der für alle preußischen Staatsbürger, unabhängig von ihrer Nationalität, verfassungsmäßig garantierten Eigentumsrechte dar. Nachdem es im Herbst

1912 zu einer ersten größeren Enteignungsaktion gekommen war, beschloss die Parlamentsmehrheit im Januar 1913 mit 213 gegen 97 Stimmen (bei 43 Enthaltungen), dass eine solche Politik »nicht der Auffassung des Reichstags«[53] entspreche. Zwar hatte dieses Votum keine unmittelbaren Konsequenzen. Doch es dokumentierte eindrucksvoll die Bereitschaft der auf demokratische Weise gewählten Volksvertretung, Rechtsbeugungen nicht hinzunehmen und gouvernementalen Willkürakten mit vernehmlichem Protest zu begegnen. In nationalitätenpolitischer Hinsicht stand die parlamentarische Kultur des späten Kaiserreichs im europäischen Vergleichsmaßstab auf der Höhe der Zeit.

Starker und effektiver Widerstand gegen die zunehmend repressiver werdenden Maßnahmen der preußischen Regierung regte sich darüber hinaus von polnischer Seite. Vereine und Publikationsorgane, die der kulturellen und sprachlichen Selbstbehauptung der Polen dienten, konnten sich weitgehend ungehindert entfalten und fanden nicht nur in Kreisen der Gebildeten und Besitzenden regen Zuspruch. Auch in breiten bäuerlichen Bevölkerungsschichten erfreuten sie sich wachsender Beliebtheit. Überdies formierten sich nun zahlreiche polnische Kredit- und Agrargenossenschaften, die ihrerseits den Ankauf »offener« Güter forcierten und deren Verteilung an polnische Ansiedler organisierten. Dies wiederum rief die Aktivitäten des 1894 gegründeten »Ostmarken-Vereins« auf den Plan, der sich mit seinen immerhin rund 54.000 Mitgliedern (1914) die Stärkung des deutschen Elements mittels einer »Germanisierung« aller Lebensbereiche in den preußischen Ostprovinzen zum Ziel setzte und die preußische Regierung – nicht ohne Erfolg – zu einer noch offensiveren antipolnischen Verdrängungspolitik antrieb.[54] So hatten sich in der unmittelbaren Vorkriegszeit die minderheitenpolitischen Konflikte im Osten des Reiches, anders als in dessen Westen, bis hin zu einem kaum noch verdeckten Nationalitätenkampf verschärft, dessen Schroffheiten bereits auf ethnische Konfliktlinien der nachfolgenden Zwischenkriegszeit vorauswiesen.

3 Parlament, Parteien und organisierte Interessen

Last der Verantwortung: Reichskanzler Theobald von Bethmann Hollweg (M., sitzend) auf der Regierungsbank im Reichstagsgebäude, 1910.

Wahlen und politische Kultur

Zu den herausragendsten Indikatoren zeitgenössischer Modernität des wilhelminischen Reiches zählte das allgemeine, gleiche, geheime und direkte Wahlrecht. Es galt für jeden männlichen Deutschen, der das Alter von 25 Jahren überschritten hatte. Die revolutionäre Frankfurter Paulskirchenversammlung hatte 1849 in ihren parlamentarischen Beratungen nichts anderes gefordert, und Bismarck übernahm das allgemeine Wahlrecht in die Reichsverfassung von 1871, weil er sich davon – sehr zu Unrecht – eine Stärkung des konservativen Wählerpotenzials versprach. Das Deutsche Kaiserreich war infolgedessen 1871 – neben Frankreich und Griechenland – das einzige Land Europas, das ein derart vollkommen demokratisches Männerwahlrecht vorweisen konnte.[1] In allen anderen europäischen Staaten war das Wahlrecht damals an das Steueraufkommen der Bürger geknüpft und bevorteilte dadurch die Vermögenden und Besitzenden. Bis zum Ausbruch des Ersten Weltkriegs folgten immer mehr Länder dem deutschen Vorbild: Spanien und Italien führten das allgemeine Wahlrecht 1890 bzw. 1912 ein, das mit Russland verknüpfte Finnland 1905, Norwegen und Schweden folgten 1907 bzw. 1909. Im vermeintlich demokratischen Musterstaat Großbritannien hingegen blieben noch bei den letzten Vorweltkriegswahlen 1911 schätzungsweise 41 Prozent aller männlichen Erwachsenen ohne Stimmrecht.[2]

Gewählt wurde in 397 Wahlkreisen nach Maßgabe des absoluten Mehrheitswahlrechts. Einen Reichstagssitz errangen dabei nur jene Kandidaten, die jeweils mehr als die Hälfte der abgegebenen Stimmen für sich verbuchen konnten. Wurde die absolute Mehrheit im ersten Wahlgang verfehlt, so war eine Stichwahl zwischen den beiden höchstplatzierten Bewerbern erforderlich. Dies wiederum hatte zur Folge, dass sich schon zu Zeiten Bismarcks immer wieder Koalitionen für den zweiten Wahlgang bildeten, die zumeist auf wahlkreisbezogenen Absprachen zwischen dort einander Beistand leistenden Parteien beruhten. Seit den Reichstagswahlen von 1907 erfolgten solche Absprachen auch auf gesamtstaatlicher Ebene. Dadurch konnte sich im Kaiserreich, anders als beispielsweise in Großbritannien, wo das relative Mehrheitswahlrecht ohne Stichwahlen galt und bis heute weiterhin gilt, das traditionelle Fünfparteiensystem erhalten, wie es sich seit den 1840er Jahren auf deutschem Boden herausgebildet hatte. Zugleich freilich war das Mehrheitswahlrecht mit Stichwahlen verantwortlich für die schon von den Zeitgenossen viel diskutierte Diskrepanz zwischen Stimmenanteil und Mandatszahl der im Reichstag vertretenen Parteien. Denn infolge des Mehrheitsprinzips wurden die in jedem Wahlkreis für die unterlegenen Kandidaten abgegebenen Stimmen nicht mitberücksichtigt. Die Minderheit blieb unvertreten, auch wenn sie noch so viele Prozentpunkte erlangt hatte.[3] Davon profitierten in erster Linie die Konservativen und das Zentrum, während bei den Sozialdemokraten, für die erst im neuen Jahrhundert

Wahlkoalitionen mit anderen Parteien – den Linksliberalen und dem Zentrum – in Betracht kamen, der Stimmenanteil die Mandatszahl stets erheblich übertraf. Bei den Reichstagswahlen von 1903 erreichte die SPD mit 31,7 Prozent der Stimmen nur 20,4 Prozent der Mandate, 1907 mit 29 Prozent der Stimmen gar nur 10,8 Prozent der Mandate, und bei den Wahlen zum letzten kaiserlichen Reichstag 1912 mit 34,8 Prozent der Stimmen 27,7 Prozent der Mandate.[4]

Die Forderung nach Einführung des Verhältniswahlrechts – mit parteibezogener Listenwahl statt wahlkreisbezogener Persönlichkeitswahl – zählte daher ebenso zum Standardrepertoire sozialdemokratischer Agitation wie das Streben nach einer Reform der Wahlkreiseinteilung, die bis 1918 unverändert blieb. Als Richtlinie hatte 1871 eine Zahl von rund 100.000 Einwohnern pro Wahlkreis gegolten, wobei jeder Bundesstaat mindestens einen Wahlkreis bilden sollte. Aufgrund des starken Bevölkerungswachstums in den industriellen Ballungsgebieten des Reiches hatten sich die ursprünglichen Proportionen im Lauf der Zeit allerdings beträchtlich verschoben. Bei den letzten Vorkriegswahlen 1912 gab es im Reichsgebiet zwölf Wahlkreise mit zum Teil deutlich weniger als 100.000 Einwohnern, hingegen zwölf weitere Wahlkreise mit erheblich mehr als 400.000 Einwohnern. Der kleinste Wahlkreis, den das Gesamtterritorium des Fürstentums Schaumburg-Lippe ausmachte, hatte 1912 46.650 Einwohner, der größte Wahlkreis, gebildet durch den Berliner Stadtbezirk Teltow-Charlottenburg, verfügte zur gleichen Zeit über 1.282.000 Einwohner. Beide Wahlkreise wurden im Berliner Reichstag jedoch nur durch jeweils einen Abgeordneten vertreten.[5]

Derart eklatante Missverhältnisse versuchte die SPD durch ein in seinen Ausmaßen erst neuerdings bekannt gewordenes »Wählervagabundentum«[6] auszugleichen. Da in Deutschland, anders als in England oder in Frankreich, das Wahlrecht vor 1914 noch nicht fest an den Wohnort gebunden war, nutzte die organisierte Arbeiterbewegung die habituelle Mobilität vieler Wanderarbeiter, um Wähler aus der Arbeiterschicht in angrenzende Wahlbezirke zu transportieren, dort polizeilich anzumelden, kurzfristig einzuquartieren und am Wahltag für die SPD optieren zu lassen. Solche systematisch betriebene »Massenumzüge« sozialdemokratischer Wähler sind für die Reichstagswahlen von 1903, 1907 und 1912 nachweisbar und für Großstädte wie Leipzig, Düsseldorf, Dresden oder Frankfurt, insbesondere mit Blick auf anstehende Stichwahlen, sicher verbürgt.[7] Man kann in diesem »Wanderwählen« mit einigem Recht den nicht ungeschickten Versuch einer Wahlkreisverschiebung »von unten« sehen, der darauf abzielte, die unbestreitbar vorhandene Ungerechtigkeit tatsächlich bestehender Wahlkreisgrenzen zu unterlaufen.

Es kann mittlerweile kein Zweifel mehr darüber bestehen, dass sich die Wahlkultur im wilhelminischen Deutschland auf der Höhe zeitgenössischer Modernität bewegte. Ausländische Wahlbeobachter zeigten sich immer wieder erstaunt nicht nur über die oft mehrstündigen Wahlreden vieler Kandidaten, sondern auch über das weitgehende Nichtvorhandensein von Gewalt während der Wahlkampagnen, was in einem deutlichen Kontrast zu den Wahlkämpfen in Italien, Spanien, Griechenland oder der Dritten Französischen Republik stand. Auch das Fehlen von Betrug, Bestechung oder Fälschung – Phänomene, von denen man gerade im Edwardianischen England so viel Aufhebens machte[8] – wurde im »westlichen« Ausland mit einiger Verwunderung registriert. Wahlkämpfe und Stimmenauszählung verliefen in der Regel fair und korrekt. Es gab einen freien, echten Wettbewerb, von ernsthaften Behinderungen oder substanziellen Versuchen der Regierung, unliebsame Kandidaten einzuschüchtern, war nur in seltenen Ausnahmefällen die Rede. 1903 wurden per Reichstagsbeschluss Wahlumschläge für die Stimmzettel und Wahlkabinen mit Urnen eingeführt – in Frankreich geschah dies erst 1914 –, wodurch sich die demokratische Legitimität und Integrität der Stimmabgabe nochmals erhöhte.[9] Seitdem wurden Verletzungen des Wahlgeheimnisses von der Wahlprüfungskommission des Reichstags regelmäßig scharf verurteilt. Zudem hatte jeder Stimmberechtigte die Möglichkeit zur Wahlanfechtung. Parteien, Kandidaten und Wähler konnten Ermittlungsverfahren gegen Wahlverstöße erzwingen, und sie machten von dieser effektiven und öffentlichkeitswirksamen Beschwerdemöglichkeit wachsenden Gebrauch. Es lag im Ermessen des Reichstags, bei nachgewiesenen Wahlverstößen die Wahl zu annullieren und dem jeweils betroffenen Abgeordneten sein Mandat zu entziehen.[10]

Wie ernst die vermeintliche wilhelminische Untertanengesellschaft die Chance zur demokratischen Artikulation des Volkswillens nahm und wie lebhaft die Bürger die ihnen gebotene Möglichkeit zur Partizipation am staatlichen Leben nutzten, zeigt ein Blick auf die Wahlbeteiligung: Bei den Reichstagswahlen von 1903 betrug sie – angesichts fehlender Wahlpflicht – immerhin 75,8 Prozent, 1907 stieg sie auf 84,3 Prozent, 1912 gar auf 84,5 Prozent. Mit am höchsten war sie 1912 übrigens keineswegs etwa in den industriellen Ballungszentren des Reiches, sondern ausgerechnet im nicht gerade als Speerspitze politischer Mobilität und Modernität geltenden Großherzogtum Mecklenburg-Schwerin; dort lag sie bei sensationellen 90,1 Prozent.[11] Wenn irgendwo der seit Karl Mannheim (1893–1947) vielberufene Prozess der »Fundamentaldemokratisierung«[12] in seinen frühen Anfängen greifbar ist, so lässt er sich hier konkret nachvollziehen.

Gleichwohl gab es beim Wahlverhalten in der Klassengesellschaft des späten Kaiserreichs einen gewissen Konformitätsdruck, doch glich er sich aufs Ganze gesehen einigermaßen aus. Man weiß von Pressionen katholischer Priester, die ihre Gemeindemitglieder mit sanftem oder auch handfestem Druck in Zentrumsgefolgschaft zu halten versuchten. Man kennt darüber hinaus Einflussnahmen der Gutsherrschaft in den ländlichen Gebieten Ostelbiens, die darauf abzielten, Abhängigkeitsverhältnisse und Gehorsamshierarchien zugunsten konservativer Stimmabgaben auszunutzen. Man hat schließlich auch Einschüchterungsmaßnahmen durch Arbeitgeber nachgewiesen, denen daran gelegen war, ihre Belegschaft von allzu »roten«

Sympathiebekundungen fernzuhalten. Weniger bekannt und gleichfalls erst unlängst ans Licht getreten[13] sind hingegen die oftmals sehr massiven Bedrückungen, die innerhalb des sozialmoralischen Milieus der Arbeiterschaft Zwänge erzeugten und unfreiwillige Entscheidungen forcierten. Dazu zählten die besonders im Königreich Sachsen nachweislichen »Wahlprozessionen« der Sozialdemokraten, in deren Verlauf linientreue Genossen ihre Kumpel geschlossen zum Wahllokal führten und den Wahlakt in unzweideutiger Haltung genauestens überwachten. Überdies gab es immer wieder Boykottmaßnahmen sozialdemokratischer Ortsverbände gegen Ladenbesitzer, Handwerker oder Gastwirte, die in Arbeitervierteln wohnten, auf entsprechende Kundschaft angewiesen waren und sich weigerten, die SPD zu wählen. Aus Moabit, Wedding und Neukölln sind Fälle solchen »Wahlterrors«[14] bekannt geworden, in denen Parteifunktionäre mittels sorgfältig geführter »Schwarzer Listen« wirtschaftlichen Druck auf »unbotmäßige« Wähler ausübten, um sie zur »richtigen«, und das hieß in diesem Fall: zur sozialdemokratischen Stimmabgabe zu veranlassen.

Parallel zur wachsenden Fundamentalpolitisierung der Wählerschaft vollzog sich in den letzten anderthalb Jahrzehnten des Kaiserreichs eine an vielen Indizien ablesbare Professionalisierung der Reichstagsarbeit. Max Weber (1864–1920), der prominenteste Sozialwissenschaftler des späten Kaiserreichs, bilanzierte unmittelbar nach dem Zusammenbruch von 1918 diesen Professionalisierungsschub dahingehend, dass der politische Betrieb zunehmend von Typus und Herrschaft des Berufspolitikers geprägt werde, der nicht mehr *für* die Politik, sondern *von* der Politik lebe und von ihr her seine regelmäßigen und verlässlichen Einkünfte beziehe: »Das heißt«, so Weber, »eine relativ kleine Zahl primär am politischen Leben, also an der Teilnahme an der politischen Macht, Interessierter schaffen sich Gefolgschaft durch freie Werbung, präsentieren sich oder ihre Schutzbefohlenen als Wahlkandidaten, sammeln die Geldmittel und gehen auf den Stimmenfang.«[15] In der Alltagsarbeit des Reichstags manifestierte sich dieser neue Stil durch eine wachsende Zahl parteifinanzierter Parlamentarier – Parteisekretäre, Verbandsfunktionäre, Lobbyisten –, für deren Erscheinungsbild die Sozialdemokratie stilbildend geworden ist. Sie gewährte zahlreichen ihrer Abgeordneten Unterhaltszahlungen, was nicht ohne Kritik blieb, weil man darin eine Aufweichung des Prinzips vom »Freien Mandat« erblickte und als Konsequenz dieser Entwicklung eine indirekt bindende Verpflichtung zu Fraktionszwang und Parteigefolgschaft fürchtete. Um der auch in anderen Parteien drohenden Abhängigkeit der Volksvertreter von finanzstarken außerparlamentarischen Interessengruppen entgegenzuwirken, entschloss sich der Reichstag 1906 zur Aufhebung des seit 1871 geltenden Diätenverbots für seine Mitglieder.[16] Hinfort stand jedem Abgeordneten für seine Parlamentstätigkeit pro Jahr die Zahlung einer Aufwandsentschädigung in Höhe von 3.000 Mark aus Staatsmitteln zu – abzüglich einer Summe von 20 Mark für jede vom Abgeordneten versäumte Parlamentssitzung. Otto von Bismarcks einst gehegtes Schreckbild vom »Nur-Politiker«, der nicht länger in der Berufstätigkeit verweilte, sondern in der Abgeordnetenfunktion seinen eigentlichen Lebensmittelpunkt sah,[17] gehörte nun mehr und mehr zur Alltagswirklichkeit des kaiserlichen Deutschlands – lange bevor Max Weber diesen Zustand rückblickend diagnostizieren sollte.

Prozesse parlamentarischer Entscheidungsfindung

Die Dynamik der deutschen politischen Kultur in den Jahren vor 1914, wie sie sich im Blick auf Reichstagswahlen und Parlamentstätigkeit erschließt, fand ihre Entsprechung im Bestreben der Reichstagsmehrheit, eine sachliche und konstruktive Arbeitsbeziehung zur Reichsregierung herzustellen. Angesichts der geschilderten verfassungsmäßigen Akzentverteilung war der Reichstag rechtlich nicht in der Lage, die Reichsleitung durch ein Misstrauensvotum zum Rücktritt zu zwingen oder gar von sich aus eine eigene Regierungsmannschaft zusammenzustellen. Auch das beispielsweise für die britische Verfassungsgeschichte seit Anfang des 18. Jahrhunderts so charakteristische Phänomen einer permanent in Bereitschaft stehenden »politischen Opposition« im Sinn einer personellen parlamentarischen Alternative zur amtierenden Ministerriege lag nicht in der immanenten Logik des deutschen konstitutionellen Systems. Dennoch wusste sich der Reichstag – je länger, desto wirkungsvoller – vielfältiger Möglichkeiten zur Regierungskontrolle und zur Einforderung politischer Verantwortung der Reichsregierung gegenüber der Volksvertretung zu bedienen. Diese Möglichkeiten ergaben sich aus der parlamentarischen Alltagspraxis und waren im Verfassungstext nicht ausdrücklich vorgesehen. So leitete die Volksvertretung mit großer Regelmäßigkeit Eingaben und Petitionen, die sie aus dem Kreis der Bürger erreichten, an die Regierung weiter. Zudem nutzte der Reichstag nach Kräften das ihm in seiner Geschäftsordnung zugestandene Interpellationsrecht, das sämtliche Sektoren der Regierungstätigkeit umfasste und sich bis zum Missbilligungsvotum gegen den Reichskanzler steigern konnte.

Der spektakulärste und bekannteste Fall einer solchen parlamentarischen Intervention ereignete sich im Gefolge der im ganzen Reich hohe Wellen schlagenden Vorgänge in der elsässischen Garnisonstadt Zabern. Dort kam es im November 1913 zu eigenmächtigen und widerrechtlichen Aktionen lokaler Militärbehörden gegenüber demonstrierenden Bürgern unter Umgehung der zuständigen zivilen Polizeigewalten.[18] Reichskanzler Bethmann Hollweg und der preußische Kriegsminister Erich von Falkenhayn (1861–1922) als die jeweils verantwortlichen höchsten Dienstinstanzen mussten daraufhin dem Parlament Rede und Antwort stehen und versuchten, sich durch eine gewundene, die Ungesetzlichkeit des militärischen Vorgehens im Elsaß nur indirekt eingestehende Erklärung aus der Affäre zu ziehen.[19] Das wiederum empörte den Reichstag aufs Neue und führte schließlich zu jenem vielbeachteten Missbilligungsvotum vom Dezember 1913, welches mit 293 gegen 54 Stimmen (bei vier Enthaltungen) verkündete, dass die Haltung des Reichskanzlers »der Anschauung des Reichstags nicht entspricht«[20].

Ein derart konfliktbezogenes Verhältnis der Reichstagsmehrheit zur Reichsleitung war mit Blick auf das letzte Vorkriegsjahrzehnt indes alles andere als typisch. Das Parlament zeigte sich vielmehr darum bemüht, eine sachliche Arbeitsbeziehung zur Regierung aufrechtzuerhalten. Und auch die beiden nach 1900 in Friedenszeiten amtierenden Reichskanzler haben den Weg der Kooperation mit der Volksvertretung gesucht und in den allermeisten Fällen gefunden. Des Kaisers erklärter Lieblingskanzler, Bernhard von Bülow (1849–1929), der redegewandte, souverän und gewinnend auftretende Berufsdiplomat, stützte sich während seiner fast neunjährigen Amtszeit (von Oktober 1900 bis Juli 1909)[21] zunächst auf eine rechts von der Mitte angesiedelte Parlamentsmehrheit – das katholische Zentrum, die Nationalliberalen und die beiden konservativen Parteien gehörten bis 1907 zu den Stützen seiner Politik. Dann jedoch, nach seinem Bruch mit dem Zentrum und den mit harten Bandagen geführten Reichstagswahlkämpfen von 1907, bemühte er sich um ein Bündnis zwischen den abseits stehenden Linksliberalen einerseits und den bisherigen konservativen und nationalliberalen Koalitionspartnern andererseits, was die Formierung des sogenannten Bülow-Blocks nach sich zog. Eine solche parteipolitische Konstellation hatte sich bereits bei den Stichwahlen von 1907 abgezeichnet, in deren Verlauf es zu zahlreichen örtlichen Wahlbündnissen der späteren »Block«-Parteien gegen das Zentrum und die Sozialdemokratie gekommen war. Gestützt auf diese Mehrheitskonstellation, vermochte Bülow im Reichstag die meisten seiner Gesetzgebungsvorhaben mit breiter parlamentarischer Zustimmung zu realisieren.

Neben den bereits skizzierten sozialpolitischen Initiativen des bis 1907 unter Bülow amtierenden Innenstaatssekretärs Posadowsky-Wehner, der als besonders parlamentsnah und diskussionserfahren galt, bot vor allem das 1908 verabschiedete Reichsvereinsgesetz ein Musterbeispiel für die auf Konsens und

Kompromiss ausgerichtete Zusammenarbeit zwischen Reichsleitung und Reichstagsmajorität. Mehrere nicht-preußische Bundesstaaten, unter ihnen das Königreich Sachsen, hatten im Bundesrat Einwände gegen eine Gesetzesvorlage der Regierung zur Reform der staatlichen Vereinsaufsicht eingebracht. Solche Einwände und Änderungswünsche liefen allesamt auf eine Verschärfung der polizeilichen Überwachungsbefugnisse bei öffentlichen Versammlungen hinaus. Demgegenüber setzte Bülow nach Absprache mit den Vorsitzenden der großen Reichstagsfraktionen eine weitaus liberalere Version durch,[22] sodass nun auch Frauen und Jugendlichen eine Teilnahme an Wahlkampfveranstaltungen gestattet und die Eingriffsrechte der Polizei reichseinheitlich beschränkt wurden. Auf ähnlich konsensuale Weise wurden unter Bülow Fragen der Außenwirtschaftspolitik entschieden – so etwa die Erhöhung der Schutzzölle durch die Zolltarifnovelle von 1902, bei deren Beratung agrarische und industrielle Interessengegensätze zunächst heftig aufeinandergeprallt waren.[23] Selbst die beiden zur Kräftigung deutscher »Weltpolitik« 1906 und 1908 durchgesetzten Novellen zum Zweiten Flottengesetz, die nun freilich die Beziehung des Reiches zu England unheilvoll belasten sollten, wurden mit breiter parlamentarischer Billigung auf den Weg gebracht.[24]

Zu Fall geriet allerdings die von der Regierung Bülow mit großem Aufwand vorbereitete Reform der Reichsfinanzen.[25] Die Dringlichkeit einer solchen Reform stand damals außerhalb jeder Frage. Nicht zuletzt infolge der Kostenexplosion im Militär- und Marine-Etat wies der Staatshaushalt des Reiches ein jährlich wachsendes Defizit auf.[26] Bei einer effektiven Schuldenlast von über 4,1 Milliarden Mark im Jahr 1908 zielten die Planungen der Regierung Bülow darauf ab, mittels Einführung einer reichseinheitlichen Erbschaftssteuer zusätzliche Einnahmequellen zu erschließen, nachdem bereits 1904 die Zollerträge und 1906 die Stempelsteuer der Verfügungsmacht der Bundesstaaten entzogen und weitgehend »verreichlicht« worden waren. Nun sollte eine »Nachlaßsteuer« auf große und mittlere Vermögen die

Besserverdienenden in sozial verträglicher Weise stärker belasten. Solchen Plänen widersetzten sich zahlreiche konservative Parlamentarier, obwohl deren Einbindung in den »Bülow-Block« eigentlich eine Unterstützung des Regierungsvorhabens nahegelegt hätte. Doch die Standesinteressen der Besitzenden gewannen die Oberhand gegenüber dem Prinzip parlamentarischer Solidarität.[27] Gemeinsam mit den Vertretern der Zentrumspartei lehnten die Konservativen die Vorlage ab, während die Sozialdemokraten ihr bezeichnenderweise zustimmten. Es war nicht zuletzt eine Folge dieser parlamentarischen Abstimmungsniederlage, dass Bülow beim Kaiser seinen Rücktritt einreichte – ein Indiz dafür, wie eng das Agieren der Reichsleitung und die ihr zur Verfügung stehenden Handlungsspielräume mittlerweile an das Vertrauen der Parlamentsmehrheit geknüpft waren.

Vergleichbares galt für Bülows Nachfolger im Amt des Reichskanzlers, Theobald von Bethmann Hollweg (1856–1921), der zuvor als fachlich hochqualifizierter Verwaltungsjurist im preußischen Staatsdienst und als Staatssekretär des Reichsamts des Innern Karriere gemacht hatte.[28] Bethmann Hollweg war sich von Anfang an darüber im Klaren, dass allein eine umfassende parlamentarische Absicherung seiner Politik Aussicht auf Dauer und Erfolg verleihen konnte. Er besaß nicht nur gute persönliche Kontakte zum Linksliberalismus, sondern pflegte darüber hinaus einen relativ unverkrampften Umgang mit führenden Vertretern der Sozialdemokratie.[29] Sein Verhältnis zu den Konservativen blieb hingegen von wechselseitigem Misstrauen getrübt. Tatsächlich wurde es nach dem epochalen Sieg der SPD bei den Parlamentswahlen von 1912, der diese Partei zur stärksten Reichstagsfraktion machte, für die Regierung immer schwieriger, tragfähige Mehrheiten zur Realisierung geplanter Gesetzesvorhaben zu finden. Bethmann Hollweg bemühte sich daher um die Einbindung aller bürgerlichen Parteien von den Deutschkonservativen bis zu den Linksliberalen unter Einschluss des politischen Katholizismus. Diese »Politik der Diagonale«[30] ergab von Fall zu Fall unterschiedliche Koalitionen und Zweckbündnisse zur Unterstützung von Regierungsanliegen im Reichstag, was immerhin eine Reihe militärpolitischer Grundsatzentscheidungen zulassen sollte. So brachte die Dritte Novelle zum Zweiten Flottengesetz 1912 eine abermalige Flottenvermehrung. Und die Heeresnovelle von 1913 zielte darauf ab, bis 1916 die Steigerung der Landstreitkräfte um 136.000 Köpfe auf eine Friedenspräsenzzahl von 802.000 Mann zu ermöglichen. Angesichts eines Gesamtumfangs des französischen Heeres von fast 930.000 Mann – bei dort erheblich geringerer Bevölkerungszahl – wurde diese Maßnahme, die zur größten Truppenverstärkung seit der Reichsgründung führte, von allen maßgeblichen Parteien unterstützt, mit Ausnahme der Sozialdemokraten. Diese stimmten im Reichstag zwar nicht der Heeresvergrößerung zu, votierten jedoch für die damit verbundene Kostendeckungsvorlage, weil die erforderlichen Mehrausgaben durch Sonderleistungen für Besitzende und Einführung einer Vermögenszuwachssteuer finanziert werden sollten.[31]

Eine dauerhafte Basis oder gar ein einigermaßen konsistentes Regierungsbündnis, das nach dem Vorbild des früheren »Bülow-Blocks« dem Reichskanzler eine verlässliche parlamentarische Mehrheit zu sichern vermocht hätte, ergab sich aus alledem nicht mehr. Zu groß und in manchen Fällen unüberbrückbar waren die Interessenunterschiede im Lager der bürgerlichen Kräfte geworden. Eher eröffneten sich nach 1912 andere, unkonventionellere Möglichkeiten für eine verstärkte parlamentarische Zusammenarbeit der bürgerlichen Linken – also der reformorientierten Kräfte innerhalb des Zentrums und der Linksliberalen – mit der Sozialdemokratie. Entsprechende Kooperationsperspektiven waren im Rahmen örtlicher Wahlkreiskoalitionen zwischen linksliberalen und sozialdemokratischen Kandidaten bei den Stichwahlen von 1912 mehrfach erfolgreich realisiert worden.[32] Die beiden noch verbleibenden Friedensjahre bis 1914 boten dann manche Gelegenheit, durch gemeinsames Abstimmungsverhalten im Reichstag die Tragfähigkeit solcher Koalitionen parlamentarisch zu erproben.

Starke Impulse hatten der nach 1912 deutlicher vernehmbare Parlamentarisierungsdiskurs und, damit verbunden, der wachsende Machtanspruch des Reichstags bereits am Ende der Kanzlerschaft Bülows erhalten, im Nachgang zur Daily-Telegraph-Affäre. Die unklugen Interview-Äußerungen Kaiser Wilhelms II. gegenüber einem Londoner Zeitungsjournalisten im November 1908 waren nicht nur in der britischen und deutschen Öffentlichkeit mit äußerstem Befremden zur Kenntnis genommen worden.[33] Sie hatten auch den Reichstag zu heftigen Debatten über die Stellung des Kaisers im Verfassungsstaat herausgefordert. Das dort seit Langem angestaute Unbehagen über die selbstherrlichen Attitüden des Staatsoberhauptes verdichtete sich damals zu dem Wunsch, die Kontrollmöglichkeiten des Parlaments gegenüber der monarchischen Exekutive effektiver zu handhaben und intensiver auszubauen. In diesem Sinn hatten Anfang Dezember 1908 Sozialdemokraten, Linksliberale und Zentrumspartei Anträge im Reichstag vorgebracht, welche dafür plädierten, die einzelnen Reichsminister (»Staatssekretäre«) vom Vertrauen des Reichstags abhängig zu machen. Dadurch wäre die volle parlamentarische Verantwortlichkeit der Reichsregierung gegenüber der Volksvertretung hergestellt worden. Erneut waren es die Abgeordneten der beiden konservativen Fraktionen, die in einer Art Nibelungentreue zum Kaiser jede Reforminitiative schon im Ansatz erstickten.

Doch die anderen Parteien, von den Sozialdemokraten bis zu den Nationalliberalen, ließen – verstärkt nach den Reichstagswahlen von 1912 – nicht mehr davon ab, Anträge zur Einführung der Ministerverantwortlichkeit und zur Durchsetzung des parlamentarischen Misstrauensvotums im Reichstag einzubringen. Selbst die Frage der militärischen Kommandogewalt, deren Handhabung bisher stets als autonomer, parlamentsunabhängiger Reservatsbereich der Krone gegolten hatte, wurde nun zusehends zu einem Gegenstand der von der Reichstagsmehrheit in Gang gehaltenen Reformdiskussion. Das Parlament versuchte dabei besonders, mittels einer extensiven Auslegung und Handhabung seines Budgetrechts weitergehende Einflussmöglichkeiten in militärischen Angelegenheiten zu erlangen.[34]

Alle diese Parlamentsinitiativen, die von einer regen Erörterung verfassungspolitischer Alternativen in der zeitgenössischen Publizistik und Staatslehre begleitet wurden,[35] verwiesen auf eine Beweglichkeit des deutschen politischen Systems am Vorabend des Ersten Weltkriegs, das von einer ihm oftmals unterstellten »Selbstblockierung«[36] oder gar vom Zustand einer »permanente[n] Staatskrise«[37] denkbar weit entfernt war. Das Kaiserreich befand sich vor 1914 – anders als beispielsweise das seit 1911 von bürgerkriegsähnlichen Unruhen erschütterte Großbritannien – keineswegs in einer innenpolitischen Sackgasse, sondern auf der Bahn eines »stillen Verfassungswandel[s]«[38], dessen Entwicklung eindeutig auf einen Zuwachs parlamentarischer Mitwirkungsmöglichkeiten hinauslief. Seit Beginn des neuen Jahrhunderts, unter den Kanzlerschaften Bülows und Bethmann Hollwegs, hatten Einfluss und Bedeutung der Volksvertretung gegenüber der ministeriellen Exekutive eine kontinuierliche Steigerung erfahren. Und nichts sprach dagegen, dass die immer deutlicher zutage tretende Abhängigkeit der Reichsleitung vom Reichstag in nicht allzu ferner Zeit auch formal die volle Parlamentarisierung mit sich bringen werde – wenn die Parteien sich in dieser Angelegenheit erst einmal zu einem einheitlichen Aktionsbündnis zusammenfinden und auf eine Änderung der entsprechenden Bestimmungen der Reichsverfassung hinarbeiten mochten.[39] In qualitativer Hinsicht unterschied sich der Deutsche Reichstag der Vorweltkriegszeit jedenfalls kaum noch von den Volksvertretungen der meisten anderen konstitutionellen oder parlamentarisch verfassten Monarchien Europas.

Parteien und Interessenverbände

Angesichts des starken und dauerhaften politischen Engagements der im Reichstag vertretenen Parteien mag es auf den ersten Blick überraschen, ja geradezu irritieren, dass der

Verfassungstext von 1871 den Parteien weder eine staatsrechtlich anerkannte Funktion zubilligte, noch ihrer Existenz als Faktoren der politischen Meinungs- und Willensbildung überhaupt Rechnung trug. Dies entsprach dem Stellenwert, den die zeitgenössisch dominierende konservative Staatsrechtslehre ihnen als keineswegs alleinigen, ja nicht einmal als den vorrangigen Trägern politischer Macht einzuräumen geneigt war. Die Verfassungswirklichkeit des späten Kaiserreichs hatte solche Erwägungen indes längst hinter sich gelassen und die Parteien auch strukturell in einen politischen Funktionsrahmen eingebunden, dessen Zuschreibungsmuster sich erheblich von dem noch zu Bismarcks Zeiten gepflegten Rollenverständnis unterschied. Ein immer größeres Maß an gouvernementaler Rücksichtnahme auf Parteiinteressen und -konstellationen lag ebenso in der Logik dieser Entwicklung wie die daraus resultierende wachsende Abhängigkeit der Regierung vom Parlament.

Die für das deutsche Parteiwesen seit Langem als charakteristisch geltende Neigung zur Hervorhebung weltanschaulicher Prinzipien, ideologischer Grundsätze und theoretischer Doktrinen war auch für das wilhelminische Parteiensystem weiterhin prägend.[40] Die Parteien des späten Kaiserreichs verstanden sich noch immer als Repräsentanten von Gesinnungsgemeinschaften, deren Mitglieder nicht nur durch ähnliche soziale oder wirtschaftliche Interessen zusammengehalten wurden, sondern auf der viel grundsätzlicheren Ebene des Ringens um »letztbegründete« Überzeugungen miteinander verbunden waren.[41] Dieser Hang zum Doktrinarismus und zur Prinzipienbindung der Parteien förderte nicht unbedingt deren Kompromissfähigkeit im politischen Alltagsgeschäft. Und da sie im konstitutionellen System ohnehin keine direkte Regierungsverantwortung trugen, konnte diese Fähigkeit auch nicht in unmittelbarer Orientierung auf das politisch Mögliche und Machbare erprobt und eingeübt werden, wie dies in einem vollentwickelten parlamentarischen System der Fall gewesen wäre. Gänzlich gefehlt haben solche Möglichkeiten zu einer verantwortungsbewussten

Einübung in die Modalitäten parlamentarische Kompromissfindung in den Jahren vor 1914 nun allerdings nicht. Besonders die Stichwahl-Allianzen, die infolge des absoluten Mehrheitswahlrechts den zweiten Reichstagswahlgang zunehmend zu beherrschen begannen, trugen maßgeblich dazu bei, die ideologische Selbstgenügsamkeit der Parteien zurückzustellen und die Kluft zum bisherigen politischen Gegner zu überbrücken, der nun unvermittelt als Koalitionspartner im Kampf um Macht und Mandat fungierte. Auch das Wahlvolk musste sich daran gewöhnen, in diesem Rahmen Kandidaten des vormaligen parteipolitischen Rivalen zu akzeptieren. Darüber hinaus trug die Reichsregierung dazu bei, dass die Parteien miteinander im Gespräch blieben. Seit Bülows Amtsantritt pflegte sich der Reichskanzler mit den führenden Abgeordneten der Fraktionen über Absichten und Pläne der Reichsleitung bereits im Vorfeld entsprechender Vorhaben zu verständigen. Es kam immer häufiger zu Absprachen und Vereinbarungen der Parteien untereinander und zu koordinierten Aktivitäten zwischen der Regierung und den sie stützenden Fraktionen. Dadurch gerieten dogmatische Fixpunkte auf allen Seiten in Aufweichung. Man erkannte zunehmend Gemeinsamkeiten, man testete Formen und Möglichkeiten des Zusammenspiels und der Mehrheitsbildung, man überwand weltanschauliche Barrieren im Gespräch und kommunikativen Handeln.[42]

Beschleunigt und verstärkt wurde der Strukturwandel der deutschen Parteien im neuen Jahrhundert durch die immer dringlicher hervortretenden Erfordernisse der in voller Ausbildung befindlichen industriellen Massengesellschaft mit ihrer Tendenz zur Politisierung breiter Bevölkerungsschichten und zur Mobilisierung des Wahlvolks, zur Bündelung der Kräfte und zur Steigerung der öffentlichen Präsenz. Der Übergang von der klassischen Honoratiorenvereinigung zur politischen Massenbewegung war ein bei allen Parteien zu beobachtendes Phänomen und bis zum Ausbruch des Ersten Weltkriegs weitgehend abgeschlossen. Dies hing auch damit zusammen, dass sich zwischen 1900 und 1914 überall ein Generationenwechsel an der Führungsspitze vollzog, in dessen Verlauf die alten, dogmatisch fixierten und im Kampf der Weltanschauungen verhärteten Leitfiguren abtraten – als erster, 1906, Eugen Richter (1838–1906), der unduldsame Patriarch des Linksliberalismus, als letzter, 1913, August Bebel (1840–1913), der bis zuletzt unbeirrt am Marxismus festhaltende Matador der deutschen Sozialdemokraten. Die neuartigen Herausforderungen, die sich den Parteien infolge des verstärkten Politisierungsdrucks zu stellen begannen, und von denen die Intensivierung der Wahlkämpfe vielleicht das am dringlichsten empfundene Problem war, beantwortete jede Partei für sich sehr verschiedenartig.

Die Konservativen und das Zentrum sicherten sich ihre Massenbasis und ihre organisatorische Stärke durch außerparteiliche Hilfsorganisationen, die im Auftrag der Partei Wahlagitation, Wahlwerbung und Wählermobilisierung in großem Stil übernahmen und die Partei auch finanziell stützten.[43] Bei den Konservativen war dies der 1893 gegründete »Bund der Landwirte« als gut organisierter Massenverband im Dienst bäuerlich-agrarischer Interessen, der 1913 etwa 328.000 Mitglieder zählte.[44] Für das Zentrum besaß diese Funktion der seit 1890 bestehende »Volksverein für das katholische Deutschland«, der, anders als der »Bund der Landwirte«, zugleich bildungspolitische und sozialreformerische Zielsetzungen verfolgte und – neben der Sozialdemokratie – die zweitgrößte Massenorganisation des Kaiserreichs war. 1914 hatte der »Volksverein« ca. 800.000 Mitglieder.[45]

Den Liberalen standen solch hilfreiche Trabantenorganisationen nicht in vergleichbarem Ausmaß zur Verfügung. Sie waren seit Jahrhundertbeginn vielmehr darum bemüht, die Basis ihrer Parteiformationen durch eine Erhöhung der Mitgliederzahlen zu stärken. Hier versuchten sie insbesondere, die sich formierende Schicht der Angestellten, den »neuen Mittelstand«, für sich zu gewinnen, allerdings mit nur mäßigem Erfolg. Darüber hinaus entwickelte sich bei den Liberalen als einziger bürgerlicher Parteiformation in den letzten Friedensjahren des Kaiserreichs die

Institution des Parteitags zu einem Forum des Meinungsaustausches und der Meinungsbildung sowie zu einem Ort begrenzter Einflussnahme der Mitglieder auf den Parteikurs. Die ausschlaggebende Position der Parteiführung und der Reichstagsfraktion blieb dabei allerdings unbestritten.[46] Von einer »innerparteilichen Demokratie« war man im Kreis der Liberalen damals noch weit entfernt. Stark an Einfluss gewannen hingegen die überall vermehrt auftretenden hauptberuflichen Parteifunktionäre. Sie amtierten als fest besoldete Angestellte im Dienst der Parteiinteressen und trugen damit der wachsenden Bürokratisierung des Apparates ebenso Rechnung, wie sie diese zugleich selbst vorantrieben und vervielfachten.

Neuformierung zwischen Lagerbildung und Konsensfindung

Auch in den beiden letzten Jahrzehnten des Kaiserreichs bewegte sich das politische Spektrum im Rahmen des klassischen deutschen Fünfparteiensystems, wie es sich seit den 1840er Jahren kontinuierlich herausgebildet hatte und in seinen Grundzügen bis in die späten Jahre der Weimarer Republik bestehen bleiben sollte. Innerhalb der einzelnen Parteien kam es jedoch während der unmittelbaren Vorkriegszeit neben den beschriebenen organisatorischen Formwandlungen auch zu inhaltlichen Akzentverschiebungen, zu programmatischen Fortentwicklungen und zu theoretischen Neujustierungen von teilweise sehr erheblichem Ausmaß.

Konservatismus. Die deutschen Konservativen boten nach 1900 den kläglichen Anblick einer zu keinerlei reformerischem Neubeginn fähigen Lobbyistenclique, deren politisches Credo sich in der rigiden Verfechtung und Bewahrung agrarischer Besitzstände erschöpfte. Einst, im Revolutionsjahr 1849, hatte der Gründer und langjährige Führer der Konservativen Partei Preußens, Ernst Ludwig von Gerlach, diese interessenpartikularistische Tendenz mit starken Worten angeprangert: »Bloß konservieren«, so Gerlach damals, »die negative Haltung: die Front gegen den Mist, den Rücken gegen den Ansprüche machenden Staat – das ist eine Stellung, die allenfalls dem Bauern verziehen werden kann und jetzt auch ihm nicht mehr.«[47] Genau solch einer Politik verschrieb sich jedoch nun die Führung der Deutschkonservativen Partei (gegründet 1876), spätestens seitdem der schlesische Rittergutsbesitzer Ernst von Heydebrand und der Lasa (1851–1924) Parteivorsitzender (seit 1911) bzw. Fraktionsvorsitzender (bereits seit 1906) im Preußischen Abgeordnetenhaus geworden war.[48] Heydebrand trieb die Deutschkonservativen in beiden Parlamenten zu einer systematischen Oppositions- und Obstruktionspolitik gegenüber all jenen Regierungsvorlagen, die entweder dem auf Agrarprotektionismus bedachten Interessenstandpunkt der heimischen Landwirtschaft widersprachen oder den materiellen Eigennutz der Besitzenden auch nur ansatzweise einzuhegen wagten. Das betraf finanz-, zoll- und steuerpolitische Entscheidungen, aber auch Wahlrechtsfragen und selbst Maßnahmen, die der Förderung des Verkehrs und der Infrastruktur dienten, wie etwa den seitens der preußischen Regierung geplanten Bau des Mittellandkanals. Entsprechende Vorlagen wurden von der konservativen Mehrheit im Preußischen Abgeordnetenhaus 1899 und erneut 1901 verworfen, weil man dort befürchtete, der (1905 dann doch vom Rhein bis Hannover bewilligte) Kanalbau werde durch erleichterte Einfuhr und verbilligten Transport von Agrarprodukten aus dem Westen die Konkurrenzfähigkeit der ostelbischen Landwirtschaft schmälern.[49] Von einer positiven Einstellung gegenüber sozialpolitischen Unternehmungen, wie sie für viele Repräsentanten des preußisch-deutschen Konservativismus bis in die späte Bismarck-Zeit so bezeichnend gewesen war, konnte bei den Deutschkonservativen unter Führung Heydebrands ohnehin keine Rede mehr sein.

Allenfalls die zweite, kleinere konservative Parteiformation, die Freikonservative Partei (gegründet 1866) zeichnete sich durch eine gewisse Aufgeschlossenheit gegenüber tagesaktuellen Herausforderungen aus, wie sie sich überhaupt, und schon seit jeher, im Vergleich zu den Deutschkonservativen als kompromissbereitere und von politisch originelleren Köpfen getragene Gruppierung empfahl.[50] Die guten Kontakte vieler ihrer Abgeordneten zur Schwerindustrie und zu deren organisierter Interessenvertretung, dem 1876 gegründeten »Centralverband deutscher Industrieller«,[51] verhinderten zudem eine ausschließlich agrarische Klientelfixierung dieser Partei. So war es kein Zufall, dass der einzig ernstzunehmende publizistische Versuch einer programmatischen Erneuerung konservativen Parteidenkens – Adolf Grabowskys bildungselitäres Konzept des »Kulturkonservatismus«[52] – aus den Reihen der Freikonservativen hervorging. Grabowsky (1880–1969) war seit 1912 Herausgeber der Parteizeitschrift *Das Neue Deutschland*. Doch die Freikonservative Partei galt spätestens seit den Reichstagswahlen von 1912, die ihr nur noch 14 Mandate und drei Prozent der Stimmen gebracht hatten, als eine im Abstieg begriffene, überdies schwach organisierte Formation.

Hingegen war es den Deutschkonservativen infolge ihres rückhaltlosen Schulterschlusses mit den materiellen Interessen des »Bundes der Landwirte« möglich, in Wahlkampfzeiten ohne großen Eigenaufwand die gut funktionierende Maschinerie dieser mächtigen *pressure group* zu nutzen, und so bei den Reichstagswahlen von 1912 immerhin noch 43 Mandate und 9,2 Prozent der Stimmen zu erringen, die allerdings zu fast 90 Prozent in den jenseits der Elbe gelegenen preußischen Ostprovinzen sowie in den beiden mecklenburgischen Großherzogtümern eingeholt wurden. Entgegen älteren Forschungsansichten gilt es heute als erwiesen, dass sich die Mitglieder des »Bundes der Landwirte« in ihrer überwältigenden, zeitweilig fast 90-prozentigen Mehrheit aus dem Kleinbauerntum rekrutierten. Der »Bund«, und mit ihm die Deutschkonservativen, zu denen die Mehrheit seiner Mitglieder tendierte, waren keineswegs nur den »wirtschaftlichen Interessen des preußischen Landjunkertums«[53], also des ostelbischen Grundbesitzes und dessen reaktionären Zielsetzungen

Der Agrarier bei Dressel: »Satt bin ick wie'n Schwein. Frage: Was nu essen?« Karikatur aus dem *Simplicissimus*, 1907.

verpflichtet. Richtig ist vielmehr, dass »Bund« und Deutschkonservative die Anliegen der Landwirtschaft überhaupt und die Interessen agrarisch geprägter Regionen wie der preußischen Ostprovinzen insgesamt artikulierten.[54] Sie vertraten ein gemeinsames Anliegen von Bauern und Gutsbesitzern im Rahmen des von ihnen repräsentierten Milieus, das keineswegs klassenspezifisch begrenzt war. Zu den konkreten Inhalten einer solch konservativen agrarischen Interessenpolitik zählte in erster Linie die Forderung nach infrastrukturellen und wirtschaftlichen Regionalentwicklungsmaßnahmen und nach finanziellen Subventionen bzw. staatlichen Investitionen für das im reichsweiten Vergleichsmaßstab zurückgebliebene Ostelbien. Andere, dem spätwilhelminischen Konservativismus gemeinhin zugeordnete Denkinhalte – ein expansionistischer Nationalismus etwa, oder gar ein völkisch imprägnierter Antisemitismus – waren demgegenüber eher nachgeordnet.[55]

Unabhängig von ihren Inhalten können Art und Umfang dieser konservativ-agrarischen Lobbyistenarbeit durchaus als Indikatoren von »Modernität« gelten. Denn zweifellos war das äußerst erfolgreiche Bemühen der im »Bund der Landwirte«

organisierten Interessen um Mitsprache und Einflussnahme[56] ein untrügliches Zeichen für die wachsende Einbeziehung gesellschaftlicher Gruppenansprüche in die Sphären von Staat und Politik, wie sie dann im fortgeschrittenen 20. Jahrhundert in allen klassischen Industrieländern sukzessive erfolgen sollte. Dass sich diese Integration gesellschaftlicher Interessen im spätwilhelminischen Deutschland auf parlamentarischem Weg vollzog – nicht etwa durch eine separate »Verbändepolitik«, die unabhängig vom Reichstag und an diesem vorbei betrieben wurde, sondern durch das Parlament selbst, vermittelst seiner den Verbänden verpflichteten Abgeordneten –, unterstreicht einmal mehr die zur Zukunft hin offene Entwicklungsrichtung des deutschen politischen Systems in den Jahren vor 1914.

Rechtsliberalismus. Auch der Liberalismus bemühte sich damals verstärkt um eine Bündelung seiner Kräfte durch Aktivierung und Intensivierung von Kontakten zu wirtschaftlichen Interessenverbänden. Das galt vor allem mit Blick auf den 1895 gegründeten »Bund der Industriellen«.[57] Dieser verstand sich in seiner Ausrichtung auf die Bedürfnisse mittelständischer Unternehmen der Textil-, Fertigwaren- und Chemischen Industrie als Widerpart zum auf die Schwerindustrie orientierten »Centralverband deutscher Industrieller«. Im Unterschied zu jenem neigte er nicht den Freikonservativen zu, sondern fühlte sich den liberalen Parteien verbunden. Prominentester Mittelsmann und Lobbyist des »Bundes der Industriellen« war dessen sächsischer Regionalverbands-Syndikus und (seit 1911) Geschäftsführender Bundesvorsitzender Gustav Stresemann (1878–1929), der seit 1907 für die Nationalliberalen im Reichstag saß. Von dort aus machte er Front gegen die zeitweise sich abzeichnende Bundesgenossenschaft schwerindustrieller und agrarischer Interessen, die 1913 im »Kartell der schaffenden Stände« zwischen dem »Bund der Landwirte« und dem »Centralverband deutscher Industrieller« gipfelte.

In ausgesprochener Frontstellung zum Lobbyistentum der Landwirtschaft erfolgte auch die Gründung des »Hansa-Bundes für Gewerbe, Handel und Industrie« (1909), der alle Wirtschaftszweige – außer der Landwirtschaft – in einer Gesamtvertretung organisatorisch zusammenfasste. Rasch entwickelte er sich zu einer berufsständischen Massenorganisation und entfaltete eine umtriebige Mobilisierung aller in Handel und Handwerk selbstständig Tätigen.[58] Über seinen Vorsitzenden Jakob Riesser (1853–1932) war der »Hansa-Bund« eng mit den Nationalliberalen liiert – Riesser war seit 1903 Mitglied des Zentralvorstands der Nationalliberalen Partei – und unterstützte bei den Reichstagswahlen von 1912 massiv und nicht ohne Erfolg die Kandidaten des politischen Liberalismus. Die Gefahr, dass die Abgeordneten durch solch außerparlamentarische Bundesgenossenschaft langfristig nicht mehr als ungebundene Volksvertreter auftraten, sondern als Agenten der ihnen jeweils zugeordneten wirtschaftlichen Lobbyorganisationen handelten, hat bereits manchen zeitgenössischen Beobachter zu vernehmlicher Kritik herausgefordert und vor einem drohenden Bedeutungsverlust der gerade erst mühsam erworbenen Parlamentsmacht warnen lassen.[59]

Die 1867 als Sprachrohr des deutschen Rechtsliberalismus gegründete Nationalliberale Partei verfügte in den letzten Jahren des Kaiserreichs,[60] vergleichbar etwa den Deutschkonservativen, im Parlament über eine Fraktion mittlerer Größe. Bei den Reichstagswahlen von 1912 hatte sie 45 Mandate errungen (1903: 51; 1907: 55). Unter ihrem seit 1898 als Fraktionschef, von 1905 bis 1917 dann auch als Parteiführer amtierenden Vorsitzenden Ernst Bassermann (1854–1917) erwiesen sich die Nationalliberalen in der Regel als zuverlässige parlamentarische Stütze der Reichsleitung und trugen die unter Bülow und Bethmann Hollweg getroffenen militär-, marine- und kolonialpolitischen Grundsatzentscheidungen aus voller Überzeugung mit. Man wünschte mehrheitlich eine bewusst »national« orientierte deutsche Groß- und Weltmachtpolitik, auch und gerade im Dienst industrieller Interessen. Innenpolitisch verstanden sich die Nationalliberalen als Repräsentanten des »vaterländisch« gesinnten Bildungs- und

Besitzbürgertums, dem zwar an einer weiteren Liberalisierung des Rechtsstaats und der Reichsverwaltung, nicht hingegen an einer vollständigen Parlamentarisierung der Reichsverfassung gelegen war.[61] Das entsprach vollauf der antidemokratischen Tradition des deutschen Rechtsliberalismus, für den die »Gleichheit« aller stets ein zur »Freiheit« des Einzelnen im Widerspruch stehendes Verfassungsprinzip gewesen war. Den Rechtsliberalen hatte die Herrschaft der Masse schon immer als ein den Vorrang von Qualität und Leistung kupierendes Schreckbild gegolten.

Allerdings formierte sich unter den Nationalliberalen seit Jahrhundertbeginn eine Erneuerungsbewegung, die von der Parteijugend ausging und in den besonders auf west- und süddeutschem Boden entstehenden »Vereinen der Nationalliberalen Jugend« ihre institutionelle Plattform fand.[62] Die Gesamtpartei erwies sich immerhin als so flexibel, dass sie diese regionalen Kräfte durch Gründung einer selbstständigen Jugendorganisation zu kanalisieren wusste. In ihrer Monatszeitschrift *Nationalliberale Jugend* distanzierten sich die Jungliberalen nachdrücklich von Koalitionen mit den Konservativen und dem Zentrum, polemisierten gegen parlaments- bzw. parteitaktisch motivierte Annäherungen an großindustrielle bzw. konfessionelle Interessen und plädierten unter der Parole »Von Bassermann zu Bebel« für eine Öffnung der Partei nach links, d.h. für eine Annäherung des bürgerlichen Liberalismus an eine entradikalisierte Sozialdemokratie, letztlich also für eine »sozial-liberale« Koalition.[63]

Linksliberalismus. Einem solchen Politikkonzept war die zweite große Parteiformation des deutschen Liberalismus, die in den Traditionen des demokratischen Radikalismus stehende, 1861 gegründete Fortschrittspartei bzw. deren unter wechselnden Namen firmierende Nachfolgerin aufs Stärkste verpflichtet. Die Linksliberalen hatten sich jedoch in innere Richtungskämpfe und Dauerquerelen verstrickt. Das lag vor allem an der dogmatischen Unduldsamkeit und den mit großer Rücksichtslosigkeit eingeforderten Herrschaftsansprüchen des Parteidiktators Eugen Richter, der die Linksliberalen von 1874/75 bis zu seinem Tod 1906 immer wieder unter seine Kuratel zu zwingen wusste und zur Aufrechterhaltung seiner innerparteilichen Führungsmacht 1893 sogar eine Parteispaltung in Kauf genommen hatte.[64] Damals war die alte Fortschrittspartei in zwei miteinander rivalisierende Gruppierungen auseinandergebrochen. Die eine von ihnen verharrte unter Richters autoritärer Führung als »Freisinnige Volkspartei« (1903: 21 Mandate; 1907: 28 Mandate) bis 1906 zumeist in Opposition zur Politik der Reichsleitung, verwarf aus ideologischen Gründen jede Form staatlicher Intervention auf sozialem und wirtschaftlichem Gebiet und verurteilte sich damit selbst weitgehend zu politischer Sterilität. Die andere aus der Spaltung von 1893 hervorgegangene Partei nannte sich »Freisinnige Vereinigung« (1903: neun Mandate; 1907: zwölf Mandate) und unterschied sich von Richters Gruppierung und deren fundamentalistischer Verweigerungshaltung durch eine stärkere Bereitschaft zur Mitwirkung an einzelnen Regierungsvorhaben, etwa im Bereich der Flotten- und Kolonialpolitik, sowie durch eine größere Offenheit gegenüber sozialpolitischen Maßnahmen.[65] Da aber der südwestdeutsche Linksliberalismus im Königreich Württemberg und im Großherzogtum Baden seit den Tagen der Reichsgründung sich auf eine ebenso schrill anti-preußische wie strikt föderalistische Tonlage einzustimmen beliebt hatte und sich nur fallweise zur taktischen Zusammenarbeit mit den im »Freisinn« versammelten norddeutschen Gesinnungsfreunden entschließen mochte, gab es mit der (1868 gegründeten) »Deutschen Volkspartei« (1903: sechs Mandate; 1907: sieben Mandate) seit 1893 im Reichstag insgesamt drei voneinander unabhängige linksliberale Gruppierungen, die sich gegenseitig Konkurrenz machten.[66] Erst nach Eugen Richters Tod war der Weg frei für Fusionsverhandlungen, die 1910 mit dem Zusammenschluss des gesamten linksliberalen Parteienspektrums zur »Fortschrittlichen Volkspartei« zum Erfolg führten. Bei den letzten Reichstagswahlen im kaiserlichen Deutschland errang die neu formierte Partei 1912 immerhin 42 Mandate. Das entsprach ziemlich genau der jeweiligen Fraktionsstärke der Deutschkonservativen und der Nationalliberalen. In zentralen Fragen der Finanz- und Wehrpolitik stimmten die Fortschrittlichen vor dem Krieg zumeist für die Vorlagen der Regierung.

Entscheidend für das Profil des Linksliberalismus in den späten Jahren des Kaiserreichs[67] war neben dessen organisatorischer Bündelung und Zusammenfassung eine grundlegende intellektuelle Neuorientierung. Deren Programmatik erarbeitete maßgeblich der aus Sachsen stammende evangelische Theologe und Publizist Friedrich Naumann (1860–1919).[68] Von starken sozialreformerischen Impulsen getrieben, hatte sich Naumann nach dem gescheiterten Versuch einer eigenen Parteigründung (»Nationalsozialer Verein«, 1896) 1903 der »Freisinnigen Vereinigung« angeschlossen, für die er seit 1907 im Reichstag saß und dort deren Zusammenschluss mit den beiden anderen linksliberalen Fraktionen vorantrieb. Naumanns Beitrag zur inhaltlichen Neuausrichtung linksliberalen Denkens – der allerdings nicht in sämtlichen Aspekten innerparteilich mehrheitsfähig war – bestand darin, dass er in reger, breit rezipierter publizistischer Tätigkeit (Wochenschrift *Die Hilfe*, seit 1894) nachdrücklich für die Berücksichtigung sozialer Belange der Arbeiterschaft seitens seiner in dieser Hinsicht bisher alles andere als zugänglichen Parteifreunde warb. Als Ziel stand ihm dabei letztlich ein langfristiges Zusammenwirken des linksbürgerlichen Liberalismus mit einer sich zusehends entradikalisierenden Sozialdemokratie vor Augen, das von vielen Liberalen damals noch verworfen wurde. Mit diesem Konzept verknüpfte Naumann ein klares Plädoyer für den Übergang Deutschlands zur parlamentarisch-demokratischen Regierungsform,[69] aber zugleich ein ebenso eindeutiges Bekenntnis zu einer starken, politisch aktiven monarchischen Staatsspitze. »Demokratie und Kaisertum« – so der Titel von Naumans im Säkularjahr erschienener Programmschrift[70] – waren in den Augen ihres Verfassers keine sich widersprechenden Gegensätze. Sie galten ihm vielmehr als einander wechselseitig zugeordnete politische Strukturprinzipien, deren Symbiose erst den sozialen und nationalen Machtstaat vollgültig konstituierte.[71]

Politischer Katholizismus. Neben den Konservativen, den Nationalliberalen und den Linksliberalen war das Zentrum (gegründet 1870) die vierte Parteiformation im bürgerlichen Lager. Die politische Vertretung der deutschen Katholiken hatte sich um 1900 längst mit dem einst skeptisch beurteilten kleindeutschen Nationalstaat arrangiert und dessen evangelisch-hohenzollernsches Kaisertum akzeptiert, wozu nicht zuletzt die auf konfessionellen Ausgleich und ökumenische Verständigung zielende Kirchenpolitik Wilhelms II. maßgeblich beigetragen hatte.[72] Dem Präsidenten des Mainzer Katholikentages von 1911 – also der jährlich stattfindenden Generalversammlung der Katholiken Deutschlands – Friedrich Mathias Graf von Galen (1865–1918), der ab 1912 für die Zentrumspartei im Reichstag saß, erschien Wilhelm II. gar als »Kaiser der Katholiken«[73]. Aus einer konfessionell geprägten Minderheitenfraktion war, spätestens seit Beginn der Ära Bülow, eine aktive Mitträgerin der Reichspolitik geworden – nicht unbedingt schon eine Regierungspartei, aber, zumindest bis 1906, und dann erneut, nach Bülows Sturz, seit 1909, eine regierende Partei, die sich ihrer »parlamentarischen Schlüsselposition«[74] im kaiserlichen Reichstag der Vorweltkriegszeit vollauf bewusst war. Ab 1898 hatte die Partei regelmäßig allen Militär- und Marinevorlagen zugestimmt, sie hatte die Finanz- und Außenwirtschaftpolitik der Reichsregierung unterstützt und, nunmehr in prinzipiell staatsloyaler Gesinnung, sogar die meisten kolonialpolitischen Unternehmungen mitgetragen, hier allerdings stets den Aspekt kulturell-religiöser Missionierungsarbeit hervorgehoben.[75] Wenn Angehörige der katholischen Minorität im preußisch-protestantisch geprägten Bismarckreich trotz solcher Integrationsleistungen bei zahlreichen Stellenbesetzungen – verglichen mit evangelischen Bewerbern – auch weiterhin im Rückstand blieben, so hing dies oft weniger mit einer immer wieder beklagten prinzipiellen Benachteiligung oder gar Stigmatisierung der Katholiken vor 1914 zusammen,[76] sondern war weitaus eher eine Folge der zumeist uneingestandenen und von der historischen Forschung nur zögerlich erhellten katholischen Bildungsferne.[77] Sie zu überwinden und den deutschen Katholizismus intellektuell stärker zu profilieren, war dann auch ein Hauptanliegen jener konfessionellen Erneuerungsbewegung, die sich um die 1903 gegründete Zeitschrift *Hochland* gruppierte und einen Ausgangspunkt des deutschen *renouveau catholique* in den 1920er Jahren bilden sollte.[78]

Ähnlich wie die anderen bürgerlichen Parteien, war auch das Zentrum eine weltanschaulich gebundene Milieupartei, keinesfalls jedoch, wie dies oft behauptet wird, eine Volkspartei, die grundsätzlich allen Wählerschichten offenstand. Evangelische Christen oder agnostisch eingestellte Wähler konnten sich nicht von einem Parteiprogramm angesprochen fühlen, das überall dort, wo moralisch-religiöse, kulturelle oder bildungs- und schulpolitische Zeitfragen zu entscheiden waren, den einseitig konfessionellen Standpunkt zur Geltung brachte. Bei den im neuen Jahrhundert stattfindenden Reichstagswahlen ließ sich für dieses Anliegen – mit allerdings abnehmender Tendenz – immerhin noch knapp ein Fünftel des deutschen Wahlvolkes mobilisieren (1903: 19,8 Prozent; 1907: 19,4 Prozent; 1912: 16,4 Prozent). Infolge des Mehrheitswahlrechts und der Wahlkreiseinteilung trug das der Partei jeweils etwa ein Viertel der Abgeordnetenmandate ein (1903: 100; 1907: 105; 1912: 91), die zumeist in Preußen – hier besonders in der Rheinprovinz und in Westfalen –, in Bayern und in Baden errungen wurden.

Im Unterschied zu allen anderen Parteien, einschließlich der Sozialdemokratie, wies das Zentrum hinsichtlich seiner Wählerstruktur allerdings schon damals insofern über den Charakter einer reinen Klientelpartei hinaus, als es katholische Bürger aus allen Sozialschichten an sich zu binden vermochte – schlesische Magnaten und Vertreter der westfälischen Grundaristokratie ebenso wie oberbayerische Kleinbauern oder Arbeiter aus den

Industrierevieren an der Ruhr. Diese Spannweite ließ sich im neuen Jahrhundert indes immer weniger konfliktlos erhalten. Je stärker das Zentrum, vertreten durch seine Reichstagsfraktion, sich als regierende Partei verstand und dadurch zu Konzessionen und Arrangements mit anderen parlamentarischen Gruppierungen genötigt wurde, desto entschiedener traten im letzten Vorweltkriegsjahrzehnt interne Bruchlinien und Richtungsgegensätze hervor.[79]

Der traditionell führenden hochadlig-konservativen Honoratiorenfraktion um den Münchener Philosophieprofessor, späteren bayerischen Ministerpräsidenten und deutschen Reichskanzler Georg von Hertling (1843–1919) stand eine »bürgerliche Aufbruchsbewegung«[80] gegenüber, die zusehends an Bedeutung gewann und in Julius Bachem (1845–1918), dem Herausgeber der *Kölnischen Volkszeitung*, ihren publizistischen, in Matthias Erzberger (1875–1921), Reichstagsmitglied seit 1903, ihren parlamentarischen Hauptfürsprecher finden sollte. Eine dritte innerparteiliche Formation von zunehmendem Gewicht bildete der Arbeitnehmerflügel, der sich um den 1901 gegründeten, interkonfessionell ausgerichteten »Gesamtverband der Christlichen Gewerkschaften Deutschlands« gruppierte. 1913 hatte der Verband – seit 1903 geleitet von seinem umtriebigen Generalsekretär Adam Stegerwald (1874–1945) – bereits 342.000 Mitglieder.[81] Dieser linke Flügel des Zentrums stand in strikter Gegnerschaft zu allen konfessionell-klerikalen Engführungsabsichten integralistischer Kreise, die davon ausgingen, dass nicht nur die religiösen, sondern auch die weltlichen Aktivitäten des Gläubigen ausschließlich von kirchlichen Grundsätzen bestimmt werden sollten.[82] Zugleich bekundete die Zentrums-Linke jedoch Distanz zum bürgerlich-liberalen Erzberger-Flügel und zu dessen mangelndem Engagement für die Belange der Arbeiter. Demgegenüber war es das erklärte Ziel der christlichen Gewerkschafter, die Klassengegensätze mittels einer aktiven, arbeiterfreundlichen Sozialpolitik friedlich zu überwinden. So war das Zentrum am Vorabend des Ersten Weltkriegs durch tiefgehende innerparteiliche Konflikte geprägt, deren offener Austrag wohl nur durch die Geschehnisse des Augusts 1914 verhindert wurde.

Sozialismus. Von ähnlichen internen Auseinandersetzungen und Führungskämpfen war schließlich auch die deutsche Sozialdemokratie geprägt. Sie stand in den letzten Friedensjahren des Kaiserreichs mehrfach vor existenzgefährdenden Zerreißproben. Kontroversen zwischen doktrinär-sozialrevolutionären und praktisch-reformistisch ausgerichteten Kräften hatte es innerhalb der deutschen Arbeiterbewegung schon immer gegeben. Die Hauptanliegen beider Richtungen waren im »Erfurter Programm«, das von 1891 bis 1921 die offizielle Basis der sozialdemokratischen Parteiarbeit bildete, zu einem fragilen Kompromiss austariert worden, wobei die marxistische Rhetorik eindeutig überwog. Diese aber geriet nach 1900 in wachsenden Widerspruch zur politischen Praxis. Denn allen revolutionären Phrasen zum Trotz hatte die SPD um die Jahrhundertwende längst damit begonnen, zahlreiche sich ihr bietende Chancen zur aktiven Mitwirkung in Institutionen und Organisationen des bestehenden Staates wahrzunehmen. Viele Genossen engagierten sich auf kommunalpolitischer Ebene in Stadträten und Gemeindevertretungen und kooperierten dort mit den Vertretern bürgerlicher Parteien. Und in den Landesparlamenten der süddeutschen Staaten Baden, Bayern und Württemberg stimmten die dortigen Vertreter der Sozialdemokratie, allen voran der von 1894 bis 1918 amtierende Landesvorsitzende der bayerischen SPD Georg von Vollmar (1850–1922), vor 1914 regelmäßig für die von den Landesregierungen eingebrachten Etatentwürfe. Die süddeutschen Sozialdemokraten bekundeten damit eine ausgesprochen reformistische Gesinnung. Diese trat ebenso in einen offenen Gegensatz zur revolutionären Verweigerungshaltung des Parteivorsitzenden August Bebel und seines seit 1913 amtierenden Nachfolgers Friedrich Ebert (1871–1925), wie sie der Tatsache Rechnung trug, dass sich die Arbeiterschaft mit dem deutschen Nationalstaat im Allgemeinen und mit der politisch-gesellschaftlichen Ordnung des wilhelminischen Reiches im Besonderen in zunehmendem Maß zu identifizieren vermochte.[83] So verblasste das Bekenntnis zum orthodoxen Marxismus in den letzten Vorkriegsjahren vielfach zu einer bloßen Worthülse. Warum, so fragten sich immer mehr Angehörige der Parteibasis, sollte man ein System durch gewaltsamen Totalumsturz beseitigen, das doch ganz offensichtlich auch dem Vierten Stand steigende Einkommen brachte und wachsende soziale Sicherheit garantierte?

Der zunehmend praktizierte sozialdemokratische Reformismus fand seit Beginn des neuen Jahrhunderts einen beredten Anwalt in der Theorie: Eduard Bernstein (1850–1932), einstiger Mitverfasser des ersten sozialdemokratischen Parteiprogramms und Verwalter des literarischen Nachlasses von Friedrich Engels, veröffentlichte kurz vor der Säkularwende eine sogleich vieldiskutierte Grundlagenschrift,[84] in der die Wirtschafts- und Gesellschaftstheorie des Marxismus – und mit ihr die offizielle Parteidoktrin der SPD – einer harschen Fundamentalkritik unterzogen wurden. Keine einzige der von Karl Marx aufgestellten Entwicklungsprognosen über die Zukunft des Kapitalismus, so Bernstein, habe sich als zutreffend erwiesen.[85] Weder eine Konzentration und Akkumulation des Kapitals in den Händen weniger noch eine fortschreitende Ausbeutung und Verelendung der Arbeiterklasse seien als vorherrschende Merkmale der aktuellen Wirtschaftsordnung zu diagnostizieren. Diese entwickle vielmehr aus sich heraus stabilisierende und regenerative Kräfte. Und sie werde auch weiterhin anstehende Erschütterungen elastisch überwinden, ohne in absehbarer Zeit zusammenzubrechen. Die Sozialdemokratie müsse dieser Entwicklung insofern Rechnung tragen, als sie von ihrer revolutionär-marxistischen Theorie zugunsten ethisch-humanitärer Handlungsmotivationen abrücke und ihr Programm den gesellschaftlichen Realitäten anpasse. Das aber hieß konkret: der eigenen, praktisch-reformistischen Parteiarbeit zu folgen.

Bernsteins Impulse, deren Realisierung die SPD schon damals von einer traditionell klientelgebundenen Weltanschauungspartei zu einer modernen Volkspartei gemacht hätte[86] – was sie bekanntlich erst nach Verabschiedung ihres »Godesberger Programms« 1959 werden sollte, das die marxistische Rhetorik endgültig über Bord warf –, provozierten sofort heftige Gegenattacken seitens einer linksdoktrinären marxistischen Orthodoxie. Unter diesen ragten vor allem die Stellungnahmen von Karl Kautsky (1854–1938)[87] und Rosa Luxemburg (1871–1919)[88] heraus. Letztere firmierte bereits als erste maßgebliche Vertreterin neuer, radikaler Parteiströmungen innerhalb der SPD, die den rücksichtslosen revolutionären Kampf der Arbeiterklasse gegen den bürgerlichen Rechtsstaat und seine bewährten Ordnungen propagierte. Mit Rückendeckung August Bebels[89] verfocht Luxemburg die Idee des politischen Massenstreiks als taktisches Kampfmittel der direkten, antidemokratisch-außerparlamentarischen Aktion und nahm dabei ausdrücklich die Anwendung von Gewalt gegen Personen und Sachen in Kauf.[90] Seit etwa 1910 ging sie dann in deutlichere Distanz zur Parteiführung und versuchte die vermeintlich revolutionär gesinnten Massen in einen Volksaufstand zu treiben. Die Arbeiterschaft selbst war für derartige Zumutungen größtenteils unempfänglich. Das hinderte die Parteispitze indes nicht daran, auf dem SPD-Parteitag in Dresden 1903 eine Resolution zu erzwingen, in der Bernsteins »Revisionismus« mit großer Mehrheit verurteilt und erneut ein entschiedenes Bekenntnis zum marxistischen Klassenkampfprinzip abgelegt wurde.

Dieses »krampfhafte Festhalten an den radikalen Phrasen«[91], das die Partei in erster Linie dem dogmatischen Altmännerstarrsinn August Bebels schuldete – bei gleichzeitigem »Fehlen jeder revolutionären Ausrichtung der Gegenwartsarbeit«[92] –, wurde in seiner Inkonsequenz besonders von jenen als Belastung empfunden, die sich der revisionistischen Taktik im politischen Alltag am entschiedensten bedienten, um die Lebensqualität der deutschen Arbeiterschaft durch praktische Reformmaßnahmen zu verbessern: von den sozialistischen Freien Gewerkschaften. Seit der Gründung ihres organisatorischen Dachverbandes, der »Generalkommission der Freien Gewerkschaften Deutschlands« 1890,[93] der allerdings erst 1916 als Vertreter der Arbeitnehmerinteressen gesetzlich anerkannt werden sollte, waren sie unter ihrem bis 1920 amtierenden Vorsitzenden Carl Legien (1861–1920) von Anfang an darum bemüht, Staat und Unternehmer nicht als vermeintliche Klassenfeinde zu bekämpfen, sondern mit ihnen als Sozial- und Tarifpartnern zusammenzuarbeiten, um so für die immer zahlreicheren Gewerkschaftsmitglieder (1900: 680.427; 1914: 2.075.759) Lohnerhöhungen, Arbeitszeitverkürzungen und bessere Arbeitsbedingungen durchzusetzen.[94] Den Freien Gewerkschaften galt infolgedessen, ganz im Sinn Bernsteins und in Übereinstimmung mit den Zielen regierungsamtlicher Politik, die Sozialreform als ein Mittel zur allmählichen Humanisierung der kapitalistischen Ordnung und zu deren Anreicherung mit sozial verträglichen Wohlfahrtselementen.

Der Ruf nach revolutionärem Totalumsturz eines Gesellschaftssystems, das auch den unteren Schichten wachsende Lebensqualität eintrug, musste aus dieser Perspektive absurd erscheinen, zumal die Idee der Verständigung zwischen Arbeiterschaft und Bürgertum gerade um die Jahrhundertwende auch im bürgerlichen Lager immer mehr Anhänger gewann und 1901 durch Gründung der mitgliederstarken »Gesellschaft für Soziale Reform« eine institutionelle Verfestigung fand.[95] Es waren die sozialistischen Gewerkschaften, nicht die ihnen verbundenen sozialdemokratischen Parteiführer, die der deutschen Arbeiterbewegung in der Spätzeit des Kaiserreichs zum Anschluss an die Moderne verhalfen. Der von den Gewerkschaften vertretene Reformkurs bewirkte im Übrigen auch eine wachsende Annäherung an die Arbeiterparteien anderer westlicher Industrieländer, Frankreichs und Großbritanniens zumal, denn deren offizielle Ausrichtung bewegte sich im neuen Jahrhundert schon längst im Rahmen reformistisch-antirevolutionärer Gesinnung.

4 Eine Gesellschaft in Bewegung

Szenen des Wandels: Filmaufnahme aus den Anfangsjahren des Kinos, um 1900.

Bestand und Wandel sozialer Strukturen

Nicht nur innerhalb der Parteien des kaiserlichen Deutschlands regten sich um 1900 mannigfache Reformtendenzen, die als Indikatoren für eine auf Veränderung, Erneuerung und Modernisierung gerichtete Bewusstseinshaltung dienen können. Auch die deutsche Gesellschaft – in ihrer Gesamtheit wie in zahlreichen ihrer Teilsegmente – war spätestens nach der Jahrhundertwende in eine beschleunigte Bewegung geraten und von verstärkten Wandlungsprozessen betroffen. Die entscheidenden Ursachen für die damit einhergehenden Entwicklungsschübe kann man in zwei miteinander verknüpften und einander vorwärtstreibenden Faktoren erblicken: einer rasanten Bevölkerungsvermehrung einerseits und einer ebenso sprunghaften Entfaltung der industriellen Produktion andererseits.

Deutschland rangierte in den Jahren um 1900 hinter Russland auf der Liste der bevölkerungsreichsten Staaten Europas. Die Einwohnerzahl des Reiches war im Verlauf von nur zwei Jahrzehnten um über 15 Prozent gestiegen – von etwa 49,4 Millionen im Jahr 1890 auf fast 65 Millionen im Jahr 1910. Ende 1913 lebten auf Reichsboden schon knapp 67 Millionen Menschen. Großbritannien hatte zur gleichen Zeit (1910) rund 41 Millionen, Frankreich weniger als 39 Millionen Einwohner.[1] Allerdings vollzog sich die Bevölkerungsexplosion in Deutschland nicht überall in gleich starkem Umfang und wies erhebliche regionale Unterschiede auf. Von ihren Auswirkungen betroffen waren vor allem wirtschaftliche Ballungszentren wie Berlin (1900: 1.888.848 Einwohner; 1910: 2.071.257 Einwohner) oder Hamburg (1900: 768.349 Einwohner; 1910: 931.035 Einwohner) sowie Städte in industriellen Kernregionen des Reiches, allen voran im Ruhrgebiet und im Königreich Sachsen. Einen der spektakulärsten Aufstiege erlebte die Ruhrmetropole Essen, deren Einwohnerzahl von 118.862 im Jahr 1900 auf 294.653 im Jahr 1910 anstieg. 1890 hatte man in Deutschland 26 Großstädte mit mehr als 100.000 Einwohnern gezählt, 1900 gab es davon 33, 1910 bereits 48. Kurz vor Kriegsausbruch 1914 betrug der Anteil der »Großstädter« an der Gesamtbevölkerung des Deutschen Reiches bereits 21,3 Prozent.[2]

Der rapide Bevölkerungsanstieg im städtisch-industriell geprägten Raum beruhte wesentlich auf jenen Wanderungsbewegungen, die immer mehr Arbeitsuchende aus dem Umland der großen Städte, hier besonders aus den durchwegs strukturschwachen Agrarregionen des preußischen Ostens, in die industriellen Ballungszentren des preußischen Westens zogen und so den Urbanisierungsprozess in der Vorweltkriegszeit nachdrücklich beschleunigten. Diese Binnenwanderung wiederum war die unmittelbare Folge einer seit Mitte der 1890er Jahre mit nur kurzen Unterbrechungen bis zum Kriegsausbruch 1914 anhaltenden wirtschaftlichen Aufschwungphase, die in erster Linie den florierenden Leitbranchen der Zweiten Industriellen Revolution zu verdanken war – also dem Maschinenbau, der Chemischen Industrie und der Elektrotechnik – und diesen Wirtschaftszweigen hohe Wachstumsraten bei faktisch nahezu nicht existierender Arbeitslosigkeit bescherte. Man hat errechnet,[3] dass infolge solcher Binnenwanderungen im Jahr 1907 etwa 15 Prozent aller Deutschen nicht mehr dort wohnten, wo sie einst geboren worden waren. Im Ruhrgebiet mit seiner entwicklungsstarken Eisen-, Stahl- und Montanindustrie entstammte vor 1914 jeder dritte Arbeiter den östlich der Elbe gelegenen Landesteilen Preußens. Zahlreiche dieser Binnenmigranten waren polnischsprachig bzw. -stämmig.

Die aus alledem resultierende Mobilität war enorm, und sie verlieh der wilhelminischen Gesellschaft spätestens seit der Jahrhundertwende eine ausgesprochene Dynamik, die sich in begrenztem Umfang auf die soziale Schichtung in ihrer vertikalen wie horizontalen Durchlässigkeit übertrug. Ohne Zweifel war und blieb diese Gesellschaft eine Klassengesellschaft. Doch auch damit entsprach sie nur, einmal mehr, der gesamteuropäischen Norm.[4] In Ländern wie Großbritannien, Frankreich oder Spanien erwiesen sich die Klassenzugehörigkeiten mit ihren vielfältigen gesellschaftlichen Abstufungen und Exklusionsmechanismen in der Regel sogar als statischer. Sozialer Wandel vollzog sich hier noch weitaus stärker innerhalb der jeweiligen Klassenschranken als im kaiserlichen Deutschland, wo immerhin zahlreiche Fälle bekannt sind, die ein schichtenübergreifendes »Aufsteigertum« belegen, das die überkommene Sozialordnung zu durchbrechen vermochte.[5]

Bürgerliche Lebenswelten. In ihrer Grundorientierung war die deutsche Gesellschaft der späten Kaiserzeit zutiefst bürgerlich geprägt – und dies in mehrfacher Hinsicht.[6] Als soziale Formation bot das wilhelminische Bürgertum kein einheitliches Bild. Rückschauend umfasste es, idealtypisch gestuft, drei voneinander abgrenzbare Hauptgruppen. Die erste dieser Gruppen – das vermögende und finanzstarke Wirtschaftsbürgertum, vertreten durch Unternehmer, Bankiers, Großkaufleute und Industrielle – erfreute sich eines gesellschaftlichen Spitzenprestiges, besaß in der Regel Zugang zu den jeweiligen landesherrlichen Fürstenhöfen und verfügte über belastbare Kontakte zu konservativen und liberalen Volksvertretern im Reichstag und in den Länderparlamenten, zur Reichsleitung und zu den Landesregierungen, vielfach auch zu Kaiser Wilhelm II. persönlich. Man pflegte eine luxuriöse Lebenshaltung, die nicht nur in städtebaulicher Hinsicht deutliche Spuren hinterließ, sondern sich auch durch eine zuweilen lebhaft bekundete Mäzenatentätigkeit auszeichnete. Zur altadligen Elite indes hielt man Distanz, zumindest in Preußen. Die häufig vorgebrachte These von einer vermeintlichen Feudalisierung des wilhelminischen Großbürgertums – also einer weitgehenden Anpassung an aristokratische Lebensweisen und Verhaltensformen – findet, nach den Erkenntnissen der neueren Forschung,[7] keine Bestätigung in der historischen Wirklichkeit.[8]

Als Elitenformation verstand und gebärdete sich auch die zweite Binnengruppierung, das kulturell wie intellektuell gleichermaßen regsame Bildungsbürgertum. Es erlebte in der Vorweltkriegszeit den Höhepunkt seiner gesellschaftlichen Reputation, ja seiner geschichtlichen Wirksamkeit überhaupt.[9] Die ihm zuzurechnenden Berufszweige – Höhere Verwaltungsbeamte, Ärzte, Richter, Rechtsanwälte, Professoren und Gymnasiallehrer, Publizisten, Journalisten, Schriftsteller, Künstler und nicht zuletzt die evangelische Pfarrerschaft – zehrten vom gemeinsam erworbenen Kapital humanistisch-klassischen Bildungswissens. Dieses Kapital verlieh Selbstsicherheit, es verschaffte Ansehen, und es begründete den bildungsbürgerlichen Anspruch auf Einfluss in Staat und Gesellschaft, auf politische und kulturelle Meinungsführerschaft. Das wilhelminische Bildungsbürgertum besaß diesen Einfluss in hohem Maße und übte ihn durch seine Repräsentanten im Reichstag, in den Länderparlamenten und den ungezählten kommunalen Vertretungskörperschaften sowie nicht zuletzt in großen Teilen der Presse und im Kulturbetrieb aus. Von einem »fortschreitenden Bedeutungsverlust«[10]

seiner Stellung kann angesichts dieser allseits starken Präsenz, ja Dominanz bürgerlicher Werte und Lebensformen im deutschen öffentlichen Leben der Vorweltkriegszeit ebensowenig die Rede sein wie von einem immer wieder angemahnten Defizit an bürgerschaftlichem politischen Engagement, das der wilhelminischen Gesellschaft als angeblich notorischer Strukturmangel untilgbar angehaftet habe. Gerade im Vergleich zu den zeitgenössischen Sozialordnungen Großbritanniens oder Frankreichs sind solche Vorwürfe schlechthin absurd.[11]

Als dritte bürgerliche Sozialformation figurierte in den Jahren um 1900 das Kleinbürgertum, dessen Zusammensetzung sich infolge seiner mittelständischen Struktur durch eine besonders starke Fluktuation auszeichnete. Gustav Schmoller (1838–1917), der führende Nationalökonom im wilhelminischen Deutschland, hatte sich kurz vor der Jahrhundertwende um eine empirische Typologisierung dieser Sozialformation bemüht.[12] Die von Schmoller damals präsentierte Bilanz ist von der historischen Forschung im Wesentlichen bestätigt worden.[13] Zum kleinbürgerlichen Mittelstand zählten Handwerker, Gewerbetreibende, untergeordnete Beamte, aber auch die wachsende Gruppe der Angestellten, für die der expandierende Dienstleistungssektor zahlreiche neuartige Beschäftigungsmöglichkeiten bot. Ihre Zahl vermehrte sich zwischen 1895 und 1907 in Industrie und Gewerbe von 64.000 auf 680.000, im Handels- und Bankensektor von 262.000 auf 506.000.[14] Innerhalb dieses kleinbürgerlich-mittelständischen Milieus gab es ausgesprochene Wachstumsbranchen, wie beispielsweise das Bauhandwerk, aus dem sich nicht selten in kürzester Zeit ansehnliche industrielle Unternehmungen entwickelten. Hingegen fristeten die Vertreter vieler traditioneller Gewerbezweige, Schneider und Schuhmacher etwa, eine in der Regel zwar auskömmliche, jedoch zumeist eher kärgliche Existenz. Auf- und Absteiger gab es hier wie dort. Entsprechend groß waren nicht nur die Einkommensunterschiede innerhalb dieser mittelständischen Schicht, sondern auch die ihr innewohnenden Mobilitätspotenziale.[15]

Aufs Ganze gesehen offenbarte der Mittelstand in den Vorkriegsjahrzehnten – bei unvermeidlichen regionalen und saisonalen Schwankungen – eine erstaunliche Leistungsfähigkeit und Krisenresistenz. Viele Handwerksbetriebe investierten in neuartige Produktionstechniken und vermochten so dem steigenden Konkurrenzdruck industrieller Fertigung standzuhalten. Charakteristisch für die meisten Vertreter des wilhelminischen Mittelstandes in Handwerk und Gewerbe und für die immer zahlreicher werdende Schicht mittelständischer Angestellter[16] war das Bestreben, sich – trotz oftmals ähnlicher Lebensbedingungen – von der Arbeiterschaft abzugrenzen und stattdessen die Nähe zu besitz- und bildungsbürgerlichen Habitusformen zu suchen. Deren gesamtgesellschaftliche Vorbildfunktion im kaiserlichen Deutschland blieb bis zuletzt unbestritten. Insofern war die wilhelminische Gesellschaft tatsächlich eine Bürgergesellschaft.

Arbeiterschaft. Mit mancherlei Einschränkungen galt dies selbst für jene Sozialformation, die in der Regel als säkulare Gegenkraft zum Bürgertum empfunden wird: die sich an Zahl und Bedeutung vor 1914 kontinuierlich vermehrende Schicht der Industriearbeiterschaft. Sie stellte bereits 1907 etwa ein Drittel aller Erwerbstätigen in Deutschland. Neuere Untersuchungen zum Sozialverhalten, zur Freizeitgestaltung und insbesondere zu den Kultur- und Bildungsinteressen dieser sozial alles andere als homogenen Klasse haben mittlerweile deutlich werden lassen, in welch starkem Ausmaß auch die »sozialdemokratische Subkultur«[17] gerade in den beiden letzten Jahrzehnten des Kaiserreichs darum bemüht war, bürgerliche Lebensweisen zu adaptieren und entsprechende Habitusformen zu imitieren. Die Liste solcher Imitationen reichte vom Liedgut über die Gestaltung von Festen und Feierlichkeiten bis zum Kunstgeschmack, zur Kleiderordnung und zur Bartmode.[18]

Lebensverhältnisse und Arbeitsbedingungen der deutschen Arbeiterschaft besserten sich während der letzten Jahrzehnte des Kaiserreichs erheblich.[19] Die Nominallöhne stiegen zwischen

Jahrhundertbeginn und Kriegsausbruch nahezu um ein Drittel, der Realverdienst wuchs infolge erhöhter Lebenshaltungskosten allerdings nur geringfügig.[20] Ohnehin gab es starke Schwankungen in den unterschiedlichen Wirtschaftsbranchen und Gewerberegionen. Doch die Arbeitszeiten nahmen reichsweit kontinuierlich ab und lagen vor Kriegsausbruch bei durchschnittlich 55 Wochenstunden.[21] Der »freie Sonntag« wurde durchgängig respektiert, die Zahl der betrieblich beschäftigten schulpflichtigen Kinder sank von 500.000 im Jahr 1898 auf 14.000 im Jahr 1913.[22] Strukturelle Arbeitslosigkeit war nahezu unbekannt, die Zahl der saisonbedingt Unbeschäftigten betrug seit Mitte der 1890er Jahre selten mehr als zwei Prozent.[23] Wirkliche Massenarmut, die zur Verelendung trieb, gab es im wilhelminischen Deutschland – anders als im viktorianischen und edwardianischen England – nicht, wenngleich die Mehrheit der Arbeiterschaft von sehr bescheidenen Einkommen zehrte.

Dass die Lebens- und Arbeitsbedingungen in Deutschland vor 1914 gleichwohl immer mehr an Qualität zu gewinnen vermochten, hing auch mit der wachsenden Einbindung der Freien Gewerkschaften in das Gesellschaftgefüge des spätwilhelminischen Kaiserreichs zusammen. Deren Politik einer Verständigung und Kooperation mit der – seit 1913 in der »Vereinigung Deutscher Arbeitgeberverbände« endgültig zusammengeschlossenen – Unternehmerseite wurde 1914 bereits von über zwei Millionen gewerkschaftlich organisierten Arbeitnehmern mitgetragen.[24] Dies war auch eine Folge der auf sozialen Ausgleich zielenden staatlichen Arbeiterschutzgesetzgebung in ihrer bereits beschriebenen Ausprägung. Spätestens seit Jahrhundertbeginn gehörte der Mechanismus von Streiks und Aussperrungen, vor allem in den Großbetrieben der Eisen- und Stahlindustrie an der Ruhr, zum mehr und mehr an Normalität gewinnenden Bild einer durch Arbeitskämpfe geprägten europäischen Transformationsgesellschaft, die in Frankreich und England von ganz ähnlichen Symptomen begleitet wurde wie im Reich. Während beispielsweise 1912 in Deutschland 397.000 Streikende gezählt wurden, traten in der britischen Montanindustrie allein im Frühjahr desselben Jahres 850.000 Bergarbeiter in einen Generalausstand.[25]

Zukunftweisend war darüber hinaus die Tatsache, dass sich in den Jahren vor dem Ersten Weltkrieg das Tarifvertragssystem als Mittel zur kollektiven Regelung von Lohnstreitigkeiten zwischen Arbeitgeber- und Arbeitnehmerverbänden auch in Deutschland endgültig zu etablieren vermochte.[26] Seit der Jahrhundertwende schnellte die Zahl entsprechender Vertragsabschlüsse im Bau- und Transportgewerbe, im Nahrungsmittelsektor und in der Metallindustrie gewaltig in die Höhe. Während 1907 noch erst gut 5.000 Abschlüsse für etwa eine Million tarifgebundene Arbeitnehmer zu verzeichnen gewesen waren, zählte man 1914 bereits 13.000 Tarifverträge für ca. zwei Millionen Beschäftigte.[27] Lediglich die Montanarbeitgeber sperrten sich seinerzeit noch gegen den damit praktisch realisierten Gedanken der Sozialpartnerschaft.

Adelsleben und Agrarmilieu. Mit der wachsenden Integration des Vierten Standes in die Gesellschaft des späten Kaiserreichs gingen, in beinahe spiegelbildlicher Entsprechung, ein zunehmender Bedeutungsverlust und eine zusehends betriebene Abschottung des Ersten Standes einher.[28] Dies galt besonders mit Blick auf die Adelswelt in Preußen, weniger stark für die Verhältnisse im deutschen Süden und Südwesten.[29] Doch auch dort kann von einer »Feudalisierung des Bürgertums«, also von einem allgemein bürgerlichen Trend zur Übernahme adliger Lebensweisen und aristokratischer Verhaltensformen – nach Erkenntnissen der neuesten Forschung[30] – ebensowenig ernsthaft mehr gesprochen werden, wie von einem alles beherrschenden Übergewicht der »Junkerklasse« im politischen und gesellschaftlichen Alltag des späten Kaiserreichs.[31]

Zweifellos stellte der Adel in Deutschland vor 1914, wie in allen europäischen Ländern mit Ausnahme Frankreichs, noch einen zentralen Machtfaktor dar. Doch seine Residuen schrumpften, sein Wirkungsradius verblasste und sein Erscheinungsbild als sozial einheitliche Klassenformation zerfiel mehr und mehr in eine Vielzahl heterogener Gruppierungen und Fraktionen. In manchen Bereichen öffentlicher Repräsentation war ihm das zumeist finanzkräftigere Wirtschaftsbürgertum deutlich voraus. Alte aristokratische Leitvorstellungen – Ehre, Ritterlichkeit, Anstand – vermengten sich mit einem zunehmend bürgerlich geprägten Leistungsethos. Der Geist kapitalistischer Rechenhaftigkeit, verbunden mit parteipolitischem Lobbyismus, wurde nun für viele Vertreter der Aristokratie zum gängigen Maßstab ihrer Lebensführung, wenngleich es zu einer Verschmelzung von Adel und Bürgertum im Sinn einer neuen, modernen »Elitenformation«[32], etwa nach britischem Vorbild, im kaiserlichen Deutschland nicht wirklich kam. Die Bereitschaft für eine Öffnung zum begüterten Wirtschaftsbürgertum durch Anknüpfung entsprechender Heiratsbeziehungen blieb erstaunlich gering. Demgegenüber dominierte der Wille zur Aufrechterhaltung sozialer Distanz und habitueller Exklusivität.

Politisch gelang es dem Adel im wilhelminischen Deutschland, auf *drei* Gebieten seine Vorrangstellung zu behaupten: Im Diplomatischen Dienst des Auswärtigen Amtes blieben die Spitzenposten bis 1914 nahezu ausschließlich adlig besetzt;[33] in der preußisch-deutschen Ministerialbürokratie wurden vor allem die Leitungspositionen der Oberpräsidenten, Regierungspräsidenten, Polizeipräsidenten und Landräte an Aristokraten vergeben;[34] und im preußisch-deutschen Offizierkorps hielt der Adel weiterhin zahlreiche Stellen inne – hier allerdings mit kontinuierlich abnehmender Tendenz, sodass bis unmittelbar vor Kriegsausbruch schon knapp 70 Prozent der Offiziere von bürgerlichen Aufsteigern gestellt wurden.[35]

Relativ unangefochten erhielt sich die politisch-gesellschaftliche Vormachstellung des Adels in der stark agrarisch geprägten Lebenswelt Ostelbiens: in den preußischen Ostprovinzen Pommern, Schlesien, Ost- und Westpeußen sowie, außerhalb Preußens, in den beiden Großherzogtümern Mecklenburg-Schwerin und Mecklenburg-Strelitz. Man hat darauf verwiesen,[36] in welch

Völkerpsychologie: »Warum sind die englischen Diplomaten erfolgreicher als die deutschen?« Karikatur aus dem *Simplicissimus*, 1911.

starkem Ausmaß gerade zum Jahrhundertbeginn die Spottgestalt des »Junkers« zur Zielscheibe von Schmähungen und zum Symbol für privilegierte Rückständigkeit wurde.[37] Dabei darf jedoch nicht unerwähnt bleiben, dass sich der durchschnittliche Landbesitz eines ostelbischen Agrariers in relativ überschaubaren Grenzen hielt. Nur selten reichte er an den Umfang des Grundeigentums etwa der Aristokratie in Großbritannien heran, wo sich noch in den 1870er Jahren rund 80 Prozent der gesamten Bodenfläche des Landes im Besitz von weniger als 7.000 Eigentümern befanden – bei damals etwa 30 Millionen Einwohnern des Inselreichs.[38] Im vermeintlichen »Junkerland« Ostelbien hingegen waren 1910 zwei Drittel der landwirtschaftlich nutzbaren Bodenfläche in kleinbäuerlichem Besitz. Von der dortigen Landbevölkerung lebten nur 16 Prozent in Gutsbezirken, 84 Prozent waren in bäuerlichen Landgemeinden beheimatet und damit der direkten Verfügungsmacht der Gutsbesitzer enthoben.[39]

In ihrer weit überwiegenden Mehrzahl waren die ostelbischen Agrarbetriebe auf den Getreideanbau spezialisiert und nicht selten hoch verschuldet. Denn die starken internationalen Marktschwankungen der Getreidepreise konnten im Krisenfall weder durch finanzielle Rücklagen aufgefangen noch mittels staatlicher Stützungsmaßnahmen in befriedigender Weise ausgeglichen werden. Die Produktivität auf den großen Landgütern des Ostens war gleichwohl ungewöhnlich hoch. Investitionen in neue landwirtschaftliche Maschinen und die vielerorts erfolgte Umstellung auf effektivere Anbaumethoden trugen dazu bei, dass die deutsche Landwirtschaft in der Vorweltkriegszeit eine nahezu ungebrochene Aufwärtsentwicklung erlebte. Dies galt übrigens nicht nur für den großagrarisch geprägten Osten, sondern auch für viele mittlere Betriebe Nord- und Nordwestdeutschlands, weniger hingegen für die klein- und kleinstbäuerlichen Besitzungen des Südens und Südwestens. Bei alledem war der Anteil der im Agrarsektor Beschäftigten in ständigem Rückgang begriffen. In den Jahren vor Kriegsausbruch lag er bei etwa 30 Prozent. In Großbritannien betrug er zur gleichen Zeit freilich nur noch elf Prozent.

Die Modernisierungs- und Transformationsprozesse, von denen das agrarische Milieu vor allem im preußischen Osten betroffen war,[40] ließen dort auch das überlieferte Verhältnis zwischen Gutsherrschaft und Gesinde in Fluss geraten. Patriarchalische Gepflogenheiten, etwa die Überlassung eines Teils des Gutslandes an die Gesindeleute zur eigenverantwortlichen Bewirtschaftung, wichen zunehmend einem reinen Lohnverhältnis. Dadurch wurde die Mobilität der Landarbeiter ebenso befördert wie die Tendenz, große Güter nach Ablauf des Arbeitsvertrags zu verlassen und in die Städte abzuwandern. Landflüchtige Bestrebungen dieser Art führten indes zur verstärkten Anwerbung billiger polnischer Saisonarbeiter, von denen nach Jahrhundertbeginn zeitweise über eine halbe Million auf den großen ostelbischen Agrarbetrieben tätig war. Schon damals wurden solche Migrationsphänomene zwiespältig aufgenommen und die mit ihnen verbundenen Probleme äußerst kontrovers diskutiert.[41]

Aufs Ganze gesehen besaß das agrarisch-aristokratische Lebensumfeld im späten Kaiserreich nicht mehr jene gesamtgesellschaftliche Ausstrahlungskraft, die es ihm ermöglicht hätte, als stilbildende und maßstabsetzende Leitgröße aufzutreten, wie dies wohl bei der zeitgenössischen Sozialformation der *gentry* im viktorianischen und edwardianischen England noch einmal der Fall war.[42] Zur Bildung einer großbürgerlich-aristokratischen *upper class* und deren Formierung als neuer, adligen Handlungsnormen verpflichteter Elite, wie sie der Nobilitierungspolitik Wilhelms II. vorschwebte,[43] kam es bis 1914 jedenfalls in nur sehr spärlichem Umfang. Die wilhelminische Gesellschaft blieb eine Bürgergesellschaft, geprägt von der Vorbildfunktion typisch bürgerlicher Normen, Werte und Leitvorstellungen wie Erfolg und Leistung, Arbeitsdisziplin und Tüchtigkeit, ökonomisch-rationale Lebensführung und kulturelles Bildungsstreben, Pünktlichkeit, Solidität und Pflichterfüllung.[44] Solche Vorstellungen bildeten auch für jene Sozialgruppen den Maßstab ihres öffentlichen Engagements, die, einem strengen Klassenverständnis zufolge, nicht zum »Bürgertum« im engeren Sinn zählten.

Reform als Programm und Prinzip

Der zentrale Rang bürgerlicher Lebensweisen in der Gesellschaft des späten Kaiserreichs ermisst sich nicht zuletzt daran, dass die großen, repräsentativen Strömungen zur Reform dieser Gesellschaft allesamt aus der Mitte eben jenes Bürgertums kamen, und dass sie ihr Profil in kritisch-distanzierter Auseinandersetzung mit den vielfach als zwanghaft empfundenen Einengungen der tradierten bürgerlichen Welt zu gewinnen suchten. Diese gesellschaftlichen Reformbewegungen, die allesamt kurz nach der Jahrhundertwende zum Durchbruch gelangten, manifestierten sich in mehreren Teilströmungen, deren weitstrahlendste die Lebensreformbewegung, die Bewegung zur Kulturreform und die Jugendbewegung waren. Sie alle beseelte der Wille zur gesellschaftlichen Fundamentalerneuerung, das Unbehagen gegenüber eingespielten Konventionen menschlichen Miteinanders sowie die Hoffnung auf eine natürlichere und harmonischere Lebensführung jenseits aller zivilisatorischen Errungenschaften und Zwänge.

Lebensreform. Als ausgesprochen anti-bürgerliche Protestströmung entsprang die Lebensreformbewegung einer eigentümlichen Mischung aus fortschrittlich-revolutionären und regressiv-modernitätskritischen Impulsen. Mit ihrer klaren Frontstellung zu allen eingeübten Verhaltensweisen tradierter Bürgerlichkeit verbanden die Lebensreformer einen Hang zu ausgesprochen alternativen Daseinsentwürfen.[45] Man propagierte – gleichsam auf der untersten, vitalen Stufe entsprechender Wandlungswünsche – eine naturgemäße Lebensführung mittels Vegetarismus und Naturheilkunde, strebte nach Tabak- und Alkoholabstinenz, warb für Reformkleidung und Nacktheitskult und frönte der Turnleidenschaft. Mit alledem verknüpfte sich auch damals schon der idealistische Anspruch, den Menschen wieder mit seiner Umwelt zu versöhnen, ihn von einer den Sachen und Dingen gegenüber entfremdeten Einstellung abzubringen und die seelenlose Dekadenz der Gegenwart durch eine wahrhaftige Existenz in nicht allzu ferner Zukunft zu ersetzen. Hier wiederum spielten zivilisationsflüchtige Affekte und kulturkritische Vorbehalte eine erhebliche Rolle.

Eine latente Großstadtmüdigkeit, ja Großstadtfeindlichkeit[46] brach sich in der 1902 von einigen Lebensreformern gegründeten »Deutschen Gartenstadt-Gesellschaft« Bahn. Ihre Sympathisanten und (1913: etwa 1.500) Mitglieder[47] erstrebten eine Totalrevision des Städtebaus, der von hoher und enger zu niedriger und weiträumiger Bauweise übergehen und mit der Etablierung von Gartenstädten im Umland urbaner Zentren humanen und gesunden Wohnraum mit individueller Gartennutzung schaffen sollte. Realisiert wurden solche Planungen vor 1914 in Hellerau (ab 1909), Augsburg (ab 1907), Essen-Margarethenhöhe (ab 1909) und Neumünster (ab 1910).

Betont naturbezogen war auch die Programmatik des seit 1904 existierenden »Deutschen Bunds für Heimatschutz«, dem es, gleichfalls in großstadtkritischer Stoßrichtung, um die Kräftigung regionaler Identitäten im Einklang mit vermeintlich unverdorbenen ländlichen Lebensgewohnheiten ging. Dies schloss das Bemühen um Natur- und Umweltschutz ebenso ein wie die Sorge um den Erhalt von Kulturlandschaften und die Pflege gefährdeter Kulturdenkmäler.[48] Von solchen Anliegen aus ergaben sich nahezu zwangsläufige Verbindungen zur Gartenstadtbewegung im Rahmen gemeinsam gehegter Vorlieben für traditionelle Formensprache in der Architektur und für bewährte Gediegenheit im handwerklichen Schaffen.

Die Reformpädagogik schließlich, wie sie in Gustav Wyneken (1875–1964) und seinem 1910 ins Leben gerufenen »Bund für freie Schulgemeinden« eines ihrer repräsentativen Leitbilder besaß, zielte auf eine Neuausrichtung des Lehrer-Schüler-Verhältnisses, das sich nicht durch den Mechanismus von Zwang und Unterwerfung definieren, sondern von der Tugend der Kameradschaftlichkeit und vom Ideal eines freiwillig akzeptierten Führertums bestimmt werden sollte. Schulische Erziehung geriet unter dieser Perspektive für die Anhänger der Reformpädagogik zur Menschenformung im umfassenden Sinn, welche die im Lehrkanon des wilhelminischen Schulunterrichts zumeist vernachlässigte künstlerische und musische Ausbildung einbezog und zudem einer unverkrampften Sexualaufklärung das Wort redete.[49] Seit 1906 wurden solche Lehrmodelle im Prototyp der »Freien Schulgemeinde Wickersdorf« erprobt. Das dabei leitende Bemühen, die Schüler zu eigenverantwortlichem Mitgestalten des Unterrichtsalltags zu motivieren, trug bereits deutliche Merkmale eines emanzipatorischen und begrenzt anti-autoritären Erziehungskonzepts.[50]

Es kennzeichnete die Ambivalenz des Reformdiskurses im späten Kaiserreich, dass die ihm zuzurechnenden lebensreformerischen Strömungen unverkennbar Bestandteile jenes allgemeinen Modernisierungsprozesses waren, der Deutschland schon lange vor 1914, weit vor den kulturellen und mentalen Bruchlinien des Ersten Weltkriegs, an die Seite der anderen fortgeschrittenen Industriegesellschaften des Westens stellte – Frankreichs und Großbritanniens zumal, aber auch der Vereinigten Staaten von Amerika. Zugleich jedoch verbarg sich in solchen Strömungen bereits jenes Potenzial modernitätsverweigernder, irrationaler und antihumaner Kräfte, die nach den Verwerfungen des Ersten Weltkriegs zunehmend zur Entladung drängten und 1933 triumphieren sollten. So war es kein Zufall, dass zum Umfeld der Lebensreformer auch manche völkische Gesinnungsgemeinschaft zu rechnen war:[51] deutsch- und germanischgläubige Vereinigungen etwa,[52] denen es um die Etablierung einer vermeintlich unverfälschten, von allen Fremdeinflüssen gereinigten Nationalreligion ging; oder antisemitische Organisationen wie der »Reichshammerbund« (gegründet 1912), dessen Anhängern die erhoffte Erneuerung des angeblich gefährdeten »Volkskörpers« mittels einer Ausscheidung seiner jüdischen Mitglieder möglich und wünschenswert schien;[53] oder jene gleichfalls im Umfeld lebensreformerischer Aktivitäten angesiedelten Gruppierungen, die sich um den Erhalt der vom Verfall bedrohten »Rassenqualität« des deutschen Volkes sorgten und dessen »Wiedergeburt« im Rahmen eugenischer und rassenhygienischer Maßnahmen propagierten.[54] Solche Überlegungen reichten dann schließlich bis zur Idee einer Anlage ländlicher »Menschengärten«, wie sie der von Willibald Hentschel (1858–1947) 1906 ins Leben gerufene »Mittgart-Bund« artikulierte.[55] Dort sollten, fernab von allen Versuchungen großstädtischer Dekadenz, Zeugung und Auslese einer blonden, rassereinen Menschheitselite in einer der Erneuerung dringend bedürftigen Umwelt betrieben und vollzogen werden.

Kulturreform. Während die numerische Stärke der zur Lebensreformbewegung zählenden Gruppierungen erheblich schwankte – sie reichte (1913) von über 330.000 Sympathisanten der

Anti-Alkoholbewegung und etwa 148.000 eingeschriebenen Mitgliedern in nicht weniger als 885 Naturheilkunde-Vereinen, bis hin zu einer Zahl von nur einigen Tausend Vegetariern und Nudisten[56] und knapp 100 Anhängern des »Mittgart-Bundes«[57] –, war die Bewegung zur Kulturreform von vorneherein ein Elitenphänomen. Sie wurde gespeist und in Gang gehalten durch eine kleine Spitzengruppe avantgardistischer Intellektueller, die, von kulturpessimistischen Impulsen geleitet, Anstoß nahmen an der Begrenztheit und Sterilität bürgerlicher Kunstgesinnung. Kurz nach der Jahrhundertwende formierten sich aus solcher Einstellung heraus in verschiedenen deutschen Großstädten künstlerische Gemeinschaften und Vereinigungen, deren verbindendes Anliegen die Kultivierung und Ästhetisierung des Lebens mittels einer Reform des Kunstgeschmacks und einer Neubestimmung des Verhältnisses von Kunst und Alltagswelt war.

In der Kritik stand dabei besonders der Stellenwert von Kunst innerhalb der bürgerlichen Waren- und Konsumwelt. Diese Kritik war eingebettet in einen zivilisationsskeptisch grundierten Deutungsrahmen, dessen Erneuerungsanspruch sich nicht allein auf künstlerische Geschmackspostulate und Gestaltungsfragen richtete, sondern, von der Kunst ausgehend, zugleich eine Fundamentalreform der Gesellschaft intendierte. Angeregt von englischen Vorbildern, speziell den dort seit den 1880er Jahren aktiven Vertretern der *Arts and Crafts*-Bewegung, ging es den deutschen Kulturreformern – das waren Kunstschriftsteller, Museumsleute, Bildende Künstler, doch auch Verwaltungsbeamte und Verleger – bei ihrer Suche nach zeitgemäßen ästhetischen Ausdrucksmöglichkeiten vorzugsweise um eine schöpferische Erneuerung der Alltagskunst. Die »Schönheit« eines Gebrauchsgegenstandes sollte nicht mehr dem Diktat willkürlicher und rasch wechselnder Moden unterliegen, und erst recht nicht finanziellen oder wirtschaftlichen Kriterien folgen. »Gebrauchskunst« sollte in ihrer äußeren Gestalt vielmehr den Modalitäten ihrer jeweiligen Zweck- und Funktionsbestimmung entsprechen.[58] Jede Trennung der Kunst in »höhere« und »niedere« Formen schöpferischer Produktion wurde verworfen, was das Bemühen um eine Rehabilitierung kunstgewerblichen und kunsthandwerklichen Schaffens ausdrücklich einschloss.

Es war ein deutliches Zeichen für die Intensität des kunst- und kulturreformerischen Aufbruchs um 1900, dass sich bis zum Kriegsausbruch zahlreiche, in der Regel unabhängig voneinander entstehende Institutionen etablieren konnten, die solchen Zielen verpflichtet waren. Den größten Einfluss besaß hier der 1907 in München von Künstlern, Kunsthandwerkern und Kunstkritikern gegründete »Deutsche Werkbund«, der 1914 immerhin bereits über 1.800 eingeschriebene Mitglieder zählte.[59] Unter ihnen befand sich ein Großteil der damaligen künstlerischen Avantgarde – Architekten wie Hermann Muthesius (1861–1927), Walter Gropius (1883–1969) oder Peter Behrens (1868–1940), aber auch namhafte Fabrikanten und Unternehmer, Kaufleute, Kunsthandwerker und Kunstschriftsteller, Kommunalpolitiker, Firmen und Handelskammern.[60] Sie alle einte der Wille zur Eindämmung ornamentaler Formensprache, wie sie infolge der Vorherrschaft des Historismus in Architektur und Kunstgewerbe weithin gängig war. Gerade die maschinell hergestellten Alltags- und Gebrauchsgegenstände sollten durch eine schlichtere Formgebung materiell veredelt werden. Damit verband sich die hohe Erwartung, das Leben selbst harmonischer und qualitätvoller zu gestalten. »Qualitätsarbeit« wurde denn auch zum Schlüsselbegriff für ein neues künstlerisches Ethos, dessen Horizont durch Leitwerte wie Ehrlichkeit und Einfachheit, Materialgerechtheit und Funktionsbezogenheit markiert wurde. Vernunft, Natürlichkeit und Moralität galten als maßstabsetzende Kriterien künstlerischer Schönheit und sollten einer modernen, um Sachlichkeit bemühten Warenästhetik Vorschub leisten. Mit Recht ist in diesem Zusammenhang darauf hingewiesen worden, dass es den Anhängern des »Deutschen Werkbundes« dabei (noch) nicht, wie später etwa Walter Benjamin, um den Warenwert der Kunst, sondern um den Kunstwert der Waren ging.[61] Entscheidend war bei alledem die grundsätzliche Akzeptanz des industriellen Systems und der sich in ihm vollziehenden seriellen Produktion. Das verweist die Aktivitäten des »Deutschen Werkbundes«, bei aller zu konstatierenden Sympathie für regressive und reaktionäre Fluchtbewegungen, eindeutig in den Kommunikationszusammenhang der Moderne.

Vergleichbares galt für zahlreiche weitere kulturelle Initiativen und organisatorische Zusammenschlüsse der Vorweltkriegszeit. Dazu zählten etwa die Unternehmungen des aus Belgien stammenden »Jugendstil«-Architekten Henry van de Velde (1863–1957), der von 1908 bis 1915 in Weimar als Gründungsdirektor der vom dortigen großherzoglichen Haus finanzierten Kunstgewerbeschule amtierte. Van de Veldes auf »eine Welt neuer Formen und den Formen-Einklang einer neuen Welt«[62] abzielende Postulate zur Geschmacksbildung entsprachen den Prinzipien des »Deutschen Werkbundes« und antizipierten bereits wesentliche Grundsätze des später (1919) in Weimar von Walter Gropius errichteten »Bauhauses«.

Auch in anderen Orten und Regionen Deutschlands führte das Engagement herausragender Vertreter der kulturreformerischen Bewegung zu institutionellen Gründungen ausgesprochen modernen Profils. So wurde in Hamburg auf Betreiben des von 1886 bis 1914 amtierenden Direktors der dortigen Kunsthalle Alfred Lichtwark (1852–1914) im Umfeld der neu entstehenden Kunst- und Museumspädagogik 1914 die »Lichtwark-Schule« gegründet.[63] Sie verfocht auf reformpädagogischer Basis das Ideal künstlerisch-kreativer Früherziehung der Jugend und war bis in die 1930er Jahre von erheblicher Bedeutung für die wachsende gesellschaftliche Akzeptanz der künstlerischen Moderne und deren Anliegen im gesamten norddeutschen Raum.

Doch nicht die wirtschaftsbürgerlich geprägte Metropole Hamburg, sondern die sächsische Residenz- und Kulturhauptstadt Dresden gewann zu Jahrhundertbeginn den Rang eines Zentrums lebensreformerischer Strömungen. Als überregionale kulturpolitische Vereinigung versammelte der dort 1902 gegründete »Dürerbund« in der Funktion einer Dachorganisation nicht nur den »Deutschen Werkbund«, den »Bund Heimatschutz« und die »Gartenstadtgesellschaft« unter seiner Obhut, sondern wurde auch für zahlreiche andere reformorientierte Gruppierungen zur wohl wichtigsten institutionellen Plattform. Innerhalb eines Jahrzehnts wuchs der »Dürerbund« auf über 300.000 Mitglieder an[64] und gewann durch die von seinem langjährigen Vorsitzenden Ferdinand Avenarius (1856–1923) herausgegebene Halbmonatsschrift *Der Kunstwart* mit (1913) 23.000 Abonnenten maßgebliche Bedeutung im reformorientierten Kulturmilieu der späten Kaiserzeit. Für die Probleme der zeitgenössischen Moderne zeigten sich *Kunstwart* und »Dürerbund« prinzipiell aufgeschlossen. Da sie in ihren Intentionen darüber hinaus auf eine »ästhetische Erziehung« breiterer Bevölkerungsschichten zielten, kam ihnen als Vermittlern zwischen bildungsbürgerlichen Publikumsinteressen und den Anliegen der künstlerischen Avantgarde eine herausgehobene Funktion zu.

Jugendbewegung. Die zweifellos bedeutendste und jahrzehntelang wirkungsvollste Gruppierung im Ensemble der großen Erneuerungsströmungen der Vorweltkriegszeit, die Deutsche Jugendbewegung, verfocht seit den ausgehenden 1890er Jahren das von allen bürgerlich-antibürgerlichen Reformrichtungen geteilte Ideal eines »einfachen Lebens«. Eingebunden waren solche Aktivitäten in den damals stark diskutierten Prozess einer Neubestimmung der Phänomene »Jugend« und »Jugendlichkeit« innerhalb des wilhelminischen Sozialgefüges. Niemals zuvor hatte es in Deutschland einen höheren Anteil von Jugendlichen an der Gesamtbevölkerung gegeben wie in den Jahren um 1900, vor allem im großstädtisch geprägten Raum.[65] Das preußische Kultusministerium begegnete den damit verbundenen Herausforderungen 1911 durch einen »Jugendpflege-Erlass«, der nach dem Ersten Weltkrieg zur Grundlage des 1922 verabschiedeten »Reichsjugendwohlfahrtgesetzes« werden sollte.[66] Der Erlass enthielt Bestimmungen zur damals so genannten »Jugendfürsorge« und stellte erhebliche finanzielle Mittel zur Gestaltung von Freizeitangeboten für den nachschulischen Alltag zur Verfügung. Die Ansprüche vieler Heranwachsender auf jugendgemäße Formen des Zusammenlebens, ihre Wünsche nach Sinnfindung und Daseinsdeutung jenseits der als abgelebt geltenden konventionell-bürgerlichen Geselligkeitsrituale ließen sich mit einer noch so gut gemeinten staatlichen Jugendwohlfahrts-Politik allerdings ebensowenig einhegen wie ihre Hoffnungen auf ein erneuertes Leben aus den Quellen und Kräften des Ursprungs.

Die verschiedenen, zunächst (seit 1897) im Berliner Raum, später in anderen deutschen Groß- und Universitätsstädten aktiven Jugendgruppen schlossen sich 1901 zum »Wandervogel« zusammen. Dieser bildete den organisatorischen Kern der späteren Jugendbewegung. Man traf sich im gemeinsamen Interesse an ausgedehnten Streifzügen durch die freie Natur (»Fahrten«), in der Vorliebe für Lagerfeuer-Romantik und für heimatliches Gesangs- und Liedgut. Hinter solchen Formen pubertär-abenteuernder Erlebnisgestaltung verbarg sich eine tief sitzende Skepsis gegenüber den zivilisatorischen Einengungen der Erwachsenenkultur, die in ihrer Rationalität nicht als erstrebenswertes Vorbild für die eigene Lebensführung galt. Vielmehr wurde sie als entwicklungshemmende Barriere empfunden, weil sie dem sorgfältig gehegten Sehnsuchtsziel einer auf Authentizität gerichteten »ganzheitlichen« Persönlichkeitsbildung zu widersprechen schien. Man suchte das gefühlsbetonte Gemeinschaftserlebnis im kameradschaftlichen Aufeinanderangewiesensein in »Gruppe«, »Bund« und »Horde«. Man war durchdrungen vom Ringen um ein neues Menschenbild,[67] das vom bürgerlichen Sicherheitsdenken Abstand nahm und den eigenverantwortlichen Einsatz in Wagnis und Tat einforderte. Und man verlangte, bei aller Wertschätzung autonomer Daseinsgestaltung, die freiwillige Einbindung in über-individuelle Ordnungen. Opfer und Dienst, Führung und Gefolgschaft, Disziplin und Gehorsam wurden innerhalb dieses Bezugsrahmens zu Leitbegriffen, die in ihrer Semantik bereits andeuteten, dass die prinzipiell reformorientierte, auf Emanzipation und Partizipation setzende Jugendbewegung nicht frei war von regressiven Untertönen, und dass ihre Einmündung in einen völkisch konnotierten Mystizismus schon damals als Entwicklungsmöglichkeit in ihr angelegt war. Damit offenbart sich, einmal mehr, der ambivalente Charakter, den nicht wenige Manifestationen der im späten Kaiserreich zum Durchbruch gelangenden Moderne auszeichneten.

Ein knappes Jahr vor Kriegsausbruch, im Oktober 1913, erreichte die Jugendbewegung den weithin sichtbaren Höhepunkt ihrer öffentlichen Wirksamkeit. Anlässlich der hundertsten Wiederkehr des Jahrestags der Völkerschlacht bei Leipzig trafen sich mehrere Tausend Vertreter von 13 Jugendverbänden auf dem Hohen Meissner bei Kassel und schlossen sich dort zur »Freideutschen Jugend« zusammen. Die »Wandervogel«-Bünde mit ihren (1913) etwa 25.000 Mitgliedern nahmen nicht an diesem Treffen teil. Während seines zweitägigen Verlaufs wurde jenes berühmte Bekenntnis verkündet, das später als »Meissner-Formel« zum programmatischen Manifest der um 1900 geborenen, nach Aufbruch und Erneuerung strebenden Generation werden sollte: »Die Freideutsche Jugend will aus eigener Bestimmung, vor eigener Verantwortung, mit innerer Wahrhaftigkeit ihr Leben [selbst] gestalten.«[68] In solchen Worten offenbarte sich ein emotional stark ausgeprägtes Bedürfnis nach Echtheit und Einfachheit. Der Wunsch nach Überwindung von Eigennutz und Dekadenz war ihnen ebenso inhärent wie die Bereitschaft zu rückhaltloser Hingabe an ein für richtig gehaltenes Lebensideal. Mit einigem Recht hat man darin ein generationenspezifisches Merkmal der jugendbewegten Aufbruchskohorte um 1900 erblickt.[69] Es entsprach der immanenten Logik einer solchen Einstellung, dass die meisten jugendbewegten Stürmer und Dränger vom Oktober 1913 im August 1914 zu den frühesten und begeistertsten Kriegsfreiwilligen zählten.[70] Jeder vierte der am Krieg teilnehmenden Angehörigen der Jugendbewegung verlor sein Leben in den Höllenstürmen von Langemarck, Ypern und Verdun.

Massenmarkt, Öffentlichkeit und Modernitätserfahrung

Die beträchtliche Breitenwirkung aller gesellschaftlichen Reformbewegungen im spätwilhelminischen Deutschland ging einher mit der nach 1900 rapide einsetzenden Beschleunigung eines Phänomens, das man wohl wie kaum eine andere damalige Zeiterscheinung zu den Indikatoren von »Modernität« rechnen darf: der Entwicklung eines Massenmarktes. Zu dessen hervorstechenden Merkmalen zählte die Tatsache, dass er die unterschiedlichsten Sektoren des Alltagslebens umschloss und sie mit seiner Dynamik zu prägen begann. Dies galt für den Kulturbetrieb und für das Pressewesen genauso wie für das Verbraucherverhalten, die Freizeitgestaltung und die in großem Umfang erfolgende Politisierung der Bevölkerung mittels schlagkräftiger nationaler Agitationsverbände. Massenkommunikation, Massenkonsum und Massenmobilisierung wurden zu problemanzeigenden Stichworten eines Symptoms, das gemeinhin erst in den Jahren der Weimarer Republik als Formierungsfaktor deutscher Lebenswirklichkeit wahrgenommen zu werden pflegt. Tatsächlich waren jedoch schon alle späteren Weimarer Massenphänomene ausnahmslos feste Bestandteile im Alltagsleben des kaiserlichen Deutschlands.

Der für die meisten Zeitgenossen sichtbarste Übergang zu modernen, den Gesetzen des Massenmarktes verpflichteten Gepflogenheiten vollzog sich in der Medienlandschaft des späten Kaiserreichs. Hier erfolgte in den Jahren vor 1914 ein geradezu revolutionärer Qualitätssprung, dessen Dimensionen in Deutschland und Europa erst wieder durch die digitalen Umbrüche der 1980er und 1990er Jahre erreicht werden sollten. Basierend auf der im Reichspressegesetz von 1874 garantierten Pressefreiheit konnten sich viele Traditionszeitungen, die dem überlieferten Typus der parteipolitisch gebundenen Richtungspresse zuzurechnen waren, zu auflagenstarken Massenblättern entwickeln. Das galt besonders für nationalliberal orientierte Tageszeitungen wie etwa die *Kölnische Zeitung* oder die *Münchner Neuesten Nachrichten* – letztere gelangten 1914 zu einer Auflagenhöhe von 127.000 Exemplaren pro Tag.[71] In vergleichbarem Umfang florierten während der unmittelbaren Vorweltkriegszeit linksliberale Gazetten wie beispielsweise die *Frankfurter Zeitung* oder die sehr anspruchsvolle, schon seit 1617 existierende *Vossische Zeitung*, und nicht zuletzt das *Berliner Tageblatt*, das es (seit 1906) unter Leitung seines Chefredakteurs Theodor Wolff (1868–1943) zu einer Tagesauflage von (1910) immerhin 190.000 Stück brachte. Auch sozialdemokratische Parteiblätter wie die *Leipziger Volkszeitung* oder der *Vorwärts* (1912: 165.000 Exemplare täglich) erfreuten sich hoher Leser- und Abonnentenzahlen. Man hat errechnet,[72] dass 1914 auf dem Reichsgebiet allein 91 eindeutig sozialdemokratisch ausgerichtete Titel mit einer geschätzten Tagesauflage von insgesamt 1,5 Millionen Exemplaren erschienen. Gemessen an der Auflagenhöhe trat im Vergleich dazu die Breitenwirkung konservativer Presseerzeugnisse wie der *Neuen Preußischen Zeitung* oder katholischer Milieublätter wie der *Kölnischen Volkszeitung* deutlich zurück. In weltanschaulicher Hinsicht dominierten im kaiserlichen Deutschland vor 1914 die liberalen und linksorientierten Richtungszeitungen.

Gegenüber den ideologisch fest positionierten Parteiblättern gewann nun allerdings seit Jahrhundertbeginn der neue Typus des »Generalanzeigers« zunehmend an Boden. Dieser gab sich bewusst unpolitisch und propagierte strikte Überparteilichkeit. Er wollte in erster Linie unterhalten und versuchte dabei dem Publikumsgeschmack so weit wie möglich entgegenzukommen. Diesem Ziel dienten die Einrichtung konsumorientierter Service-Rubriken sowie eine generell attraktivere Aufmachung in Gestaltung und Layout. Damit verband sich eine verstärkt kommerzielle Orientierung, der es in erster Linie um Profitmaximierung ging. Das überkommene kritisch-aufklärerische Journalistenethos trat demgegenüber zurück. Zum Prototyp und Erfolgsmodell dieser wirtschaftlich expandierenden »Generalanzeiger«-Presse avancierte der 1885 von August Scherl (1849–1921) als Tageszeitung ins Leben gerufene *Berliner Lokal-Anzeiger*. Sein Erscheinen markierte den Durchbruch zur Massenpresse, mit schnell steigender

Auflagenhöhe (1910: 300.000 Exemplare), wachsendem Anzeigenmarkt, modernisiertem Erscheinungsbild und neuartigen, verbilligten Vertriebsmethoden.

Verstärkt, gebündelt und zu konkurrenzloser Marktführerschaft gesteigert wurden solche Tendenzen durch die Unternehmensstrategie des 1877 gegründeten Ullstein-Verlags. Dessen Presseprodukte *Berliner Morgenpost* (seit 1898; Auflagenhöhe 1914: 400.000 Exemplare), *B. Z. am Mittag* (seit 1904; Startauflage: 180.000 Exemplare) und *Berliner Illustrierte Zeitung* (seit 1894; Auflagenhöhe 1914: eine Million Exemplare) brachten ein gegenüber den bisher geläufigen »Generalanzeiger«-Titeln nochmals modernisiertes Genre auf den Markt: die »Illustrierte«. Ihr publizistisches und mediales Innovationspotenzial war enorm. Sie bot den Lesern nicht unbedingt neue Informationen. Doch sie präsentierte ihnen diese Informationen in neuartiger Weise. Visuell bereichert mit ansprechenden Fotoreportagen, zeigten sich die Erzeugnisse dieser Pressegattung um ein Höchstmaß an Aktualität bei der Nachrichtenvermittlung bemüht. Darüber hinaus nahmen sie durch einen nochmals expandierenden Reklamesektor für sich ein und bestachen mit niedrigen Verkaufspreisen. Unter Einsatz gezielter Werbekampagnen wurde hier erstmals der später so lukrative Straßenhandel praktiziert.

Das auf diese Weise massenhaft verbreitete Boulevardblatt entwickelte sich rasch zum Motor einer auf Unterhaltung, Visualisierung und kommerziellen Erfolg gerichteten Medienrevolution, von deren Auswirkungen der gesamte Zeitungs- und Zeitschriftenmarkt des späten Kaiserreichs betroffen war. Neuartige Formen der Berichterstattung vermehrten die ohnehin schon bemerkenswerte Vielfalt der deutschen Presselandschaft, deren Meinungsspektrum sich im neuen Jahrhundert durch einen beispiellosen Pluralismus auszeichnete und die Reichshauptstadt Berlin – noch vor London – zur damals bedeutendsten Zeitungsmetropole der Welt aufsteigen ließ.[73] Etwa 4.000 Zeitungs- und über 5.600 Zeitschriftentitel mit einer Gesamtauflagenhöhe von über 18 bzw. 15 Millionen Exemplaren sind für die unmittelbare Vorkriegszeit nachgewiesen worden.[74] Dabei geriet auch der Zeitschriftenmarkt in Bewegung. Ältere, besonders beim Bildungsbürgertum etablierte Produkte – etwa der traditionelle »Rundschau«-Typ, der die gesamte Bandbreite wissenschaftlich-kultureller und politisch-gesellschaftlicher Zeitströmungen abbilden wollte (*Deutsche Rundschau*, seit 1874), oder Familienblätter von eher betulich-biedermeierlichem Charakter (*Die Gartenlaube*, seit 1853) – hatten zusehends Schwierigkeiten, sich ungeschmälert in der Gunst des Publikums zu halten. Hingegen schossen künstlerisch-literarische Titel avantgardistischer Prägung um die Jahrhundertwende wie Pilze aus dem Boden: *Pan* (1895), *Jugend* (1896), *Die Insel* (1899), *Hyperion* (1908), *Sturm* (1910), *Aktion* (1911) – alle diese und zahlreiche weitere Titel firmierten als freilich nicht unbedingt massenmarkttaugliche Produkte, sondern als eher elitäre Gazetten mit teilweise nur sehr kurzer Lebensdauer.[75]

Der Aufbruch in die medial geprägte Moderne war nach 1900 auf vielen Feldern und Bereichen des deutschen öffentlichen Lebens sichtbar. Zum sinnbildhaften Zeichen der neuen Massenkultur avancierte die »Kinematographie«. Der Blick auf Kino und Film bestätigt den bereits mehrfach diagnostizierten Befund: Auch dieses Medium eroberte keineswegs erst in der Weimarer Republik den städtischen Freizeitmarkt. Schon seit 1906 begann sich der Film als populäre Unterhaltungsgattung in Deutschland dauerhaft zu etablieren.[76] 1910 gab es im Reich etwa 1.500 ortsfeste Kinos,[77] zunächst in den großstädtischen Zentren, dann zunehmend auch in der Provinz. 1914 waren es bereits 2.450 Filmtheater, deren Darbietungen von allen Gesellschaftsschichten begehrt und besucht wurden.[78] Abendfüllende Vorführungen und wöchentlich wechselnde Programme gehörten bald ebenso zu den standardisierten Merkmalen der Aufführungspraxis wie ein die Erfolgsgeschichte des Kinos stets begleitender und glamourös überhöhender Starkult. Dabei ist schon von den Zeitgenossen gelegentlich darauf hingewiesen worden, dass einer der ersten deutschen Filmstars kein Geringerer als Kaiser Wilhelm II. war, der es in den letzten Vorweltkriegsjahren

Dichter Verkehr: Schon Anfang des 20. Jahrhunderts waren viele Berliner mit dem Automobil unterwegs, um 1910.

wie niemand sonst verstand, sich dramaturgisch gekonnt und außerordentlich effektvoll in Szene zu setzen.[79] 1913 präsentierte der Theater- und Filmkritiker Kurt Pinthus (1886–1975) sein »Kinobuch«, das anspruchsvolle Filmskripte führender expressionistischer Autoren versammelte und auf diese Weise andeutete, dass dem populären Medium »Film« nicht nur reine Unterhaltungswerte für die breiten Massen zugesprochen, sondern schon damals Entwicklungspotenziale zugetraut wurden, deren Richtung die Etablierung von qualitativ hochwertigen und künstlerisch anspruchsvollen »Autorenfilmen« präformierte[80] und die Integration des Films in den Kanon traditioneller künstlerischer Gattungen vorbereitete.

Die mit dem Medium »Film« verbundene neuartige Wahrnehmungsdynamik – Hektik, Tempo, Reizfülle und Collagierung durch szenischen Schnitt wurden zu kollektiv empfundenen Signaturen einer sich rapide verändernden Erfahrungswelt – erfasste immer mehr Einzugsfelder der Populär- und Massenkultur des späten Kaiserreichs, nicht zuletzt den Sport. Seine gesellschaftliche Bedeutung unterlag im Deutschland der Vorweltkriegszeit – englischen und nordamerikanischen Vorbildern folgend – den einschneidendsten Wandlungen.[81] Leistungsgedanke und Wettkampfcharakter traten seit der Jahrhundertwende in zunehmende Konkurrenz zur deutschen Turnbewegung, die sich traditionellerweise an eher geistigen und ideellen Leitkategorien orientierte.[82] Neue Sportarten eroberten die Märkte. Wiederum trug hier Kaiser Wilhelm II. durch sein persönliches Beispiel erheblich zur Popularisierung einzelner Disziplinen bei. Yachtsegeln und Tennis etwa, doch auch Pferdewettkämpfe und Automobilrennen erfreuten sich seiner speziellen Protektion. Die von ihm für diese Sportarten gestifteten Preise setzten Maßstäbe im internationalen Vergleich. Radsport, Boxkämpfe und vor allem das Fußballspiel wurden zu weithin geschätzten Massenvergnügungen. Pünktlich zum Jahrhundertbeginn konstituierte sich der »Deutsche Fußball Bund«, dem sich zahlreiche, vielfach bis heute bestehende Ortsverbände anschlossen. 1904 gab es 194 Vereine mit 9.317 Mitgliedern, zehn Jahre später zählte der »Bund« bereits 2.233 Vereine mit 189.294 Mitgliedern.[83] Eine expandierende Sportberichterstattung in den Massenmedien verknüpfte Marktinteressen mit Konsumwünschen und Unterhaltungsbedürfnissen des Publikums auf spezifische Weise und mit wachsendem Erfolg.

Zu den massenbezogenen Modernitätsphänomenen des wilhelminischen Kaiserreichs gehörten schließlich auch jene überparteilichen außerparlamentarischen Organisationen, die sich als mitgliederstarke Sprachrohre einer aktiven und aggressiven deutschen »Weltpolitik« zu profilieren wussten.[84] An erster Stelle stand hier der »Deutsche Flottenverein« (seit 1898; 1908: ca. eine Million Mitglieder), gefolgt vom »Deutschen Wehrverein« (seit 1912; 1914: ca. 100.000 Mitglieder),[85] der »Deutschen Kolonialgesellschaft« (seit 1887; 1914: 40.000 Mitglieder) und dem »Alldeutschen Verband« (seit 1891; 1914: ca. 18.000 Mitglieder).[86] Alle diese Agitationsverbände waren sich einig in ihrer militant nationalistischen, militaristischen und imperialistischen Zielsetzung. Deutschland sollte zur wirtschaftlichen Hegemonialmacht in Europa und zur autark agierenden Kolonial- und Seemacht in der Welt aufsteigen. Solche Ansprüche wurden durch ein krudes Gemisch aus sozialdarwinistischen, biologistischen und geopolitischen Versatzstücken ideologisch zu untermauern versucht.[87] Gesellschaftlichen Rückhalt besaßen diese »vaterländischen« Vereinigungen im Bildungs- und Besitzbürgertum, und sie fanden eine auffallend starke Resonanz beim akademisch gebildeten Publikum.[88] Ihr Einfluss auf den konkreten Verlauf der Regierungsgeschäfte war freilich eng begrenzt, trotz ihres massenhaften Anhangs. Sowohl Bülow als auch Bethmann Hollweg gerieten immer wieder in Konflikte mit den extremen Forderungen der Alldeutschen, und auch Wilhelm II. hegte keinerlei Sympathien für deren maßlos übersteigerte Ansprüche, was übrigens auf Gegenseitigkeit beruhte. »Wenn ich der Kaiser wär'« – so betitelte der seit 1908 amtierende Vorsitzende des »Alldeutschen Verbandes«, Heinrich Class (1868–1953), seine 1912 unter dem Pseudonym Daniel Frymann erschienene Kampfschrift, in der er die kompromissorientierte Politik Wilhelms II. mit verletzenden Worten angriff. Immerhin war der Kaiser im gleichen Jahr vom Neffen des schwedischen Nobelpreisstifters Emanuel Nobel als Kandidat für den Friedensnobelpreis ins Spiel gebracht worden. Der Führer der »Alldeutschen« propagierte in seinem Pamphlet hingegen einen Präventivschlag zur Vernichtung Englands und empfahl darüber hinaus eine dezidiert anti-polnische und antisemitische Gesetzgebung, deren Maßnahmenkatalog bis hin zum Ausschluss der Juden vom öffentlichen Leben Deutschlands reichte, um so die dem Reich vermeintlich drohenden inneren Gefahren auszuschalten.[89] Die unmissverständliche öffentliche Zurückweisung solcher Zumutungen seitens des Kaisers und der Reichsregierung verdeutlichte einmal mehr, dass im »ausgleichenden Klima des wilhelminischen Obrigkeitsstaates«[90] dem politischen Einfluss radikalisierter Massen und Massenbewegungen, anders als in den späten Jahren der Weimarer Republik, enge Grenzen gesetzt waren.

Ähnliches galt für den parteipolitisch organisierten Antisemitismus in den letzten Jahren des Kaiserreichs. Die judenfeindlichen Parteien (»Deutsch-Soziale Partei«, seit 1889; »Deutsche Reformpartei«, seit 1881) vermochten im Reichstag niemals Fraktionsstärke zu erlangen, seit Jahrhundertbeginn standen sie zudem einander in erbitterter Feindschaft gegenüber. Ihre Mandatszahl blieb stets einstellig (1903: sechs bzw. drei Mandate; 1907: jeweils sieben Mandate; 1912: vier bzw. zwei Mandate, bei einem Stimmenanteil von zuletzt 1,2 Prozent), ihr regionales Einzugsfeld beschränkte sich auf Land- und Kleinstädte im oberhessischen Raum sowie auf einige Industrieregionen im Königreich Sachsen.[91] Dass sich die Mobilisierung antisemitischer Ressentiments in Deutschland[92] – und nicht etwa in Frankreich, wo sie vor und nach der Jahrhundertwende weitaus stärker verbreitet waren – Jahrzehnte später zu einer parteipolitischen Massenformation verdichten und schließlich in die Katastrophe des »Dritten Reiches« einmünden sollte, lag, bei aller partiell vorhandenen gesellschaftlichen Diskriminierung der rechtlich gleichgestellten Juden im Kaiserreich, nicht an strukturellen Defiziten oder Defekten des vermeintlichen wilhelminischen Obrigkeitsstaates. Eigentliche Ursache waren vielmehr die fatalen Konsequenzen der militärischen und politischen Niederlage Deutschlands im Ersten Weltkrieg.

5 Reich und Länder, Metropole und Provinz: die Regionen

Echte Volksnähe: Prinzregent Luitpold von Bayern (4. v. l.) mit Gefolge vor seiner Jagdhütte, um 1905.

Probleme des Föderalismus

Das gesellschaftliche Modernisierungsgeschehen im spätwilhelminischen Deutschland vollzog sich in den einzelnen Regionen des Reiches mit unterschiedlicher Intensität. Zumeist verbanden sich die Probleme und Phänomene politischen, gesellschaftlichen und kulturellen Wandels mit dem städtisch-urbanen Lebensmilieu. Einer der originellsten zeitgenössischen Intellektuellen, der Philosoph und Soziologe Georg Simmel (1858–1918), hat dieses Milieu in seinem Essay »Die Großstädte und das Geistesleben« 1903 als Nährboden wie als Katalysator spezifisch »modernen« Daseins hellsichtig beschrieben. Die Großstadt, so Simmel, vermittle eine spezifische Form von Modernitätserfahrung, basierend auf einer »Steigerung des Nervenlebens, die aus dem raschen und ununterbrochenen Wechsel äußerer und innerer Eindrücke hervorgeht«[1]. Mannigfaltigkeit und Gegensätzlichkeit der dort aufeinandertreffenden Reize führten zu einer nachdrücklichen Bewusstseinserweiterung. Sie förderten Anpassungsfähigkeit und Innovationsfreude und ließen das Gefühl aufkommen, einer allgemeinen Beschleunigung der Zeit zu unterliegen. Hektik, Tempo und Ungeduld rechnete Simmel – wie vor ihm übrigens der später noch näher in Augenschein zu nehmende Leipziger Universalhistoriker Karl Lamprecht[2] – ebenso zum »modernen« Habitus großstädtischen Lebens wie die eher mentalen Phänomene des Intellektualismus und Kosmopolitismus, des Liberalismus und der Verstandeskultur. Nicht zuletzt waren die Großstädte für Simmel wesentliche Schauplätze des Massenkonsums und der »Vermassung«: »Hier bietet sich in Bauten und Lehranstalten, in den Wundern und Komforts der raumüberwindenden Technik, in den Formungen des Gemeinschaftslebens und in den sichtbaren Institutionen des Staates eine so überwältigende Fülle kristallisierten, unpersönlich gewordenen Geistes, daß die Persönlichkeit sich sozusagen dagegen nicht halten kann.«[3]

Zum »modernen« Lebensumfeld der Metropole, als deren Ausdruck und Sinnbild die preußisch-deutsche Haupt- und Residenzstadt Berlin gelten kann, kontrastierte »die Provinz«. Diese bestand aus einer Vielzahl kleinstädtischer und dörflicher Milieus unterschiedlichster Prägung, und sie war, hinsichtlich der Einschätzung der in ihr jeweils vorherrschenden Stimmungslage, schon aus zeitgenössischer Sicht stärksten bewertungsmäßigen Schwankungen unterworfen. Solche Einschätzungen und Bewertungen reichten vom Lob »heiler«, bäuerlicher Daseinswelten, in denen das Leben noch auf vermeintlich geordnete Weise, im Einklang mit der Natur und fern von allen Verlockungen städtischer Verderbnis verlief, bis hin zur ungezügelten Polemik gegen die mental angeblich zurückgebliebenen Dörfler, denen man in all ihrer Enge und Beschränktheit weder Fortschrittsneigungen noch politisch-kulturelles Engagement, noch überhaupt ein die bloße Kirchturmspitze überwindendes Blickfeld zutraute.[4] Dass bei alledem regionale, heimatbezogene Identitäten ein ebenso

»Deutsche Provinz«: Dinkelsbühl.
Zeichnung aus dem *Simplicissimus*, 1907.

effektives wie legitimes Widerlager gegen Verlustempfindungen und Entwurzelungsängste des modernen Lebens bieten konnten, wurde vielen Zeitgenossen wohl auch deshalb erst allmählich bewusst, weil »die Provinz« von den damit verbundenen Fundamentalumwälzungen vorerst nur in abgeschwächter Form betroffen war. Immerhin lebten 1910 noch etwa 50 Prozent aller Deutschen, etwa 32 Millionen Menschen, in Kleinstädten und Dörfern unter 5.000 Einwohnern.

Die mit der Frage solcher regionaler Identitätsbildung[5] eng verbundene Föderalismus-Problematik war im Verfassungstext des Deutschen Reiches von 1871 grundsätzlich auf der mittleren Linie eines Kompromisses gelöst worden, der zwischen den beiden denkbaren Extremen des Staatenbundes und des Einheitsstaates ein sorgfältig ausbalanciertes Gleichgewicht zu halten bemüht war. Das Kaiserreich blieb bis zu seinem Untergang im November 1918 ein Bundesstaat. Die einander staatsrechtlich zugeordneten Gliedstaaten, insgesamt 25, darunter 22 Monarchien und drei Republiken, hatten ihre Souveränität – und damit ihre völkerrechtliche Handlungsfreiheit – unwiderruflich auf den Gesamtstaat übertragen. Ihrer Staatsqualität waren sie dabei jedoch nicht verlustig gegangen, anders als in der nachfolgenden Weimarer Reichsverfassung von 1919. Auch nach Jahrhundertbeginn hatte es keine Änderung im territorialen Bestand der binnendeutschen Staatenwelt gegeben. Miniaturmonarchien wie die Fürstentümer Reuß ältere Linie (1908: 316 Quadratkilometer und 69.603 Einwohner; Haupt- und Residenzstadt: Greiz), Schaumburg-Lippe (1908: 340 Quadratkilometer und 44.992 Einwohner; Haupt- und Residenzstadt: Bückeburg) oder Waldeck (1908: 1.121 Quadratkilometer und 59.123 Einwohner; Haupt- und Residenzstadt: Bad Arolsen) blieben in ihrem Gebietsumfang und in ihrer Verfassungsordnung ebenso unangetastet wie die drei norddeutschen Stadtrepubliken Hamburg (1910: 415,3 Quadratkilometer und 931.035 Einwohner), Lübeck (1905: 297,7 Quadratkilometer und 105.857 Einwohner) und Bremen (1905: 256,7 Quadratkilometer und 263.426 Einwohner). Unter den mittleren Staaten ragte das Großherzogtum Mecklenburg-Schwerin (1910: 13.161 Quadratkilometer und 639.958 Einwohner; Haupt- und Residenzstadt: Schwerin) durch den Anachronismus seiner vorabsolutistischen, fast noch spätmittelalterlichen Verfassungszustände hervor. Der »Landesgrundsätzliche Erbvergleich«, der 1755 zwischen dem dort angestammten Herrscherhaus und den mecklenburgischen Ständen vereinbart worden war und bis zum Ende der Monarchie unverändert galt, kannte – nachdem selbst Russland 1906 zum Konstitutionalismus übergegangen war – als einziges Verfassungsmodell in ganz Europa weder Landtagswahlen noch überhaupt parlamentarische Institutionen moderner Prägung, sondern lediglich eine Art Dreiteilung der Macht zwischen dem Landesherrn, den adligen Ritterschaften und den bürgerlichen Stadtgemeinden. Das Großherzogtum Baden hingegen (1910: 15.081 Quadratkilometer und 2.142.849 Einwohner; Haupt- und Residenzstadt: Karlsruhe) bestach durch die reichsweit als führend anerkannte Fortschrittlichkeit seiner politischen Kultur, die seit 1905 sogar die Beteiligung der Sozi-

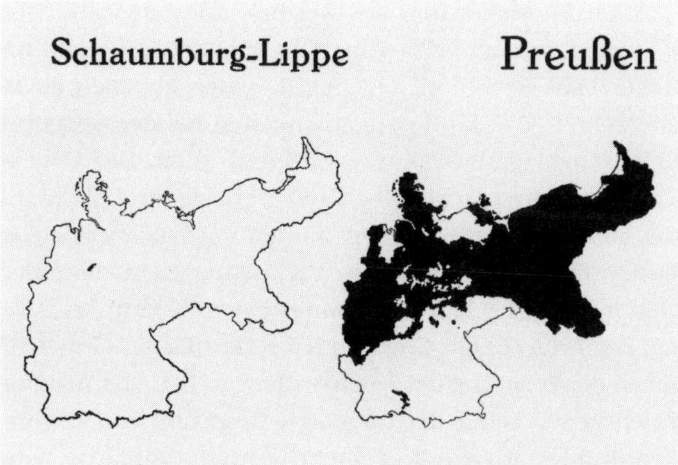

Miniaturmonarchie und Hegemonialstaat: Schaumburg-Lippe war der bevölkerungsmäßig kleinste, Preußen der größte Bundesstaat des Deutschen Reiches.

aldemokraten an der Landesregierung zuließ. Die Königreiche Bayern (1910: 75.870 Quadratkilometer und 6.887.291 Einwohner; Haupt- und Residenzstadt: München), Württemberg (1910: 19.508 Quadratkilometer und 2.437.574 Einwohner; Haupt- und Residenzstadt: Stuttgart) und Sachsen (1910: 14.993 Quadratkilometer und 4.802.485 Einwohner; Haupt- und Residenzstadt: Dresden) wiederum besaßen infolge ihrer ausgeprägt territorialstaatlichen Traditionen ohnehin ein hohes Maß an politischem Eigenbewusstsein, das quer durch alle Bevölkerungsschichten und Parteien verlief und von starken mentalitätsmäßigen Verankerungen gespeist wurde. Das Königreich Preußen schließlich fiel mit einem Gebietsumfang von 348.658 Quadratkilometern und einer Einwohnerzahl von (1910) knapp über 40 Millionen derart aus dem Rahmen föderaler Ausgewogenheit, dass die Frage nach einer Hegemonie des Hohenzollernstaates im Reich und die Klage über eine mögliche oder tatsächlich bereits erfolgte »Verpreußung« Deutschlands bis 1914 Dauerthemen der politisch-publizistischen Diskussion waren.

Allen Bundesstaaten des Reiches, auch den kleineren und kleinsten, war im Verfassungstext von 1871 ein nicht unerhebliches Maß sowohl an Eigenbefugnissen als auch an Mitspracherechten und Einflussmöglichkeiten bei der Gestaltung von Reichsangelegenheiten zugebilligt worden. Der Ort, an dem sich diese Mitsprache zu vollziehen hatte, und die Institution, die solchen Ansprüchen wirksamen Ausdruck verlieh, war der Bundesrat als *das* föderative Verfassungselement schlechthin. Durch ihn, der – laut Verfassungstext – die zum Reich vereinigten Regierungen der Gliedstaaten verkörperte, nahmen diese aktiv an der Formung des Reichswillens und an der Ausübung der Reichsgewalt teil. Jeder vorgelegte Gesetzentwurf konnte durch den Bundesrat zu Fall gebracht werden. Judikative Befugnisse gehörten ebenso zu seinem Aufgabenfeld wie Aufsichtspflichten und Verwaltungskompetenzen im Rahmen länderbezogener Wirkungsmöglichkeiten. Darüber hinaus besaß er das Mitentscheidungsrecht bei Kriegserklärungen und bei eventuell erforderlich werdenden Bundesexekutionen gegen einzelne Bundesstaaten.

Allerdings war diese außerordentliche Kompetenzenfülle des Bundesrates bereits zu Zeiten Bismarcks insofern einer massiven Erosion ausgesetzt gewesen, als sich auf zahlreichen Feldern der Verwaltung und des öffentlichen Lebens ein Prozess der Unitarisierung bemerkbar gemacht hatte, der die föderativen Verfassungselemente zunehmend in den Hintergrund treten ließ. Die Reichsgesetzgebung mit ihren Rechtsvereinheitlichungen und die Erweiterung der Obersten Reichsämter zu Reichsministerien in den 1870er und 1880er Jahren waren ebenso dem Anwachsen der Reichsaufgaben geschuldet, wie sie ihrerseits vom Erstarken der Reichsgewalt zeugten und das Zurücktreten der Bundesstaaten hinter der Politik des Reiches zum Ausdruck brachten. Diese wurde jenen gegenüber immer selbstständiger und selbstbewusster, wobei sich die Reichsbehörden allmählich von den sie lange Zeit dominierenden preußischen Ministerien zu emanzipieren wussten.

Doch auch in seinem institutionellen Eigengewicht vermochte sich der Bundesrat immer weniger als effiziente Instanz zur Wahrung und Durchsetzung föderalistischer Interessen zu profilieren. Gemäß der Reichsverfassung hatte er über alle Gesetzesvorlagen zu beraten und zu entscheiden, welche die Reichsleitung im Reichstag einzubringen beabsichtigte. Seit Beginn der Kanzlerschaft Bülows ging die Regierung indes mehr und mehr dazu über, dem Bundesrat entsprechende Gesetzesentwürfe erst dann zur Durchsicht und Stellungnahme vorzulegen, wenn sie bereits weitgehend ausgearbeitet waren und inhaltlich kaum mehr verändert werden konnten.[6] Immer häufiger monierten die Bundesratsbevollmächtigten vor allem der süddeutschen Staaten diese durchaus fragwürdige Praxis, und immer öfter beklagten sie den viel zu kurz bemessenen Zeitrahmen, der ihnen für die Begutachtung der Regierungsvorlagen, etwa der jährlichen Budgetentwürfe, bis zu deren Weiterleitung an das Parlament eingeräumt wurde. Als Gipfel der Missachtung ihrer Tätigkeit – und im Übrigen auch als eine Umkehrung der verfassungsrechtlich vorgesehenen Gewichtung von Bundesrat und Reichstag – mussten es die Bundesratsbevollmächtigten dann schließlich empfinden, wenn, gleichfalls seit dem Amtsantritt Bülows und Posadowsky-Wehners, der Reichskanzler und seine Staatssekretäre sich über geplante Regierungsvorhaben mit den im Reichstag vertretenen Parteien bereits verständigt hatten, längst bevor sie davon den Bundesrat in Kenntnis setzten und diesen damit vor vollendete Tatsachen stellten.[7] Angesichts solcher stetig fortschreitenden Akzentverlagerungen verkümmerte der Bundesrat zusehends zu einer reinen »Abstimmungsmaschinerie«[8]. Maßgebliche Impulse für eine aktive Mitgestaltung des Reichswillens gingen von ihm in den beiden letzten Jahrzehnten des Kaiserreichs nicht mehr aus. Und da die Protokolle seiner in strikter Vertraulichkeit verlaufenden Sitzungen ohnehin nicht publiziert wurden, die politisch interessierte Öffentlichkeit von seinen Aktivitäten mithin nur auf Umwegen etwas in Erfahrung bringen konnte, war er – im Vergleich zu den beiden anderen prägenden Verfassungsinstitutionen: dem Reichstag und dem Kaisertum – schon für die meisten Zeitgenossen nicht viel mehr als »ein Schein«[9].

Der wachsende politische Bedeutungsverlust des Bundesrates als Organ zur Einbringung und Wahrnehmung von Interessengesichtspunkten der Gliedstaaten in die Reichspolitik verwies auf eine Entwicklungstendenz der sich zunehmend zentralisierenden Verfassungswirklichkeit, nicht hingegen auf einen schwindenden Behauptungswillen oder gar auf ein mangelndes Eigenbewusstsein der Länder. Dieses Bewusstsein und dieser Behauptungswille waren auch zu Beginn des 20. Jahrhunderts unvermindert präsent. Doch verlagerten sie sich vom Föderalismus zum Regionalismus, indem die Länder ihre Bewährung weniger in einem Engagement für die Belange des Gesamtstaates suchten, als vielmehr die Bestätigung ihrer Relevanz auf dem weiten Feld landesstaatlicher Identitätspflege fanden.

Die Reichsverfassung hatte ausgewählten Gliedstaaten sogenannte Reservatrechte auf solchen Gebieten eingeräumt, die eigentlich in die Zuständigkeit des Reiches fielen. Zu diesen Sonderkompetenzen gehörten für das Königreich Bayern die Post- und Eisenbahnhoheit, für das Königreich Württemberg die Posthoheit und für das Großherzogtum Baden – wie auch für die beiden anderen süddeutschen Staaten – Befugnisse bei der Besteuerung von Bier und Branntwein. Die jeweils betroffenen Länder achteten sorgfältig und eifersüchtig darauf, dass diese Privilegien unangetastet blieben, zumal sich die zoll- und steuerpolitischen Gewichte im neuen Jahrhundert ohnehin auf Kosten der Länder verschoben: 1904 wurden die Zoll-, 1906 die Stempelsteuer-Einnahmen in die Regie des Reiches überführt.

Umso wichtiger erschien den Einzelstaaten daher die Bewahrung ihrer Selbstständigkeit auf kulturellem Gebiet. Hier boten sich nun in der Tat kaum Möglichkeiten für ein reichsbezogenes Zentralisierungs- und Vereinheitlichungsstreben. Das Reich besaß keinerlei Kompetenzen im Bereich der Bildungs-, Schul- und Universitätsverwaltung. Die Länder waren auf diesem Feld vollkommen autonom, und zumindest die größeren unter ihnen vermochten vermittelst ihrer Kultusministerien (in Preußen: seit 1817; in Sachsen: seit 1831; in Bayern und Württemberg: seit 1847/48; zuletzt in Baden: seit 1911) eigene landesstaatliche Akzente zu setzen – sei es durch die Förderung lokalpatriotischer Lehr- und Unterrichtsinhalte, sei es im Rahmen einer mehr oder weniger offen betriebenen Bevorzugung heimatverbundener Landeskinder bei der Stellenbesetzung und der Beförderungspraxis. Auf dem Hochschulsektor, dessen Regulierung gleichfalls in den Zuständigkeitsbereich der Länder fiel, gab es zwar seit 1898 regelmäßig stattfindende Konferenzen der Landeshochschulreferenten, eine Initiative, die sich der Anregung Preußens verdankte, dessen Staatsgebiet zu Jahrhundertbeginn immerhin neun der insgesamt 20 deutschen Universitäten beheimatete. Ein preußisch-deutscher Unifizierungsdruck dürfte von solchen Zusammenkünften indes schwerlich ausgegangen sein. Ihr Aufgabenfeld beschränkte sich auf einen wechselseitigen Erfahrungsaustausch und auf die Koordination gemeinsamer Anliegen wie etwa Abituranforderungen, Promotionsordnungen oder das Frauen- und Ausländerstudium.[10]

Sonderfall Preußen

Hielt sich der Vormachtanspruch Preußens gegenüber den anderen Bundesstaaten auf kulturellem und bildungspolitischem Gebiet noch in durchaus engen Grenzen, so musste jener Staat, dessen Territorium 65 Prozent des Reichsgebiets umfasste, und dessen Einwohnerzahl zu Jahrhundertbeginn 62 Prozent der gesamten Reichsbevölkerung betrug, auf den meisten anderen Sektoren des deutschen öffentlichen Lebens beinahe zwangsläufig eine herausgehobene Position einnehmen. »Das besondere Verhältnis Preußens zum Reich, das in keinem Bundesstaat der Gegenwart seines Gleichen hat«, konstatierte 1907 der damals in Tübingen, später in Berlin wirkende Staatsrechtslehrer Heinrich Triepel (1868–1946), »ist das rechtlich und politisch wichtigste Stück, aber auch die heikelste Seite unserer Verfassung.«[11] Tatsächlich hatte die Reichsverfassung dem Königreich Preußen eine bevorzugte Stellung gegenüber den anderen Bundesstaaten eingeräumt.[12] Versuche zu einer Verfassungsreform konnte der Hohenzollernstaat durch sein absolutes Vetorecht ebenso blockieren wie Änderungen der Gesetze über das Militär-, Zoll- und Steuerwesen. Der König von Preußen war in Personalunion Deutscher Kaiser, und der Posten des Deutschen Reichskanzlers war zugleich mit dem des Preußischen Ministerpräsidenten und Preußischen Ministers der Auswärtigen Angelegenheiten verknüpft. Auch im Bundesrat besaß Preußen eine hegemoniale Stellung. Dort standen ihm von den insgesamt 58 Stimmen zwar nur 17 zu; doch wurden die 21 Stimmen der übrigen nord- und mitteldeutschen Staaten in zentralen Fragen zumeist zugunsten Preußens in die Waagschale geworfen. Innenpolitische Entscheidungen von reichsweiter Bedeutung wurden regelmäßig im Preußischen Staatsministerium getroffen, welches so über lange Jahre hinweg als eine Art »Letztinstanz für die politische Willensbildung im Reich«[13] fungierte.

Indes war die Hegemonie Preußens im Reich seit Mitte der 1890er Jahre im Schwinden begriffen.[14] Die Reichsverwaltung gewann kontinuierlich an Gewicht und emanzipierte sich nach der Jahrhundertwende in rasantem Tempo von der Bevormundung seitens der preußischen Behörden. Die Reichsämter (»Ministerien«) entwickelten und vertraten zunehmend eigene politische Ziele, die mit den Vorstellungen der preußischen Ministerien kollidierten und immer häufiger Streitigkeiten und Zusammenstöße zwischen den personell weiterhin eng miteinander verflochtenen Behördenapparaten Preußens und des Reiches provozierten. Und da die Reichsleitung, spätestens seit Bethmann Hollwegs Amtsantritt 1909, mehr und mehr dazu überging, ihre in enger Zusammenarbeit mit dem Reichstag erarbeiteten, an den Erfordernissen der Reichspolitik orientierten legislatorischen Entscheidungen dem preußischen Staatsministerium schlichtweg aufzunötigen, wurde das ebenso oft wie gern beschworene Schreckbild von der vermeintlichen Verpreußung Deutschlands allmählich zu einer reinen Fiktion. Eher wäre hier wohl auf eine gegenteilige Entwicklungstendenz zu verweisen. In dem Ausmaß nämlich, wie sich die reichsbezogenen Aufgabenfelder vermehrten, schwand der preußische Einflussbereich dahin. Das Reich wurde nicht so sehr von Preußen geführt; Preußen ordnete sich vielmehr den Belangen des Reiches unter und ließ sich von dessen Interessen weitgehend in Dienst nehmen.

Diese Entwicklung blieb nun freilich in Preußen selbst nicht unbemerkt, und sie wurde auch nicht widerstandslos hingenommen. Der preußische Partikularismus, dem die Unterordnung des tradierten Behörden- und Beamtenapparates des Hohenzollernstaates unter die Institutionen des Reiches als eine unerträgliche Beeinträchtigung historisch legitimierter Führungsrechte galt, fand mächtige Fürsprecher und entfaltete gerade im letzten Vorkriegsjahrzehnt noch einmal eine – nun allerdings sehr unrühmliche – Wirksamkeit mit fatalen politischen Konsequenzen. Träger dieser preußisch-partikularistischen Politik waren die beiden konservativen Parteien, zumal die Deutschkonservativen, mit ihrer ausgedehnten Anhängerschaft in den östlichen Provinzen des Landes. Die starke Stellung des politischen Konservativismus in Preußen ergab sich aus dessen übermächtiger Präsenz im Preußischen Herrenhaus[15] und vor allem im Preußischen Abgeordnetenhaus. Sie war also, wenn man so will, eine indirekte Folge des 1848/49 vollzogenen Übergangs zum parlamentarischen System. Denn für die Wahlen zum preußischen Landesparlament galt – im Gegensatz zu den Reichstagswahlen – ein am Steueraufkommen der Wähler orientiertes Zensuswahlrecht, das die besitzenden Schichten in unverhältnismäßig starker Weise bevorteilte: das Dreiklassenwahlrecht.

Schon Bismarck hatte lebhaft darüber geklagt, dass »ein widersinnigeres, elenderes Wahlgesetz [als das preußische] nicht in irgendeinem Staate ausgedacht worden« sei. Und er hatte bereits jenen Kritikpunkt formuliert, der dann zu Beginn des 20. Jahrhunderts einer weitgehenden Verurteilung des preußischen

Dreiklassenwahlrechts zugrunde liegen sollte: »Wir können es dem [aus einer bestimmtem Steuerklasse] Ausgeschlossenen gegenüber doch wirklich schwer motivieren, daß er deshalb, weil er nicht dieselbe Steuerquote wie sein Nachbar zahlt [...], er gerade Helot und politisch tot in diesem Staatswesen sein solle.«[16] Nach wie vor wurden nämlich die wahlberechtigten Bürger eines jeden der insgesamt 443 (bis 1906: 433) preußischen Landtagswahlkreise gemäß ihrer Steuerleistung in drei Klassen eingeteilt. Jede dieser Klassen stellte jeweils ein Drittel der Wahlmänner, welche dann erst den Abgeordneten des Wahlkreises wählten. Der Wahlmodus war also ein indirekter. Dabei wählten die wenigen Hochbesteuerten der Ersten Steuerklasse genauso viele Wahlmänner wie die geringer Besteuerten aus der Zweiten und die große Masse der niedrig Besteuerten aus der Dritten Steuerklasse. Bei der Wahl zum Preußischen Landtag von 1903, der ersten im neuen Jahrhundert, zählten über sechs Millionen Wahlberechtigte (84,57 Prozent) zur Dritten Steuerklasse, nur 857.000 (12,07 Prozent) zur Zweiten und lediglich 239.000 (3,36 Prozent) zur Ersten.[17] Ein Wähler aus der Zweiten Klasse verfügte 1903 mithin über das siebenfache, ein Wähler aus der Ersten Klasse gar über das 25-fache Stimmgewicht eines Wählers aus der Dritten Klasse. Da aber die Klassenzuteilung wahlkreisbezogen erfolgte, kam es vor, dass gut verdienende Arbeiter, die in ausgesprochen »armen« Wahlbezirken lebten, in der Ersten Klasse wählten, während hohe Staatsbeamte, Professoren, Ärzte oder Rechtsanwälte zur Dritten Klasse rechnen konnten, wenn denn ihr Wahlbezirk einige wenige superreiche Bewohner aufwies. Reichskanzler Bülow beispielsweise wählte 1903, zusammen mit mehreren Hundert begüterten Bürgern des Wahlkreises Berlin-Voßstraße, in der Dritten Klasse, weil einer seiner Nachbarn – ein millionenschwerer Fleischwarenhersteller – infolge seines außerordentlich hohen Steueraufkommens die Erste und die Zweite Klasse allein »besetzte« und dort sämtliche Wahlmänner stellen konnte.[18]

Die damit verbundenen Wahlungerechtigkeiten wurden durch die Modalitäten der Wahlkreiseinteilung noch verstärkt.

Denn dünn besiedelte Landesteile des agrarisch geprägten preußischen Ostens verfügten über eine erheblich größere Zahl an Abgeordnetenmandaten als die bevölkerungsreicheren Regionen im stark industrialisierten Westen der Monarchie. Einst, in den 1850er und 1860er Jahren, hatten vor allem die Liberalen von dem spezifischen Wahlzensus profitiert. In der Spätzeit des Kaiserreichs hingegen begünstigte das Dreiklassenwahlrecht infolge der veränderten Wähler- und Parteienstruktur in erster Linie die beiden konservativen Formationen. Bei den Landtagswahlen von 1908 kamen sie auf insgesamt 212 Mandate, während das Zentrum 105, die Nationalliberalen 64 und die Freisinnigen 36 Sitze errangen. Die SPD war 1908 mit sieben Abgeordneten überhaupt zum ersten Mal im preußischen Landesparlament vertreten. Von einer auch nur annähernd repräsentativen Zusammensetzung des Abgeordnetenhauses konnte angesichts solcher Verhältnisse keine Rede sein. Das fand auch in der konstant geringen Wahlbeteiligung seinen Niederschlag: Bei den Abgeordnetenhauswahlen von 1903 sank sie auf 21,6 Prozent, während an den im gleichen Jahr stattfindenden Reichstagswahlen immerhin 75,8 Prozent der preußischen Wahlberechtigten teilnahmen.

Es fehlte nicht an Versuchen, diesen von einsichtsvollen Beobachtern längst als unzeitgemäß erkannten Defekt zu beheben, zumal in fast allen anderen Bundesstaaten des Reiches seit Jahrhundertbeginn Reformgesetze verabschiedet wurden, die in der Regel auf eine weitgehende Modernisierung und Demokratisierung der Stimmabgabe zielten – und das hieß konkret: auf eine Hinwendung zum Prinzip des allgemeinen und gleichen Reichstagswahlrechts.[19] Die Sozialdemokraten beantragten im Reichstag mehrfach – so 1905 und erneut 1907 –, mittels einer Abänderung der Reichsverfassung das Allgemeine Wahlrecht in sämtlichen deutschen Bundesstaaten einheitlich vorzuschreiben und damit die preußische Wahlrechtsfrage auf dem verfassungspolitisch allerdings nicht unumstrittenen Weg einer Ausweitung der Reichskompetenzen zu lösen.[20] Beide Versuche scheiterten, woraufhin sich in zahlreichen preußischen Städten, allen voran in Berlin, Massendemonstrationen mit bis zu 250.000 Teilnehmern gegen das herrschende Dreiklassenwahlrecht regten. Da auch im bürgerlich-linksliberalen Lager die Zahl der Wahlrechtskritiker zunahm und selbst Wilhelm II. in seiner Thronrede anlässlich der Eröffnungssitzung des Preußischen Abgeordnetenhauses im Oktober 1908 die »organische Fortentwicklung« der geltenden Wahlmodalitäten »mit allem Nachdruck« eingefordert hatte,[21] unternahm Reichskanzler Bethmann Hollweg im Februar 1910 den Versuch einer behutsamen Modernisierung des bestehenden Systems. Sein Wahlgesetz-Entwurf favorisierte die Abschaffung des indirekten Wahlmännerprinzips zugunsten einer direkten Wahl der Abgeordneten. Darüber hinaus sollte eine Neufestsetzung der Stimmbezirke allzu krasse Ungleichgewichtigkeiten beseitigen und bestimmten Wählergruppen – Bürgern mit akademischer Ausbildung, bewährten Staatsbeamten und langgedienten Offizieren – auch unabhängig von ihrem Steueraufkommen den Aufstieg in höhere Wählerklassen ermöglichen.

Doch selbst dieses nicht unbedingt spektakuläre Reformvorhaben, das lediglich einigen »plutokratischen Auswüchsen«[22] des Dreiklassenwahlrechts Einhalt geboten, dieses selbst jedoch grundsätzlich nicht angetastet hätte, traf auf den erbitterten Widerstand der Deutschkonservativen, die – im Zusammenwirken mit den Zentrumsparlamentariern im Preußischen Abgeordnetenhaus – ein Scheitern der Wahlrechtsvorlage Bethmann Hollwegs geradezu provozierten.[23] Deren Annahme hätte noch nicht die von Sozialdemokraten und Linksliberalen gewünschte vollständige Demokratisierung der Wahlkultur im größten Bundesstaat des kaiserlichen Deutschlands gebracht. Doch sie hätte – ähnlich der ja gleichfalls nur geringfügige Verbesserungen bietenden, jedoch sehr publikumswirksamen britischen Wahlrechtsänderungen von 1832, 1867 und 1884 – ein deutliches Zeichen zu setzen vermocht für die Fähigkeit der konservativen Führungseliten zur Anpassung an die Gegebenheiten der

Moderne. Darin, dass die preußischen Konservativen, anders als eben ihre britischen Kollegen Jahrzehnte zuvor, sich hierzu weder bereit erwiesen noch in der Lage zeigten, erblickte schon einer der berufensten Zeitgenossen ein bedrohliches Menetekel für die Zukunft. »Nicht ohne Sorge«, so kommentierte Gustav Schmoller, führender deutscher Nationalökonom und Vorsitzender des die staatlichen Sozialreformen mit Nachdruck stützenden »Vereins für Socialpolitik« (gegründet 1873)[24], die verspielte Reformchance des Jahres 1910, »sieht der Patriot in die Zukunft. Die Wahlrechtsreform [...] muß kommen. Wenn die Monarchie mit einem gebildet-gemäßigten, über den Parteien und Klassen stehenden Beamtenministerium sie nicht durchführt, so wird die demokratische Flut sie in die Hand bekommen.«[25]

Die Mittel- und Kleinstaaten: eine andere politische Kultur?

Im Unterschied zum hohenzollernschen Hegemonialstaat vollzogen die drei Länder des deutschen Südens nach der Jahrhundertwende im Rahmen einer Demokratisierung ihrer Wahlgesetzgebung eindeutig den Übergang zu den Gepflogenheiten einer modernen politischen Kultur. Das Großherzogtum Baden ging hier 1904 durch parlamentarische Verabschiedung einer Regierungsvorlage voran. Diese reformierte neuerlich das für den badischen Landtag seit 1869 ohnehin geltende allgemeine und gleiche Wahlrecht, indem die Abgeordneten nunmehr unmittelbar statt (wie bisher) indirekt gewählt wurden. Früher als in irgendeinem anderen Bundesstaat des Deutschen Reiches votierten daraufhin die Sozialdemokraten in Baden, vertreten durch ihren revisionistisch gesinnten Landtags- und (seit 1907) Reichstagsabgeordneten Ludwig Frank (1874–1914), für eine Politik konstruktiver Zusammenarbeit mit den anderen im Landtag vertretenen Parteien und mit der Großherzoglichen Landesregierung. Trotz erregter Proteste seitens der Berliner Zentrale bewilligte die badische SPD-Landtagsfraktion 1908 und 1909 den badischen Staatshaushalt und beteiligte sich seitdem produktiv an der Landesgesetzgebung. Um die Bildung einer konservativ-klerikalen Regierungskoalition in Karlsruhe zu verhindern, schloss sich die SPD für die badischen Landtagswahlen von 1909 sogar zu einem Wahlabkommen mit den Nationalliberalen und den Freisinnigen zusammen und vereinbarte mit ihnen wechselseitige Unterstützung der jeweiligen Kandidaten.[26] Die damit in Baden faktisch realisierte sozial-liberale Koalition erlangte reichsweite Beachtung, weil sie vielerorts als eine demokratische Alternative zur festgefahrenen Situation im Preußischen Abgeordnetenhaus empfunden wurde, und weil von ihr eine Signalwirkung ausging, die auf prinzipielle politische Reformpotenziale Deutschlands verwies.

Auch im Königreich Württemberg erfolgte 1906 im Rahmen einer Verfassungsreform der vollständige Übergang zum parlamentarischen Regierungssystem. Gegen den konfessionspolitisch motivierten Widerstand des Zentrums akzeptierte der Württembergische Landtag 1906 die von der Königlichen Regierung angestrebte Umwandlung des Abgeordnetenhauses in eine »reine« Volkskammer. Alle bisher noch gültigen Wahlrechtsprivilegien für Vertreter der Kirchen, des Hochadels und der Landesuniversität Tübingen entfielen, das allgemeine und gleiche Wahlrecht war damit auch für den Stuttgarter Landtag gesetzlich festgeschrieben. Wie im Nachbarland Baden, so war auch in Württemberg das parlamentarische Leben der letzten Vorkriegsjahre[27] von der Frontstellung zwischen einer konservativ-klerikalen und einer sozialistisch-liberalen Parteienkonstellation geprägt. Und wie in Baden, so erwiesen sich auch in Württemberg die Sozialdemokraten als ausgesprochen staatsloyal. Sie befürworteten nachdrücklich die bestehende bürgerliche Staats- und Verfassungsordnung und votierten in den Vorkriegsjahren durchgängig für die Verabschiedung des Landesetats. Im Gegenzug bewies das württembergische Herrscherhaus eine bemerkenswerte Souveränität beim Umgang mit der offiziell noch immer monarchiefeindlichen und revolutionsorientierten Umsturzpartei: 1907 genehmigte der für seine arbeiterfreundliche Haltung wie für sein betont soziales und karitatives Engagement auch jenseits der Landesgrenzen bekannte württembergische König Wilhelm II. (reg. 1891–1918)[28] – gegen den entschieden artikulierten Willen seines königlichen Namensvetters in Berlin – den Siebten Internationalen Sozialistenkongress in Stuttgart. Es war die bis dahin erste und vor 1914 einzige Zusammenkunft dieser Art auf deutschem Boden.

Nahezu zeitgleich mit dem Landesnachbarn im Westen erfuhr das Königreich Bayern einen deutlichen Demokratisierungsschub. Auch hier ermaß sich dessen Qualität daran, dass nunmehr alle steuerzahlenden bayerischen Bürger in den Genuss des gleichen und direkten Landtagswahlrechts kamen, dessen Einführung 1906 vom Münchner Abgeordnetenhaus beschlossen wurde.[29] Aufgrund einer damit verbundenen Neueinteilung der Wahlkreise und als Folge des hinfort geltenden relativen Mehrheitsprinzips vermochte die im Landtag ohnehin dominierende, mit den Konservativen verbündete Zentrumspartei bei den Wahlen von 1907 und 1912 jeweils absolute Majoritäten zu erringen, obwohl sie 1912 gegenüber ihren wie in Baden und Württemberg zum »Großblock« vereinigten liberalen und sozialdemokratischen Konkurrenten stimmenmäßig zurückstand.[30] Die bayerischen Sozialdemokraten hatten sich, wiederum in Übereinstimmung mit ihren Parteifreunden in Baden und Württemberg, schon 1907 zur konstruktiven Mitwirkung an der landesstaatlichen Gesetzgebung und an der jährlich auszuhandelnden Haushaltsgestaltung entschlossen.[31]

So konnten in Baden, Württemberg und Bayern am Vorabend des Ersten Weltkriegs die dort – im Vergleich zu Preußen – seit Langem wirksamen politischen Modernitätsvorsprünge gemäß der vielberufenen »süddeutschen Liberalität«[32] ausgebaut und intensiviert werden. Befördert durch den auf Ausgleich, Mäßigung und Zurückhaltung bedachten Politikstil der meisten dort regierenden Herrscherpersönlichkeiten, entsprach die Entwicklung insofern dem Geschehen auf Reichsebene, als die Verfassungszustände aller drei Bundesstaaten zwar formal weiterhin im Rahmen des konstitutionellen Systems verblieben, faktisch jedoch in die Richtung parlamentarischer Regierungsformen wiesen. In den beiden anderen landesstaatlichen Monarchien, die gemeinhin zum »Dritten Deutschland« gerechnet werden, vollzog sich dieser Schritt nur ansatzweise.

Von den einstmals fünf souveränen Territorien im hessischen Raum war das Großherzogtum Hessen-Darmstadt – neben dem winzigen Fürstentum Waldeck – das einzige Gebiet, das seine landesstaatliche Existenz nach den Annexionen Kurhessens, Nassaus und Frankfurts am Main durch Preußen 1866 zu bewahren vermochte hatte. Das politische Leben wurde dort seit der Reichsgründung weitgehend von den Nationalliberalen dominiert.[33] Zeitweise gab es allerdings starke antisemitische Strömungen, die sich in der bereits erwähnten »Deutschen Reformpartei« und im »Hessischen Bauernbund« eine organisatorische Plattform zu schaffen gewusst hatten.[34] 1911 verabschiedete das Darmstädter Abgeordnetenhaus ein neues Landtagswahlrecht. Dieses brachte zwar, wie in den drei anderen süddeutschen Staaten, die Direktwahl der Landtagsabgeordneten, die nun von allen steuerzahlenden Einwohnern des Großherzogtums gleichfalls unmittelbar, ohne die auch dort bisher übliche Zwischenschaltung von Wahlmännern, bestimmt werden sollten. Doch gewährte man den über 50-jährigen Bürgern jeweils eine »Zusatzstimme«, um so der Lebenserfahrung älterer Wähler verstärktes politisches Gewicht zu verleihen.[35]

Bereits zwei Jahre zuvor war dieses im Großherzogtum Hessen-Darmstadt eingeführte Pluralwahlrecht in einem allerdings weitaus umfassenderen Ausmaß im Königreich Sachsen erprobt worden. Das Land der Wettiner, in seiner territorialen Ausdehnung noch geringer bemessen als das Großherzogtum Baden, hatte mit Blick auf die Industrialisierung und Urbanisierung im Reich seit Jahrzehnten die Führung übernommen. Die Bevölkerungsballung war dort, nach Belgien, die höchste in ganz Europa. Sachsen besaß das dichteste Eisenbahn- und Straßennetz in

Deutschland. Florierende Textil-, Metall- und Montanindustrien, Handelszentren, Kulturmetropolen und Bildungseinrichtungen von internationalem Rang vermittelten das dynamische Bild eines aufstrebenden, in voller Entwicklung von einer Agrar- zu einer Industriegesellschaft begriffenen Staatswesens. Dessen wirtschaftliche Prosperität geriet nun allerdings in ein zunehmendes Missverhältnis zum politischen System, denn Sachsen war der einzige deutsche Flächenstaat, in dem es zwischen 1871 und 1918 nicht zu einer fortschreitenden Liberalisierung, sondern zu einer reaktionären Rückbildung des Wahlrechts kam. Vergleichbares erfolgte nur noch in den beiden republikanisch verfassten Stadtstaaten Lübeck (1905) und Hamburg (1906).[36]

1896 hatte ein vom Dresdner Landtag verabschiedetes Wahlgesetz den Übergang vom bisher geltenden Zensuswahlrecht zum Dreiklassenwahlrecht verfügt.[37] Die liberal-konservative Kammermehrheit wollte auf diese Weise das kontinuierliche Wachstum der sozialdemokratischen Abgeordnetenmandate unterbinden. Dieses erklärte Ziel konnte in den folgenden Jahren erreicht werden. Zwar wurden die Modalitäten der Zuordnung zu den einzelnen Steuerklassen weniger strikt gehandhabt als beim preußischen Vorbild. Es gab in Sachsen keine wahlkreisbezogene, sondern eine für das Land insgesamt geltende Klasseneinteilung; zudem waren für jede Steuerklasse bindende Maximalbeträge festgeschrieben, womit eine unverhältnismäßige Privilegierung einiger weniger Superreicher verhindert wurde. Dennoch schieden die Sozialdemokraten bei den Wahlen von 1901 vollständig aus dem Sächsischen Landtag aus. Hingegen gewannen sie zwei Jahre später, bei den nach allgemeinem und gleichem Wahlrecht durchgeführten Reichstagswahlen von 1903 22 der 23 sächsischen Wahlkreise.[38] Sachsen war damit, neben Preußen, der einzige größere deutsche Staat, der die zahlenmäßig gerade hier so überaus stark vertretene Industriearbeiterschaft ihrer politischen Repräsentation im Landtag beraubte, und der sich damit von den Mustermonarchien des deutschen Südens und Südwestens mit ihrer zum parlamentarisch-repräsentativen System hin offenen Entwicklungsrichtung denkbar weit entfernte.

Eine 1909 vom Dresdner Landesparlament beschlossene neuerliche Wahlrechtsänderung[39] ersetzte das Dreiklassenwahlrecht von 1895 durch ein Pluralwahlrecht, wie es im gleichen Jahr (1909) auch im Großherzogtum Oldenburg eingeführt wurde,[40] von 1911 an im Großherzogtum Hessen-Darmstadt galt – und im Übrigen in einem liberalen europäischen Musterstaat wie dem Königreich Belgien schon seit 1893 (und dort bis 1919) praktiziert wurde.[41] Allerdings brachte das sächsische Modell von 1909 den Grundsatz einer qualitativ gewichtenden Abstufung anstelle einer quantitativen Errechnung der Wählerstimmen – bezogen auf alle zeitgenössischen Vergleichsfälle inner- und außerhalb Deutschlands – am nachdrücklichsten zur Geltung. Jedem sächsischen Wähler wurde eine Grundstimme gewährt. Hinzu kamen jedoch noch bis zu drei Zusatzstimmen für Absolventen einer fortgeschritteneren Schulausbildung (»Mittlere Reife«), für Zahlungspflichtige höherer Steuern sowie für die über 50-jährigen Bürger. Bildung, Besitz und Lebenserfahrung galten mithin als Qualifikationsmerkmale für den durch Vergabe mehrerer Stimmen unterstellten Grad politischer Reife und gesellschaftlichen Verantwortungsbewusstseins. Die ersten und zugleich letzten Wahlen, die 1909 in Sachsen unter den Bedingungen des neuen Pluralwahlrechts stattfanden, brachten, wie allseits erwartet, einen deutlichen Zuwachs der Sozialdemokratie, deren Mandatszahl in gleichem Maß in die Höhe schnellte (1907: ein Mandat; 1909: 25 Mandate), wie diejenige der Konservativen sank (1907: 47 Mandate; 1909: 29 Mandate). Die in Sachsen traditionell starken Nationalliberalen konnten ihre Position nahezu unverändert behaupten (1907: 31 Mandate; 1909: 29 Mandate).

Regionale Eigenheiten und Sonderentwicklungen gab es in den Jahren um und nach 1900 in fast jedem der 25 Bundesstaaten des kaiserlichen Deutschlands. Das galt auch für die kleineren und kleinsten, deren aus heutiger Sicht oftmals kurios anmutende Spezialprobleme damals nicht selten weite Kreise der gesamtdeutschen Öffentlichkeit beschäftigten. Im Herzogtum Braunschweig etwa (1910: 3.672 Quadratkilometer und 494.339 Einwohner; Haupt- und Residenzstadt: Braunschweig) erregte die seit 1885 offene Thronfolgefrage jahrzehntelang die Gemüter. Die nach dynastischem Recht dort erbberechtigten Nachfahren des letzten Königs von Hannover gaben erst kurz vor Kriegsausbruch ihren hartnäckigen Widerstand gegen die 1866 vollzogene Annexion der welfischen Stammlande durch Preußen stillschweigend auf. Der damit möglich gewordene Regierungsantritt des herzoglichen Prätendenten Ernst August (1887–1953) in Braunschweig 1913[42] und seine zugleich erfolgende Hochzeit mit Prinzessin Victoria Luise von Preußen (1892–1980), der einzigen Tochter Kaiser Wilhelms II., besiegelten die offizielle Aussöhnung zwischen dem welfischen und dem hohenzollernschen Fürstenhaus. Zugleich boten die damit verbundenen Feierlichkeiten die letzte große Selbstdarstellung des monarchischen Deutschlands, bevor dessen auch in den Regionen des Reiches sorgfältig gepflegte und zumeist geschätzte Repräsentationskultur mit der Katastrophe des Ersten Weltkriegs versank.

Dynastisch dominiert zeigte sich auch die Lebenswirklichkeit eines scheinbar gänzlich marginalen Miniaturländchens wie des Fürstentums Lippe-Detmold (1910: 1.215 Quadratkilometer und 150.937 Einwohner; Haupt- und Residenzstadt: Detmold), dessen staatsrechtlich ungeklärter Status nicht nur den Bundesrat und die Regierungen der einzelnen Bundesstaaten, sondern auch zahlreiche Gerichte und prominente Verfassungsjuristen des Reiches jahrelang in Atem hielt, seitdem dort 1895 ein Thronfolgestreit zwischen der Biesterfelder und der Schaumburger Linie des fürstlichen Hauses Lippe tobte. Es war nicht zuletzt die mehrfach erfolgte öffentliche Parteinahme Kaiser Wilhelms II. zugunsten des Schaumburger Kandidaten, eines kaiserlichen Schwagers, welche der eigentlich randständigen Auseinandersetzung den Charakter eines Grundsatzkonfliktes über Möglichkeiten und Grenzen bundesstaatlicher Souveränitätsansprüche gegenüber Einwirkungsversuchen der Reichsgewalt in Länderangelegenheiten verlieh.[43] Der Streit wurde schließlich 1905 durch einen Schiedsspruch des Leipziger Reichsgerichts zugunsten des Biesterfelder Anwärters entschieden.

Einem flüchtigen Blick mag diese ganze klein- und mittelstaatliche Welt mit ihrem teils anachronistisch anmutenden, teils durchaus zukunftsoffenen landespolitischen Eigenleben wie ein Kontrastbild zur preußisch dominierten politischen Kultur des Reiches erscheinen. Und so wurden denn der offensichtlich liberalere Süden[44] und der vermeintlich dynamischere Westen Deutschlands an Rhein und Ruhr[45] immer wieder einem in Stillstand verharrenden und zum Rückschritt neigenden Osten kontrastiert,[46] der im Hohenzollernstaat seinen gleichsam axiomatisch vorgegebenen Fluchtpunkt besitzen sollte. Derart eindimensionalen Zuordnungen entsprach die komplexe Realität politischer Regionalmilieus im späten Kaiserreich jedoch nur zum Teil. Die Lebenswelt eines schwäbischen Kleinbauern unterschied sich in der Regel kaum von der eines pommerschen Tagelöhners[47] – ebensowenig, wie etwa der partikularistische Horizont mancher bayerischen Zentrumsparlamentarier jenem ihrer deutschkonservativen Kollegen im Preußischen Abgeordnetenhaus nachstehen mochte. Im hochindustrialisierten Sachsen wiederum, das zu den strukturell fortgeschrittensten Regionen des Reiches zählte, waren die politischen Problemlösungsversuche auf Landesebene nicht unbedingt vorwärtsgewandter als im Hohenzollernstaat. In Westfalen und der stark urbanisierten Rheinprovinz hingegen, die seit 1815 ebenfalls als Bestandteile des preußischen Staates firmierten, artikulierten sich gesellschaftliche Partizipationsforderungen mit großer Offenheit. Von vielen Gemeindevertretungen an Rhein und Ruhr wurden solche Forderungen in die kleine Münze kommunaler Modernisierungsarbeit umgeprägt.[48] Die damals, im späten Kaiserreich, entstehende städtische Leistungsverwaltung setzte mit ihren weitgefächerten Maßnahmen zur Versorgung der Bürger – vom Wohnungsbau und der Stadthygiene über die Einrichtung öffentlicher Gas-, Wasser- und Elektrizitätswerke bis hin zum Unterhalt lokaler Straßen und Straßenbahnen[49] – jene Standards, an deren Niveau sich nach dem Ende des Kaiserreichs jede deutsche Kommunalverwaltung hinfort messen lassen musste. So verliefen die Bruchlinien der Modernität in den regionalen politischen Kulturen Deutschlands vor 1914 nicht einfach zwischen Preußen auf der einen Seite und den Ländern des deutschen Südens und Südwestens auf der anderen, sondern waren vielfältig durchbrochen, abgestuft und verteilt.

Fürsten, Höfe, Residenzen

Zu den maßgeblichen Kristallisationspunkten regionaler Identitäten gehörten in den späten Jahren des Kaiserreichs die dynastischen Lebenswelten der 22 bis 1918 noch existierenden deutschen Fürstenstaaten. Ihr differenziertes Erscheinungsbild drohte vor dem Hintergrund des durch Wilhelm II. äußerlich glanzvoll und stilbildend repräsentierten Kaisertums weitgehend zurückzutreten. Doch gerade weil das Kaiseramt mehr und mehr die Funktion eines Reichssymbols gewann und so den Nationalstaat in seinen unifizierenden Ansprüchen und Anforderungen verkörperte, musste einer Gesinnung, die um den Erhalt föderaler Vielfalt und um die Pflege landschaftlichen Eigenbewusstseins bemüht war, die Existenz der deutschen Bundesfürsten als ein Aktivposten von erheblichem Gewicht erscheinen. Dies war einer der Gründe für die erstaunliche Spätblüte der landesstaatlichen Monarchien in Deutschland, wie sie ein halbes Jahrhundert zuvor, im revolutionären Krisenjahr 1848/49, noch außerhalb jeder Vorstellungskraft gelegen hatte.

Es waren mehrere ineinandergreifende Funktionsbestimmungen, in deren Einzugsbereichen die deutschen Bundesfürsten eine nicht unwesentliche Rolle zu spielen vermochten. Grundlage und Voraussetzung ihres aktiven Wirkens als Häupter einer jeweils voll ausgebildeten Staatlichkeit war überall – bis auf den mecklenburgischen Sonderfall – die Eingebundenheit in ein konstitutionelles Regierungssystem. Die Verfassungen, nach denen in den einzelnen Ländern regiert wurde, waren zumeist in den Jahren des Vormärz entstanden – in Bayern und Baden 1818, in Württemberg 1819, in Hessen-Darmstadt 1820, in Sachsen 1831. Das galt auch für die kleineren und kleinsten Territorien – angefangen von den Fürstentümern Waldeck und Schaumburg-Lippe (jeweils 1816) bis hin zum Großherzogtum Oldenburg (1852) und zum Fürstentum Reuß ältere Linie (1867). Diese Verfassungen bestimmten den Landesherrn zum Träger der Exekutive, der in der Landesgesetzgebung allerdings auf die Mitwirkung der landesstaatlichen Volksvertretungen angewiesen war. Besonders in den Miniaturländchen erfolgte die personelle Besetzung der leitenden Regierungsorgane – in der Regel eines »Staatsministers« mit entsprechendem Beamten- und Behördenapparat – nach freiem Ermessen des Herrschers. Insofern blieben hier – anders als in den sich immer stärker parlamentarisierenden mittelgroßen Fürstenstaaten des deutschen Südens und Südwestens – das monarchische Prinzip und ein starkes Übergewicht der Exekutive bis zum Zusammenbruch von 1918 relativ ungeschmälert erhalten.[50]

Im Ergebnis wuchsen die fürstlichen Regenten hier wie dort in die Rolle weitgehend überparteilich agierender »Landesväter« hinein und wurden als solche von der Mehrheit ihrer »Untertanen« respektiert. Nicht alle von ihnen gingen dabei so weit wie die Großherzöge Friedrich I. von Baden und Ernst Ludwig von Hessen-Darmstadt, die zu ihren Audienzen, Empfängen und Gesprächszirkeln bewusst immer wieder sozialdemokratische Politiker, Parteiführer und Parlamentarier luden, was ihnen manche Rüge und Kritik von konservativer Seite eintrug. Doch in fast allen Fürstenstaaten des Reiches wurden die gekrönten Häupter in der Endphase monarchischer Herrschaft nicht mehr als Exponenten einer sozialen Gruppierung oder als Repräsentanten einer politischen Gesinnung wahrgenommen, sondern als unabhängige Instanzen geschätzt, die sämtliche Gesellschaftsklassen zu umgreifen und im Sinn einer vermittelnden Größe nach Art der frühliberalen *pouvoir neutre* zu wirken vermochten – fern

Deutschlands Bundesfürsten
im Kriegsjahr 1914/15
1. König v. Sachsen. 2. Großh. v. Hessen. 3. Großh. v. Oldenburg. 4. König v. Bayern. 5. Herzog v. S.-Meiningen. 6 Großh. v. S.-Weimar. 7. Herzog v. Anhalt. 8. Fürst v. Lippe-Detmold 9. Fürst v. Schaumb.-Lippe. 10. Herzog v. S.-Altenburg. 11. Fürst v. Schwarzb.-Rudolstadt u. Schwarzb.-Sondersh. 12. Fürst v. Reuß j. L. u. Reuß ä. L. 13. Fürst v. Waldeck. 14. Bürgerm. Predöhl v. Hamburg. 15. Wilh. II., Deutscher Kaiser, König v. Pr. 16. Bürgerm. Eschenburg v. Lübeck. 17. Großh. v. Meckl.-Strelitz. 18. Großh. v. Meckl.-Schwerin. 19. Bürgerm. Stadtlaender v. Bremen 20. König v. Württ. 21 Herzog v. Braunschweig. 22. Herzog v. S.-Koburg-Gotha. 23. Großh. v. Baden.

aller tagesgebundenen Sonderinteressen, um Integration und Ausgleich bemüht.

In den Jahren um und nach 1900 wirkte dieser landesväterliche Monarchentyp stilbildend und brachte eine nicht geringe Zahl leistungsstarker Herrscherpersönlichkeiten hervor, die, bei allen individuellen Charakterunterschieden, in Haltung und Auftreten ähnliche, ja fast übereinstimmende Züge aufwiesen. Der bereits erwähnte württembergische König Wilhelm II. und sein sächsischer Amtskollege Friedrich August III. (reg. 1904–1918)[51] gehörten ebenso zu dieser Monarchenriege wie der seit 1886 (und bis 1912) amtierende Prinzregent Luitpold von Bayern, die badischen Großherzöge Friedrich I. (reg. 1852/58–1907) und Friedrich II. (reg. 1907–1918), oder auch Regenten kleiner, wenig exponierter Länder, wie etwa Großherzog Adolf Friedrich V. von Mecklenburg-Strelitz (reg. 1904–1914) oder Herzog Ernst II. von Sachsen-Altenburg (reg. 1908–1918). Ihrer aller Stil war geprägt durch völlige Schlichtheit und Anspruchslosigkeit im Auftreten, sie bestachen durch unprätentiöse Umgangsformen, durch Pflichtbewusstsein, Arbeitseifer und ein allseits sichtbares Bemühen, die Entwicklung ihrer Länder voranzutreiben. Das machte die meisten von ihnen populär, volkstümlich, ja beliebt. Unangenehme Figuren – wie etwa der zu Jähzorn neigende letzte Großherzog von Sachsen-Weimar-Eisenach Wilhelm Ernst (reg. 1901–1918)[52] oder der als arrogant und unnahbar geltende letzte Herzog von Sachsen-Coburg und Gotha, Carl Eduard (reg. 1900/05–1918)[53] – waren Ausnahmefälle.

Zu diesem Erscheinungsbild volksnaher und heimatverbundener Landesväter gehörte ein in den meisten Klein- und Mittelstaaten intensiv gepflegtes Kommunikationsnetz, das Herrscherhaus und Bevölkerung auf vielfältige Weise miteinander in Kontakt hielt. Man nahm teil an familiären Ereignissen und festlichen Gedenktagen der Dynastie, man feierte gemeinsame Spektakel wie die Enthüllung von Denkmälern oder die Einweihung von öffentlichen Gebäuden, man profitierte von der Möglichkeit fürstlicher Gunst- und Gnadenerweisungen im Rahmen von Nobilitierungen, Ordensverleihungen oder Titelvergaben, etwa des begehrten Prädikats eines »Hoflieferanten«. Auf diese Weise festigten sich die zumeist stark gefühlsbetonten Bindungen zum Landesherrn, der als wichtigste Bezugsfigur klein- und mittelstaatlichen Lebens empfunden wurde, und auf dessen Person sich die fast überall existierenden patriotisch-landesstaatlichen Empfindungen in der Regel projizierten. Nicht selten geschah dies unter Hervorkehrung eines deutlich gegen »Preußen« und »Berlin« gerichteten partikularistischen Affektes. Kam dann aufseiten einzelner Landesfürsten noch die ausgeprägte Bereitschaft zur Pflege einer heimatnahen und regionverbundenen Lebensart hinzu, so konnten sie als geradezu ideale Verkörperungen territorialstaatlichen Eigenbewusstseins ebenso empfunden werden, wie ihnen als Inkarnationen spezifisch regionaler Befindlichkeiten im ansonsten stark preußisch dominierten deutschen Nationalstaat eine eigene Qualität zuwuchs. Das galt beispielsweise mit Blick auf die modischen, an Trachtenkleidung festhaltenden Vorlieben des bayerischen Prinzregenten Luitpold und für dessen ausgedehnte Jagdaufenthalte in den Berghütten altbayerischer Einödbauern.[54] Und auch die Tatsache, dass der sächsische König Friedrich August III. die Sprache seines Landes mit ihrer charakteristischen dialektalen Einfärbung in einer für Außenstehende zuweilen kaum noch verständlichen Weise bevorzugte,[55] besaß in diesem Zusammenhang ein mehr als nur folkloristisches Gewicht.

Seine Verdichtung erfuhr das eng an die Existenz der Landesherren gebundene klein- und mittelstaatliche Leben in den Residenzen. Winzige und für sich gesehen vollkommen unscheinbare Örtchen wie Bückeburg oder Bad Arolsen, Detmold, Greiz oder Gera besaßen vor 1914 den Rang von Landeshauptstädten und genossen zahlreiche damit verbundene Vorrechte und Auszeichnungen: ein Residenzschloss von oftmals beachtlicher Größe, ein Hoftheater, ein Schauspielhaus – und nicht zuletzt eine gut ausgebaute Dienstleistungs- und Infrastruktur. Wie stark gerade die kleineren Residenzstädte von der herrscherlichen Präsenz profitierten, offenbarte sich 1905 im Herzogtum Sachsen-Coburg-Gotha, als die herzogliche Regierung aus fiskalischen Erwägungen zur Verlegung fast aller Hofbehörden von Coburg nach Gotha schritt, trotz heftiger Proteste der Coburger Bürgerschaft. Dort empfand man diese »Abwanderung« als Degradierung der Stadt zur herzoglichen Nebenresidenz und als reputationsmindernde Schwerpunktverlagerung der Landestätigkeit »ins Ausland«.[56]

In den Residenzstädten der größeren Bundesstaaten, München und Dresden zumal, spielten die Höfe auch im außerdeutschen Vergleichsmaßstab bis zum Kriegsausbruch 1914 eine nicht unwesentliche Rolle. Der Hof – als das personelle, soziale und architektonische Umfeld der regierenden Ersten Familie – war dort noch immer der wichtigste Bezugspunkt gesellschaftlichen Lebens. Er vermittelte Leitbilder des Benehmens, des Geschmacks und der Etikette, und er war in diesem Sinn eine stilbildende und mentalitätsprägende Kraft von erheblicher Bedeutung, nicht nur für das Bürgertum. Wer »bei Hofe« verkehrte, »hoffähig« war, sich zur Hofgesellschaft rechnen durfte, der gewann Ansehen und Prestige und konnte sich dem beruhigenden Gefühl hingeben, als Mitglied der landesstaatlichen Elite zu gelten. Am Münchner Hof der bis 1912 währenden »Prinzregentenzeit«[57] war das Zeremoniell steifer, der Zugang für Nichtadlige schwerer zu erlangen als etwa in Dresden,[58] wo sich der Hof im späten 19. Jahrhundert zur Gesellschaft hin geöffnet und ausgedehnte Kreise der hauptstädtischen Bevölkerung in sein Umfeld einbezogen hatte. In noch stärkerem Ausmaß galt dies für die Höfe des deutschen Südwestens in Stuttgart,[59] Karlsruhe[60] und Darmstadt,[61] deren Ausrichtung von den meisten Zeitgenossen als ausgesprochen bürgerlich empfunden wurde. Der badische großherzogliche Hof beschäftigte um 1900 ungefähr die gleiche Personenzahl wie die großbürgerlich geprägte Haushaltung des Ruhrindustriellen Alfred Krupp in dessen Essener Villa Hügel. Im Königreich Sachsen lagen die finanziellen Aufwendungen für die fürstliche Hofhaltung seit den 1890er Jahren stets unterhalb einer Größenordnung von zwei Prozent des gesamten Staatshaushalts.[62]

Höfe und Hofgesellschaften der deutschen Bundesstaaten banden jedoch nicht nur Kräfte und Persönlichkeiten des regionalen öffentlichen Lebens an sich, sondern entfalteten auch ihrerseits erhebliche Wirkungen im gesellschaftlichen Milieu des von ihnen jeweils repräsentierten Gemeinwesens. Hofbälle und Militärparaden, Theateraufführungen, Dorffeste oder kirchliche Feiertage boten den deutschen Dynasten willkommene Gelegenheiten zur Demonstration ihres landesstaatlichen Engagements. Vielerorts gipfelte dieses Engagement in einer künstlerischen Mäzenatentätigkeit von beachtenswerter Qualität. Man kann unter den nach 1900 amtierenden deutschen Landesfürsten geradezu den historischen Typus eines um Kultur, Geistigkeit und Gelehrsamkeit bemühten »Künstler-Monarchen« identifizieren, dessen Aktivitäten die Grenzen konventioneller Kunst- und Wissenschaftsförderung überschritten und durch produktive, eigenschöpferische Leistungen das geistig-künstlerische Leben der Zeit unmittelbar prägten.[63] Der bis 1901 (und seit 1853) amtierende, noch im Zeitalter Goethes sozialisierte Großherzog Carl Alexander von Sachsen-Weimar-Eisenach hatte hier gleichsam die Leitnorm vorgegeben, an der sich fürstliche Kulturpflege in den klein- und mittelstaatlichen Residenzorten messen konnte. Waren Carl Alexanders mäzenatische Unternehmungen zeitlebens am nachklassisch-neuidealistischen Kulturideal einer ästhetischen Erhöhung des Lebens durch Kunst und Schönheit orientiert und insofern avantgardistischen Bestrebungen gegenüber eher zurückhaltend gewesen,[64] so gefiel sich sein Enkel und Nachfolger Großherzog Wilhelm Ernst eine Zeit lang als ausgesprochener Freund und Förderer der künstlerischen Moderne, wofür die bereits genannte Berufung des Jugendstil-Künstlers Henry van de Velde zum Leiter der Weimarer Kunstgewerbeschule sowie die Anstellung des Kunstsammlers Harry Graf Kessler (1868–1937) als Direktor des Weimarer Museums für Kunst und Kunstgewerbe zeugen mochten.[65] 1903 übernahm Wilhelm Ernst dann sogar die Schirmherrschaft des »Deutschen Künstlerbundes«, der sich als überregionaler Zusammenschluss aller um Modernität und Unkonventionalität bemühten Kunstschaffenden verstand und in diesem Sinn von Weimar aus Profil zu gewinnen vermochte.[66]

Zahlreiche Landesherren folgten dem Weimarer Vorbild. Unter der persönlichen künstlerischen und dramaturgischen Leitung des bis 1914 (und seit 1866) regierenden »Theaterherzogs« Georg II. von Sachsen-Meiningen erlangte das Meininger Hoftheater, dessen Orchester zwischen 1911 und 1914 der Komponist Max Reger (1873–1916) als Hofkapellmeister leitete, mit seinen aufsehenerregenden Inszenierungen deutscher und englischer Klassiker eine durch Gastspielreisen und Tourneen auch im Ausland vielfach bestätigte »Weltgeltung«[67] – mit Ausnahme Frankreichs besuchte die Meininger Theatertruppe alle damaligen europäischen Länder und konnte zuletzt 2.591 Vorstellungen in 36 Städten aufweisen.[68] Der von 1904 bis 1918 in Dessau regierende Herzog Friedrich II. von Anhalt, ein begeisterter Anhänger und Förderer der Musik Richard Wagners, tat es seinem thüringischen Amtskollegen gleich und leitete als professioneller Regisseur und Bühnenbildner das Hoftheater seiner kleinen Residenz.[69] Vielfältig war auch die Mäzenatentätigkeit des bayerischen Prinzregenten Luitpold. Seinem beharrlichen Einsatz verdankte nicht nur die Münchner Malerschule um Franz von Lenbach (1836–1904), Friedrich Kaulbach (1822–1903) und Franz von Stuck (1863–1928) maßgebliche Förderung; auch das architektonische und städtebauliche Profil der wittelsbachischen Landeshauptstadt erhielt durch die von Luitpold in Auftrag gegebenen Repräsentationsbauten – das Prinzregententheater, das Bayerische Nationalmuseum und die Prinzregentenstraße – seine bis heute prägende Gestalt.[70]

Übertroffen wurden alle diese Aktivitäten durch das Wirken des letzten hessen-darmstädtischen Großherzogs Ernst Ludwig (reg. 1892–1918), der – selbst als Schriftsteller, Maler und Komponist, Bühnenbildner, Regisseur und Schauspieler tätig – zum zeitweise wichtigsten Förderer der damals modernsten Kunst-

Modernes Mäzenatentum: Portal des Ernst-Ludwig-Hauses in der Darmstädter Künstlerkolonie, errichtet von Joseph Maria Olbrich, 1901.

richtung in Deutschland, des Jugendstils, avancierte.[71] Durch die von ihm persönlich vorbereitete und mit beträchtlichen Summen aus eigenem Vermögen finanziell gestützte Gründung der Künstlerkolonie auf der Darmstädter Mathildenhöhe 1900 schuf das großherzoglich-hessische Haus der neuen Kunstauffassung Raum und Entfaltungsmöglichkeiten.[72] Damit verband sich ein sehr zielstrebig betriebener Aufbau zahlreicher Manufakturen für Gegenstände der Angewandten Kunst, welche der von den Jugendstil-Künstlern programmatisch geforderten Verbindung von Kunst, Handwerk und Alltagsleben Rechnung trugen und zugleich das mittelständische Gewerbe in der Region merklich belebten. Der Residenzort Darmstadt, an dem sich namhafte Vertreter des Jugendstils wie Peter Behrens (1868–1940) oder Joseph Maria Olbrich (1867–1908) niederließen, blieb dadurch bis zum Kriegsausbruch einer der wichtigsten Vorposten der architektonischen und kunstgewerblichen Avantgarde in Deutschland.

Aufs Ganze gesehen vermochte die Kulturpflege an den klein- und mittelstaatlichen Höfen mit ihren weit ins Bürgertum hineinreichenden kommunikativen Netzwerken nicht nur ein beachtliches Potenzial regionalen Kunstschaffens zu bündeln. Landesfürstliche Kunstförderung bot darüber hinaus ein Korrektiv gegenüber den vermehrten ökonomischen Sachzwängen bürgerlichen Kunstbetriebs und Kulturkonsums. Finanzielle Aufwendungen aus fürstlichen Privatschatullen ermöglichten es unzähligen Bildenden Künstlern, Schriftstellern und Musikern, ihre schöpferische Individualität, unabhängig von öffentlichen Steuergeldern oder aktuellen Modetrends, in einer mehr und mehr von Marktinteressen diktierten Gesellschaft zu entfalten. Zudem eröffnete die regionale Vielfalt kultureller Förderzentren im Vorkriegsdeutschland ganz bewusst genutzte Möglichkeiten einer Etablierung von »Gegenkulturen« zur offiziell dominierenden »Reichskunst« mit ihrer – maßgeblich von Kaiser Wilhelm II. durchgesetzten – Orientierung an monumental-klassizistischen, stark gegenstandsgebundenen Formidealen und mit ihrer strikten Frontstellung gegenüber allen Manifestationen der künstlerischen Moderne, worauf noch zurückzukommen sein wird. In Weimar, Darmstadt oder auch in München verhalf nicht zuletzt der Einfluss des Hofes der Avantgarde-Kunst zu gesellschaftlicher Akzeptanz. Solche Hilfestellung wurde flankiert durch zahlreiche bürgerliche Presseorgane, etwa die 1904 gegründeten *Süddeutschen Monatshefte*, die ausdrücklich das Eigengewicht des deutschen Südens, insbesondere Münchens, in Frontstellung zu einer tatsächlichen oder vermeintlichen Kulturhegemonie Berlins betonten.[73] Mit dem Sturz aller deutschen Dynastien im November 1918 fand diese spezifische Tradition landesstaatlichen Mäzenatentums ihr abruptes Ende. Für die Farbigkeit des kulturellen Lebens in den Regionen war dies mit Profilverlust, Leistungsminderung und einer erheblichen finanziellen Ressourceneinbuße verbunden,[74] wenngleich sich die von der politischen Bühne abgetretenen Fürstenhäuser nicht überall von ihren kulturfördernden Aktivitäten zurückzogen, wie etwa die Wittelsbacher in Bayern.[75] Manches von der damals entstandenen Vielfalt kultureller Institutionen wirkt bis in die Gegenwart fort.

6 Kultur, Bildung, Wissenschaften

Der Kaiser und die Kunst: Wilhelm II. (l.) mit Adolph von Menzel (r.) vor Adalbert von Kossaks Gemälde »Attacke der Garde du Corps bei Zorndorf«, um 1900.

Zeitenwende in den Künsten

Nirgendwo gelangten die in Deutschland vorhandenen Innovationspotenziale nach 1900 sichtbarer zum Durchbruch als auf dem Gebiet der Kultur. Hier brachte das Wilhelminische Zeitalter, gerade in seiner Spätphase, einen Qualitätssprung, dessen Dimensionen eindeutig revolutionären Charakter trugen und von hellsichtigen Zeitgenossen auch so empfunden wurden. Die Freude an der Erprobung neuer Formen und ungewohnter Inhalte erstreckte sich auf sämtliche Felder künstlerischen Schaffens – von der Bildenden und Darstellenden Kunst über die Literatur bis hin zur Musik- und Opernproduktion. Damit boten die beiden letzten Jahrzehnte des Kaiserreichs ein gleichsam spiegelverkehrtes Bild zu den beiden ersten Jahrzehnten seiner Existenz. Damals, nach 1871, waren durch die Reichsgründung hohe Erwartungen dahingehend geweckt worden, dass nun, nach der militärisch-politischen Einigung der deutschen Nation, auch deren Aufstieg zu künstlerischen Höchstleistungen erfolgen werde. Doch solche Hoffnungen, wie sie etwa Heinrich von Treitschke vernehmlich artikuliert hatte,[1] erfüllten sich seinerzeit nicht. Recht schienen vielmehr jene zu behalten – etwa Jacob Burckhardt oder Friedrich Nietzsche –, die der Symbiose von Macht und Kultur von Anfang an misstrauten und dem neu geschaffenen deutschen Nationalstaat eine eher kulturferne, bürgerlich-saturierte Entwicklungsrichtung prognostizierten.[2]

Derart pessimistische Vorhersagen waren zunächst insofern in Erfüllung gegangen, als sich die neue Nationalkultur des vereinigten Deutschlands tatsächlich in der Pflege einer weitgehend ephemeren Formensprache erschöpft hatte, die an tradierten Mustern realistisch-neoklassizistischer Provenienz festhielt und in einen vielfach als epigonal empfundenen Historismus einmündete.[3] Erst etwa seit Beginn der 1890er Jahre war dieses künstlerische Klima der »Gründerzeit« durch neue, progressive Strömungen angereichert worden. Auf dem Feld der Literatur eröffnete der durch Gerhart Hauptmanns (1862–1946) Dramenwerke publikumswirksam repräsentierte Naturalismus literarisch gespiegelte Einblicke in die soziale Alltagswirklichkeit der unterbürgerlichen Schichten und empfahl sich durch eine so bisher nicht gekannte sozialkritische Tendenz. Zeitgleich mit dem Durchbruch des Naturalismus auf der Bühne – doch dessen realitätszugewandter Schaffenstendenz deutlich entgegengesetzt – verfochten die Autoren des Symbolismus und des *L'art pour L'art*, vertreten vor allem durch den hier rasch zur Leitfigur avancierenden Stefan George (1868–1933), das Ideal einer Rückbesinnung auf die individuelle Künstlerexistenz, die ihren eigenen ästhetischen Wertekosmos aus sich heraus formen und sich von allen Zwängen der sie umgebenden realen Lebenswelt ablösen sollte. Und auch im Bereich der Bildenden Kunst, namentlich in der Malerei, hatte ab 1890 insofern eine Erneuerung stattgefunden, als sich in künstlerisch ambitionierten Kreisen führender deutscher Kulturmetropolen – Düsseldorf, München, Berlin – Widerstand gegen eine allzu traditionalistische und als akademisch erstarrt geltende Ateliermalerei geregt hatte. Mit Begründung der Berliner »Secession« um Max Liebermann (1847–1935), Lovis Corinth (1858–1925) und Max Slevogt (1868–1932) war dieser Widerstand 1898 in offenen Protest umgeschlagen. Die rasch an Einfluss gewinnende Künstlervereinigung hatte einer am französischen Impressionismus orientierten Malweise auch in Deutschland bald wachsende Anerkennung eingetragen. Man war um »Unmittelbarkeit« des Sehens und Gestaltens bemüht, suchte Licht- und Farbeindrücke in oftmals nur andeutender Weise zu erfassen und wollte damit einer neuartigen, die »Zufälligkeiten« des Daseins spiegelnden Wirklichkeitswiedergabe den Weg bereiten.[4]

Diese nach 1890 innovativen Strömungen in Literatur und Bildender Kunst – Naturalismus und Symbolismus, *L'art pour L'art* und Impressionismus – waren zu Beginn des neuen Jahrhunderts im deutschen Kulturleben weiterhin präsent, ja dominierend. Das Säkularjahr 1900 markierte für den künstlerischen Bereich keinen entscheidenden Einschnitt. Hier erfolgte die stilverändernde Epochenzäsur erst ab etwa 1910, doch nun mit größter Wucht und auf sämtlichen kulturellen Tätigkeitsfeldern.[5] Es war die Bewegung des Expressionismus,[6] die das zeitgenössische deutsche Kulturgefüge in den Jahren unmittelbar vor Ausbruch des Ersten Weltkriegs nachhaltig erschütterte und nicht nur eine Fundamentalwende der künstlerischen Ausdrucksgestaltung einleitete, sondern auch eine grundlegende Transformation tradierter Sehgewohnheiten nach sich ziehen sollte. Ziele und Aufgaben der Kunst wurden jetzt endgültig nicht länger in der abbildhaften Reproduktion vorgegebener Wirklichkeiten erblickt, wie man dies aufseiten der »Neuerer« allen vorangegangenen Kunstströmungen zu unterstellen geneigt war, sondern in der Entdeckung und Darstellung individueller Erlebniswelten gesucht, deren Horizonte allein durch die Persönlichkeit des Künstlers auszumessen und ästhetisch zu realisieren seien.

In der Bildenden Kunst gelangten solche Tendenzen der expressionistischen Avantgarde am frühesten zum Durchbruch. Vorbereitet durch die seit etwa 1895 aktiven Repräsentanten des Jugendstils, entstanden kurz nach der Jahrhundertwende in mehreren deutschen Großstädten Künstlervereinigungen, deren Mitglieder allesamt auf die neuen ästhetischen Formprinzipien eingeschworen waren – und das hieß konkret: auf eine subjektiv-emotionale, rückhaltlos individualistische Ausdrucksgestaltung, deren Formenkanon bewusst übersteigernde Entstellungen und unrealistische Figurationen ebenso einschloss wie ungebrochene, großflächige Farbgebungen und den Hang zum Primitivismus und zur Abstraktion.[7] Am frühesten regten sich solche Bestrebungen in der sächsischen Haupt- und Residenzstadt Dresden. Dort gründeten Erich Heckel (1883–1970), Ernst Ludwig Kirchner (1880–1938) und Karl Schmidt-Rottluff (1884–1976) 1905 die Künstlervereinigung »Die Brücke«, die diesen Grundsätzen ausdrücklich verpflichtet war. Ihr folgten 1910 die »Neue Secession« um Max Beckmann (1884–1950) und Emil Nolde (1867–1956) in Berlin und 1911 »Der Blaue Reiter« um Wassily Kandinsky (1866–1944) und Franz Marc (1880–1916) in München. Als weithin sichtbare Manifestation solchen Kunstverständnisses entstand 1911 Kandinskys erste rein abstrakte Bildkomposition »Das Jüngste Gericht«.[8]

Auch dem literarischen Expressionismus ging es in seinen Formschöpfungen nicht um Beschreibung oder Aneignung von Wirklichkeit, sondern um deren fundamentale Infragestellung auf der Suche nach dem »Neuen Menschen« in einer »Neuen Kunst«. Der Intensität dieses Erneuerungsstrebens entsprach die Radikalität des Stils. Sprengung der Form, Zertrümmerung des Satzes, Lösung der Wortfolge aus syntaktischen Bindungen und sprachlogischen Zusammenhängen – all das wurde zum Markenzeichen einer programmatisch verkündeten »Ausdruckskunst«, die sich am konsequentesten im expressionistischen Drama, etwa bei Walter Hasenclever (1890–1940; »Der Sohn«, 1914) und Reinhard Johannes Sorge (1892–1916; »Der Bettler«, 1912), sowie in der expressionistischen Lyrik verwirklichte. Hier entwickelten Autoren wie Georg Heym (1887–1912) und Jakob van Hoddis (1887–1942), Alfred Lichtenstein (1889–1914) und Ernst Stadler (1883–1914), August Stramm (1874–1915), Georg Trakl (1887–1914) und Franz Werfel (1890–1945) stilbildende Kräfte und vermochten mit ihren Werken den literarischen Markt hinfort für nahezu ein Jahrzehnt relativ unangefochten zu beherrschen.

Zu diesen bildkünstlerischen und literarischen Entwicklungstendenzen gesellten sich die zeitgleich erfolgenden Formwandlungen innerhalb der modernen Musik. Ab 1908 entwickelte Arnold Schönberg (1874–1951, »Drei Klavierstücke, op. 11«, 1909; »Harmonielehre«, 1911) ein Kompositionssystem, das sich, beruhend auf dem Prinzip freier Atonalität, von der Zentrierung auf die traditionelle Dur-Moll-Harmonik zu lösen begann und später, Anfang der 1920er Jahre, in die Methode des Musizierens mit zwölf nur aufeinander bezogenen Tönen, die »Zwölftontechnik«, einmünden sollte.[9] Zwar vermochten sich diese Neuerungen zunächst nur in einem relativ eng begrenzten Kreis eingeschworener Verfechter Gehör und Geltung zu verschaffen und blieben, von Wien ausgehend, auf einzelne Vertreter vor allem der Münchner, Leipziger und Frankfurter Musikszene beschränkt.[10] Dennoch kann mit Blick auf die grundsätzliche Verortung der deutschen künstlerischen Avantgarde vor 1914 in allen drei maßgeblichen Kunstgattungen – Literatur, Bildender Kunst und Musik gleichermaßen – ein kulturgeschichtlicher Epochensprung konstatiert werden, dessen Qualität, zumal in der Rückschau, eine *doppelte* Dimension besitzt.

Die Kunst der expressionistischen Avantgarde um 1910 spiegelte und besiegelte – *erstens* – das sich abzeichnende Ende der Vorherrschaft bürgerlicher Normen und Wertvorgaben. Solche Vorgaben hatten das deutsche Kulturleben des 19. Jahrhunderts lange Zeit nachhaltig bestimmt. Und auch in den späten Jahren des Kaiserreichs behielten bürgerliche Kulturideale weiterhin ihr Gewicht; ein bürgerlich geprägter Kulturbetrieb mit kommunalen Kultureinrichtungen wie Theatern, Kunstmuseen oder Konzerthallen als Ausdruck bürgerschaftlichen Engagements dominierte in Deutschland noch für geraume Zeit. Doch gerieten derart überlieferte Manifestationen bildungsbürgerlichen Kulturverständnisses und Kulturkonsums mit ihrem an realistischen Formen und idealistischen Inhalten orientierten Habitus in den Jahren nach 1910, seit dem Aufkommen der expressionistischen Avantgarde in Literatur, Bildender Kunst und Musik, mehr und mehr unter Rechtfertigungszwang und wurden auch in den eigenen Reihen mit zunehmender Skepsis bedacht.[11] Fast alle jugendlichen Repräsentanten der Avantgarde-Kunst von 1910 entstammten eben jenem bildungsbürgerlichen Milieu, dessen kulturelle Leitbildfunktion ihnen hinfällig erschien, und dessen Wertvorstellungen sie verwarfen. Die neuen Inhalte der künstlerischen Avantgarde boten geradezu ein Kontrastprogramm zum bisher vorherrschenden bildungsbürgerlichen Publikumsgeschmack. Mit ihrer Fortschrittsskepsis und Zivilisationskritik, ihren Endzeitphantasien und Untergangsvisionen[12] standen die meisten Avantgarde-Künstler bereits jenseits der noch von bürgerlichen Ordnungsbildern bestimmten Daseinswelt des Kaiserreichs und hielten den Zusammenbruch dieser Welt für unausweichlich. Thomas Mann (1875–1955), keineswegs ein Repräsentant der expressionistischen Moderne, sondern einer der maßgeblichen bürgerlichen Autoren der Vorkriegsjahre, hat in seinem damaligen Prosaschaffen das aus solchen Ambivalenzen erwachsene Spannungsverhältnis zwischen den Zwängen bürgerlicher Lebensführung und den Autonomieansprüchen der Künstlerexistenz wie kaum ein anderer zeitgenössischer Schriftsteller zum Ausdruck gebracht (»Tonio Kröger«, 1903). Eine nicht unerhebliche Anzahl führender Vertreter dieser von Thomas Mann beispielhaft dargestellten und verkörperten bildungsbürgerlichen Lebenswelt zählte vor 1914 zu den eifrigsten Befürwortern der durchaus antibürgerlich gesinnten Avantgarde-Kunst. Mäzene wie Harry Graf Kessler, aber auch Galeristen wie Herwarth Walden (1878–1941), Kunsthändler wie Bruno (1872–1941) und Paul Cassirer (1871–1926) oder Verleger wie Reinhard Piper (1879–1953) trugen durch ihr vielfältiges Engagement zur Etablierung der künstlerischen Moderne ebenso maßgeblich bei, wie sie damit die Diskreditierung und Demontage ihrer eigenen Existenzform beschleunigten. Widersprüchlichkeiten dieser Art waren typisch für den changierenden Charakter der spätwilhelminischen Übergangswelt[13] und für den Pluralismus der ihr innewohnenden Entwicklungsperspektiven.

Doch nicht nur in ihrer antibürgerlichen Stoßrichtung besaß die Kunst der expressionistischen Avantgarde in Deutschland um 1910 Epochenqualität. Viele ihrer Werke wiesen zudem – *zweitens* – über einen kulturgeschichtlichen Stilwechsel konventioneller Art insofern weit hinaus, als sie den Traditionsboden antik-abendländischen Kunstverständnisses generell hinter sich ließen. Das schied die avantgardistischen Werke des frühen 20. Jahrhunderts von den um nur wenige Jahrzehnte vorangegangenen Kunstschöpfungen des späteren 19. Jahrhunderts. Diese konnten, jenseits aller stil- und gattungsbedingten Differenzen, noch relativ mühelos in den auf jahrhundertelanger Kontinuität gründenden Überlieferungszusammenhang europäischer Dichtung, Malerei und Musik eingegliedert werden. Hingegen offenbarten die kurz darauf entstandenen avantgardistischen Werke der expressionistischen Literatur, der zur Abstraktion neigenden Malerei und der Zwölftonmusik mit ihren offensichtlichen Dissonanzen in Wort, Form und Ton ein Ausmaß an Neuheit und Andersartigkeit, das sie in einen fundamentalen Gegensatz zu allen geschichtlich vorangegangenen Stilformen und Darstellungsprinzipien brachte. Der Verzicht auf logische Sprachgestaltung in der Literatur, die Distanzierung von gegenständlicher Darstellung in der Malerei, die Abwendung von tonaler Melodiosität in der Musik: all das verwies darauf, dass damals in sämtlichen Künsten nahezu zeitgleich kein bloßer Stilwechsel, sondern ein fundamentaler Epochensprung stattfand, dessen Merkmale für einen Zeitgenossen wie Ernst Jünger (1895–1998) aus der Rückschau eines halben Jahrhunderts das

Ende des »geschichtlichen Zeitalters« und den Beginn einer neuen historischen »Großära« ankündigten.[14] Jedenfalls nahm die künstlerische Avantgarde um 1910 mit ihrem präzedenzlosen Wandlungspostulat manche Entwicklungen des 20. Jahrhunderts als eines Zeitalters größter Erschütterungen und Umbrüche vorweg.

Unumstritten oder gar allseits akzeptiert waren die künstlerischen Formschöpfungen der Moderne im kaiserlichen Deutschland, das ihnen Raum zur Entfaltung gewährte, nun allerdings nicht. Es gab starke traditionsgebundene Gegenkräfte, die sich einer nicht unerheblichen Förderung seitens offizieller kunstpolitischer Einrichtungen insbesondere des preußischen Staates erfreuten. Der staatliche Berliner Kunstbetrieb stand zu Beginn des neuen Jahrhunderts im Zeichen einer noch weitgehend ungebrochenen Bevorzugung konventioneller Ausdrucksformen, die in ihrem ästhetischen Repertoire den Idealen der »Gründerzeit« verpflichtet waren. In der Baukunst dominierte die Verwendung historischer Architekturstile klassizistischer oder renaissanceistischer Provenienz, in der Malerei zählten Historienbilder und Portraits, Landschaftsszenen und Motive aus antiker Mythologie oder mittelalterlicher Sagenwelt zu den bevorzugten Sujets. Zumeist folgten solche Werke einer akademisch-realistischen Malweise, die in möglichst abbildhafter Wiedergabe der dargestellten Gegenstände ihr Genügen fand und damit dem künstlerischen Wollen der Avantgarde diametral zuwiderlief.

Der bedeutendste Vertreter dieser realistischen Schule war Anton von Werner (1843–1915). Er gelangte nicht nur durch sein imponierendes, wenngleich thematisch begrenztes Werkschaffen zu Ruhm und Ansehen, sondern vermochte auch als Kunstpolitiker das preußisch-deutsche Kulturleben der Vorkriegsjahrzehnte von Berlin aus maßgeblich mitzubestimmen. In den beiden hier vor 1914 tonangebenden Institutionen – dem privaten (1841/59 gegründeten) »Verein Berliner Künstler« und der staatlichen (von 1694 bis 1955 existierenden) »Akademie der Künste« – besaß Werner infolge entsprechender Führungspositionen über Jahrzehnte hinweg »eine Schlüsselstellung«[15], die ihm mannigfache Einflussnahmen auf die Modalitäten preußisch-deutscher Kunstförderung erlaubte.[16] Der »Akademie der Künste« oblag die offizielle Ausbildung des malerischen und bildhauerischen Nachwuchses in Preußen, der »Verein Berliner Künstler« beriet die preußische Kultusbürokratie in geschmacks- und etatpolitischen Fragen. Beide Institutionen gemeinsam organisierten seit 1893 gleichberechtigt die jährlich stattfindende repräsentative »Große Berliner Kunstausstellung«. Maßgeblich für Werners Stellung war darüber hinaus die Tatsache, dass Kaiser Wilhelm II. ihm sein uneingeschränktes Vertrauen entgegenbrachte und ihn in kunstpolitischen Angelegenheiten regelmäßig um Rat zu bitten pflegte.

Der Kaiser selbst begegnete allen modernen Kunstströmungen, angefangen beim Naturalismus, mit unverhohlener Abneigung. Dies war insofern von Bedeutung, als sich ihm aufgrund seiner konstitutionellen Befugnisse gemäß der preußischen Verfassung von 1849 nicht unerhebliche Einflussmöglichkeiten in kunstpolitischer Hinsicht eröffneten. Als König von Preußen besaß er das Recht, den preußischen Kultusminister zu ernennen, zu dessen Aufgabenbereich unter anderem die Koordinierung der Tätigkeit der »Preußischen Landeskunstkommission« zählte. Dieses mit hochkarätigen Fachleuten bestückte Gremium hatte über zahlreiche zentrale Angelegenheiten öffentlicher Kunstförderung in Preußen zu entscheiden.[17] Darüber hinaus konnte der Kaiser Berufungen in die »Akademie der Künste« aussprechen und durch finanzielle Zuwendungen an Bildende Künstler und Architekten kunstpolitische Akzente setzen.[18] Vertrauend auf seine eigene, tatsächlich beachtenswerte Begabung fürs Zeichnen und Malen, war er fest davon überzeugt, als Staatsoberhaupt den Deutschen auch in Fragen des künstlerischen Geschmacks Weg und Richtung weisen zu müssen. Kunst – so lautete sein in zahlreichen Redeauftritten öffentlich bekundetes und im Übrigen durchaus zeitkonformes, keineswegs randständiges Credo – habe eine eminent gesellschaftspolitische Funktion zu erfüllen. Sie weise den jeweiligen Rezipienten durch Darstellung und Vermittlung eines allgemein verbindlichen Wertekanons nicht nur über die Alltagswirklichkeit hinaus, sondern »veredle« und »erziehe« ihn zudem im Geist patriotisch-nationaler und dynastisch-monarchischer Gesinnung. Solche Leistungen seien jedoch von einer Kunst, die »in den Rinnstein niedersteigt«[19] und, wie etwa im Naturalismus oder im Expressionismus, soziale Not ungeschönt schildere oder deformierte Lebensschicksale schonungslos nachzeichne, nicht zu erwarten. Die künstlerische Moderne mit ihren gesellschaftskritischen und radikal individualistischen Positionsbekundungen konnte in dieser Perspektive bestenfalls als ein korrekturbedürftiger Irrweg empfunden werden.

Tatsächlich wurden manche Bauvorhaben des preußisch-deutschen Staates von den kaiserlichen Auffassungen nachhaltig beeinflusst. Es gab Fälle, bei denen sich die Interventionen Wilhelms II. bis auf kleinste ornamentale, dekorative oder ikonografische Details erstreckten. Die Hauptbahnhöfe von Hamburg (1906) und Metz (1908) erfreuten sich ebenso seiner intensiven Zuwendung wie das in neoromanische Formen gekleidete Residenzschloss in Posen (1913), der an Vorbildern aus Renaissance und Barock orientierte Berliner Dom (1905) oder zahlreiche Kirchenneubauten, die Wilhelm II. in seiner Funktion als Oberhaupt der evangelischen Landeskirche Preußens in nahezu allen Provinzen und Regionen des Hohenzollernstaates errichten ließ.[20] Künstlerischer Eklektizismus verband sich in solchen Bauschöpfungen mit Formenvielfalt und Dekorationsreichtum und setzt ihre heute noch erhaltenen Restbestände in einen vielerorts nicht unwillkommenen städtebaulichen Kontrast zur Monotonie aktueller Glaskuben-Architektur. Jedenfalls unterschieden sich die Manifestationen der in der kaiserlich-deutschen Hauptstadt offiziell favorisierten Reichs- und Staatsästhetik[21] kaum vom Stil jener Monumente, wie sie damals in anderen europäischen Metropolen, etwa in London, Paris, Wien,

Sankt Petersburg, Brüssel oder Madrid, errichtet wurden. Das ist noch kein Ausweis ihrer Qualität, doch immerhin ein Indiz für ihren Epochenrang.

Der kaiserliche Einfluss auf die preußisch-deutsche Baupolitik darf ohnehin nicht verabsolutiert werden. Wilhelms II. Stimme artikulierte, aufs Ganze gesehen, nur *eine* Tonlage im polyphonen Chor all jener, die im Deutschland der Vorweltkriegszeit offizielle kunst- und kulturpolitische Richtungsentscheidungen trafen. Innerhalb des preußischen Kultusministeriums, das als eine der maßgeblichen Instanzen damaliger staatlicher Kulturpflege gelten kann, gab es gerade in den letzten Friedensjahren nicht wenige engagierte Führungskräfte, die den neu aufkommenden künstlerischen Strömungen mit Interesse und Sympathie begegneten.[22] Im Zusammenwirken mit Vertretern anderer staatlicher Kunsteinrichtungen, etwa dem bis 1909 als Leiter der Nationalgalerie in Berlin tätigen Museumsdirektor Hugo von Tschudi (1851–1911), boten sich einer aufgeschlossenen Kultusbürokratie manche Möglichkeiten für eine begrenzt progressive Kunstförderungspolitik,[23] die freilich nicht immer den ungeteilten Beifall des bildungsbürgerlichen Publikums finden sollte.[24] Das galt sowohl für das Ausstellungswesen als auch für den Ankauf zeitgenössischer Stücke durch öffentliche Sammlungen, doch auch mit Blick auf die Vergabe repräsentativer Bauprojekte – so die Auftragserteilung zur Gestaltung der Deutschen Botschaft in Sankt Petersburg an Peter Behrens (1911), den damals wohl maßgeblichsten Repräsentanten der architektonischen Moderne in Deutschland.

Andererseits wirkten bildungsbürgerliche Publikumsinteressen stark in das Berliner Kultusministerium hinein. Staatlich-administrative Aktivitäten und bürgerlich-zivilgesellschaftliches Engagement standen sich in den späten Jahren des Kaiserreiches keineswegs unversöhnlich gegenüber. Kulturförderung wurde vielmehr als ein gemeinsames, Staat und Gesellschaft gleichermaßen verpflichtendes Anliegen empfunden. Und so gab es auf diesem Sektor sowohl innerhalb des um Berlin und

Potsdam zentrierten Hauptstadtareals als auch in zahlreichen Regionen des Hohenzollernstaates ein reges Zusammenspiel zwischen privatem bürgerlichen Engagement einerseits und den preußischen Provinzialverwaltungen andererseits. Davon profitierten – neben kommunalen Bauvorhaben[25] – in erster Linie die Denkmalpflege und auch die Tätigkeit städtischer Geschichts- und Kunstvereine,[26] die sich vielfältiger staatlicher Unterstützungsmaßnahmen erfreuten, so etwa in Düsseldorf oder Hannover, in Königsberg, Stettin oder Posen.[27] Außerhalb Preußens waren die bürgerschaftlichen und die staatlichen Ansprüche auf Kulturpflege und Kulturverwaltung ohnehin vielfach miteinander verwoben und ermöglichten mancherorts, wie in den beschriebenen Fällen mittel- und süddeutscher Residenzen, eine erstaunlich weitgehende öffentliche Rezeption der künstlerischen Moderne.

Bildungswelten: Schulen und Universitäten

Verglichen mit dem fundamentalen Modernisierungsschub, der sich während des letzten Vorkriegsjahrzehnts in weiten Bereichen des deutschen Kunstschaffens vollzog, mochten die Wandlungen im Bildungs-, Schul- und Universitätswesen weitaus weniger spektakulär erscheinen. Ihre Auswirkungen waren jedoch genauso nachhaltig wie die Folgen des kulturellen Umbruchs um 1910. Denn auch auf pädagogischem Gebiet regten sich vor 1914 theoretisch wie praktisch gleichermaßen relevante Kräfte der Erneuerung, denen die spätere Deutungskultur der Weimarer Republik maßgebliche Impulse verdanken sollte. Intensive Reformdiskussionen und erste bildungspolitische Modernisierungsmaßnahmen verwiesen bereits auf die dann in den 1920er Jahren unter veränderten Rahmenbedingungen weiter vorangetriebenen Versuche zu einer umfassenden strukturellen Veränderung des deutschen Erziehungssystems.[28] Wie im kulturellen Bereich, so war auch im Bildungssektor der vielberufene »Stil von Weimar« keine mit dem politischen Umbruch von 1918 und der Etablierung der republikanischen Staatsordnung genuin verknüpfte Neuschöpfung, sondern das Resultat eines schon zu Zeiten der Monarchie erfolgenden epochalen Umbruchs.[29]

Grundsätzlich schied sich das Unterrichtswesen des wilhelminischen Deutschlands in die für »niedere« Bildung zuständigen Volksschulen und in die aller »höheren« Bildung vorbehaltene Dreiheit von Oberrealschulen, Realgymnasien und Gymnasien. Diese Einteilung entsprach den herrschenden sozialen Trennungslinien zwischen den »höheren« und den »niederen« Klassen. Schulische Bildung und gesellschaftlicher Rang waren eng miteinander verbunden und aufeinander bezogen. Den Unterschichten vermittelten die Volksschulen in Stadt und Land ein Mindestmaß elementarer Kenntnisse, für die Mittel- und Oberschichten bot das höhere Schulwesen die Voraussetzung für ein damit in der Regel verbundenes weiterführendes Hochschulstudium und eröffnete Perspektiven für sozialen Aufstieg und Reputationszuwachs. An diesen generellen Vorgaben änderte sich bis zum Kriegsausbruch nicht viel. Doch innerhalb der einzelnen Schultypen war die vor 1914 herrschende Wandlungsdynamik unverkennbar.

Das Volksschulwesen erlebte in der Spätphase des Kaiserreichs den wohl größten Expansions- und Innovationsschub. Zu den Symptomen des daraus resultierenden Aufschwungs zählten zunächst und vor allem eine deutlich verbesserte Ausbildung und Besoldung des Lehrpersonals. Die Einkommen der Volksschullehrer stiegen erheblich und betrugen 1908 etwas mehr als das Doppelte eines Arbeiterlohns.[30] 1911 wurde in Preußen die weibliche Volksschullehrerausbildung an diejenige der Männer angeglichen, setzte jedoch für beide Geschlechter weiterhin lediglich einen Volksschulabschluss voraus und kannte, abgesehen vom Besuch einer »Präparandenanstalt« und einem dreijährigen Lehrerseminar, keinerlei professionelle Akademisierung.[31] In materieller Hinsicht erfuhr das Volksschulwesen vor 1914 allerdings einen unbestreitbaren Leistungszuwachs.

Erhöhte Sachaufwendungen für Lehrmittel, vermehrte Lehrerstellen und dementsprechend sinkende Klassengrößen zeichneten die Schulwirklichkeit des späten Kaiserreichs aus. Zwischen 1864 und 1911 steigerten sich die finanziellen Ausgaben des preußischen Staates für die Volksschulen auf das 13,8-fache; 1882 kamen auf einen Lehrer noch gut 72 Schüler,[32] 1911 waren es hingegen nur noch 56. Während 1886 noch fast die Hälfte aller preußischen Volksschüler in Ein- bzw. Zweiklassenschulen unterrichtet wurde, betrug die Zahl der »Einklässler« 1911 weniger als ein Viertel der gesamten Schülerschaft.[33]

Zugegeben: Diese beachtliche bildungspolitische Erfolgsbilanz erfuhr bei genauerem Hinsehen mancherlei Eintrübungen. So führte das in den meisten deutschen Bundesstaaten vorherrschende Stadt-Land-Gefälle zu einer in der Regel geringeren Bildungsqualität des ländlichen und kleinstädtischen Elementarschulunterrichts gegenüber den hier deutlich bessergestellten großstädtischen Lehranstalten. Zudem machte sich in ländlichen Regionen die konfessionelle Prägung des niederen Schulwesens nachhaltig bemerkbar. Liberalen Kritikern war die vor allem in katholischen Gegenden Badens, Bayerns und der preußischen Rheinprovinz unvermindert starke Präsenz der Bekenntnisschule mit ihrer ordnungs- und aufsichtspolitischen Dominanz des Ortsgeistlichen ein Dorn im Auge – obgleich die zentrale Stellung des Religionsunterrichts zugunsten vermehrter Betonung anderer Sachgebiete, des Deutschen und Rechnens zumal, doch auch der Geschichte, der Geografie und der Naturkunde, immer mehr in den Hintergrund trat.

Auch die Lehrinhalte und Lernmethoden waren von der fortschreitenden Differenzierung und Modernisierung kaum betroffen.[34] Wichtigste politische Aufgabe des Volksschulunterrichts im kaiserlichen Deutschland blieb, wie in allen anderen europäischen Nationalstaaten der Vorkriegszeit, die Einübung der Probanden in die Modalitäten bestehender gesellschaftlicher Ordnungen und Hierarchien. Damit verbanden sich Loyalitätsstiftung gegenüber dem monarchischen Staat und seinen Repräsentanten ebenso wie soziale Disziplinierung und Vermittlung einer »herrschaftskonforme[n] Gesinnung«[35]. Derartige Selbstverständlichkeiten nun aber zu einer obrigkeitsstaatlich verordneten »Abrichtung« von »Untertanen« zu überhöhen, gar die gesamte preußisch-deutsche Schulwirklichkeit vor 1914 pauschal als autoritär deformiertes Zwangssystem zu denunzieren,[36] verkennt, dass schulische Elementarbildung bis heute überall der Vermittlung von Fertigkeiten dient, die den Absolventen »eine möglichst reibungslose Eingliederung in die politischen und wirtschaftlichen Verhältnisse [ihrer jeweiligen Umwelt]«[37] ermöglichen. Im Übrigen waren die Volksschulen im kaiserlichen Deutschland schon allein deshalb keine staatlichen »Untertanenschulen«, weil ihre Unterhaltung eben nicht die Sache des Staates, sondern eine Angelegenheit der Kommunen war,[38] und weil sich daher gerade hier innovative Reformkonzeptionen im Rahmen bürgerschaftlichen Engagements vorrangig realisieren ließen.

Weit hinaus über die Vermittlung elementarer Kenntnisse gingen die Zielvorgaben der drei um 1900 nebeneinander bestehenden höheren Schultypen: der (seit 1882 staatlich sanktionierten) lateinlosen »Oberrealschule«, deren Absolventen technische und naturwissenschaftlich-mathematische Fächer studieren konnten; des (in Preußen seit 1859 bestehenden) »Realgymnasiums«, das ohne Griechischkenntnisse zum Abitur führte; schließlich des am antiken Bildungsideal orientierten »Gymnasiums«, das sowohl Latein als auch Griechisch in der Unterrichtspraxis voraussetzte und die Idee »klassischer« Bildung zum vorherrschenden Maßstab allgemeiner Menschenbildung erhob.[39] Derart bildungselitäre Ansprüche waren indes um 1900 nicht mehr unumstritten. Dem »klassischen« Bildungsideal neuhumanistischer Prägung trat zunehmend ein »realistisches« Erziehungskonzept an die Seite, das durch Betonung moderner Sprachen und Hervorhebung naturwissenschaftlich-technischen Wissens zu einer lebensnäheren, praxisorientierteren Berufsausbildung führen wollte und sich einer zunehmenden Anhängerschaft erfreute. Die »Realisten« plädierten für eine Öffnung der gymnasialen Bildung zur Gegenwart hin, und sie verlangten die Gleichstellung von Realgymnasien und Oberrealschulen mit den Klassischen Gymnasien hinsichtlich der Vermittlung von Zugangsmöglichkeiten zum Universitätsstudium und zum höheren Staatsdienst.

Die angestrebte Gleichberechtigung des »realistischen« Lehrplans gegenüber der humanistischen Bildung wurde 1900 durch die Beschlüsse einer (zweiten) preußischen Schulkonferenz offiziell sanktioniert.[40] Damit fiel die bisherige Monopolstellung des altsprachlich dominierten gymnasialen Bildungskanons als Voraussetzung für einen gehobeneren Karriereweg faktisch weg.[41] Maßgebliche Unterstützung erhielten die Anhänger der »realistischen« Bildungsidee von keinem Geringeren als Kaiser Wilhelm II., der sich schon früh, seit Beginn der 1890er Jahre, zugunsten der »Modernisten« positioniert und mit starken Worten gegen die aus seiner Sicht allzu gegenwartsferne neuhumanistische Bildungsidee des Klassischen Gymnasiums Stellung bezogen hatte.[42]

Solche Gleichstellungsmaßnahmen, die auch als Modernisierungsleistungen einzustufen sind, führten zu einer raschen Expansion der »realistischen« höheren Unterrichtsanstalten und fanden noch vor 1914 entsprechenden Niederschlag in der Statistik. Reichsweit sank der Schüleranteil des Klassischen Gymnasiums von 59 Prozent (1873) auf 45 Prozent (1911), während sich jener des Realgymnasiums zwischen 1890 und 1914 verdoppelte.[43] Zum Jahrhundertbeginn 1900 kamen 82 Prozent der Abiturienten von Gymnasien, 12,5 Prozent von Realgymnasien, 5,5 Prozent von Oberrealschulen. Unmittelbar vor Kriegsausbruch 1914 hatten sich diese Zahlen im Verhältnis 60 Prozent zu 24 Prozent zu 16 Prozent auf signifikante Weise verändert.[44]

Parallel zu diesen schulpolitischen Entwicklungen vollzog sich seit Jahrhundertbeginn im pädagogischen Denken ein Paradigmenwechsel, dessen Ausstrahlung weit über den erziehungstheoretischen Fachdiskurs hinausging und bis in die bundesstaatlichen Kultusbürokratien wirkte. Die Fülle pädagogischer Deutungsangebote in den Jahren unmittelbar vor Ausbruch des Ersten Weltkriegs korrespondierte mit den bereits geschilderten lebensreformerischen und jugendbewegten Zeitströmungen und besaß zu ihnen manche personelle und organisatorische Querverbindung.[45] Getragen von einer allgemein kulturkritischen Gesinnung, zogen die Vertreter reformpädagogischen Denkens um 1900 gegen eine einseitig auf intellektuelles Lernen gerichtete Schulpraxis zu Felde und plädierten für die Entfaltung schöpferischer Kräfte und individueller Erlebniswelten im Rahmen einer »Erziehung vom Kinde aus«. Schulischer Unterricht sollte nicht länger nur bloßes Wissen vermitteln oder rein rationale Erkenntnisse präsentieren, sondern der Entfaltung allseitiger Menschenbildung dienen. An die Stelle des Prinzips autoritärer Stoffweitergabe setzten die Reformpädagogen um Berthold Otto (1859–1933), Georg Kerschensteiner (1854–1932) und Paul Geheeb (1870–1961) das emanzipatorische Ideal eines »persönlichen« Verhältnisses zwischen Schülern und Lehrern, das zu Selbsttätigkeit und Selbstständigkeit motivieren sollte. Sie favorisierten die Ausformung künstlerisch-handwerklicher Fertigkeiten, und sie bemühten sich um eine sozial gerechte Erziehung jenseits tradierter Klassenunterschiede und festgeschriebener Standesgrenzen. Mit alledem nahmen sie wesentliche Bestandteile des Pädagogikdiskurses der Weimarer Republik und der Bundesrepublik vorweg.

Der skizzierte Richtungsstreit zwischen den Verfechtern einer weitgehend »klassischen« und einer eher »modernen« Bildungskonzeption, wie er das höhere Schulwesen des späten Kaiserreichs in die Frontstellung von »Humanisten« und »Realisten« spaltete, fand auf akademischem Sektor seine Entsprechung im Streben der Technischen Hochschulen nach Gleichberechtigung gegenüber den traditionell führenden Universitäten. Parallel zum Aufstieg der Natur- und Technikwissenschaften hatten sich seit den späten 1860er Jahren in Baden, Bayern und Preußen »Technische Hochschulen« etabliert, an denen eine stark praxisbezogene und anwendungsrelevante Forschung und Lehre betrieben wurde. Die Vertreter dieses neuen, real- und erfahrungswissenschaftlich orientierten Hochschultyps wussten sich im Einklang mit der steigenden Bedeutung wirtschaftlicher, gewerblicher und industrieller Interessenbindungen. Ihr immer wieder mit wachsendem Selbstbewusstsein erhobener Anspruch auf Ranggleichheit mit den Universitäten konnte jedoch erst nach langem Ringen durchgesetzt werden, denn die Universitäten verteidigten ihre akademische Vorrangstellung in aller Entschiedenheit. Wie bereits die Förderung des »realistischen« Schulunterrichts, so verdankte auch die endgültige institutionelle Verankerung der Real- und Technikwissenschaften dem für alle Felder und Bereiche der modernen Technik begeisterten Wilhelm II. entscheidende Impulse. 1899 verlieh er in seiner Funktion als König von Preußen allen Technischen Hochschulen des Hohenzollernstaates das Promotionsrecht zum »Dr. Ing.« und bewirkte damit faktisch deren Gleichstellung mit den Universitäten, die 1900 für ganz Deutschland formell vollzogen wurde.

Zum Jahrhundertbeginn gab es im Deutschen Reich insgesamt 20 Universitäten und neun Technische Hochschulen. Bis zum Kriegsausbruch kamen jeweils noch zwei weitere Universitäten (Münster, 1902; Frankfurt am Main, 1914) und Technische Hochschulen (Danzig, 1904; Breslau, 1910) hinzu. Kennzeichnend für die Entwicklung des preußisch-deutschen Hochschulwesens in den späten Jahren des Kaiserreichs waren dessen allseits – besonders im Ausland – anerkannte Leistungskraft und, damit eng verbunden, ein anhaltend starkes, finanziell außerordentlich großzügiges Engagement des Staates für die Belange der Universitäten und die Anliegen der Wissenschaften. Allein in Preußen, auf dessen Staatsterritorium vor 1914 etwa die Hälfte aller Universitäten und Technischen Hochschulen des Deutschen Reiches lag – die andere Hälfte stellten Bayern, Württemberg, Baden, Sachsen, Hessen-Darmstadt, Mecklenburg-Schwerin und Sachsen-Weimar-Eisenach – verdreifachten sich die jährlichen Ausgaben für das Hochschulwesen in knapp über 30 Jahren von 9,6 (1882) auf 30 Millionen Reichsmark (1914).[46] Das für Hochschulangelegenheiten zuständige preußische Kultusministerium rangierte 1899 mit einem Ausgabenetat von 28,2 Prozent an den Gesamtaufwendungen aller Zivilverwaltungen des Hohenzollernstaates noch vor den Ministerien der Finanzen (22,2 Prozent) und der Justiz (21,7 Prozent).[47]

Maßgeblich für den institutionellen Ausbau der preußischen Universitäten und für das Ausmaß ihrer Förderung war in einem kaum mehr vorstellbaren Umfang über mehr als 25 Jahre hinweg der bis 1907 als Ministerialdirektor der Ersten Unterrichtsabteilung des Berliner Kultusministeriums amtierende, und damit für das gesamte preußische Universitätswesen zuständige Friedrich Althoff (1839–1908), »einer der [...] großen schöpferischen Hochschulreformer und Wissenschaftsorganisatoren Preußen-Deutschlands«[48]. Kennzeichnend für das schon bei vielen Zeitgenossen geradezu legendäre »System Althoff«[49] war die Bereitschaft, das Hochschulwesen im Interesse der »Weltgeltung« deutscher Wissenschaft von staatlicher Seite planmäßig zu gestalten und nachhaltig zu formen. Damit verband sich der Wille, die Autonomie der Universitäten, das Prinzip akademischer Selbstverwaltung und die Freiräume der Wissenschaften grundsätzlich zu respektieren, in begründeten Ausnahmefällen jedoch nicht vor personalpolitischen Eingriffen seitens der staatlichen Kultusbürokratie zurückzuschrecken. Solche Eingriffe schienen Althoff immer dann erforderlich, wenn es galt, allzu offensichtliche Fehlentscheidungen der Fakultäten in Berufungsangelegenheiten zu korrigieren.[50] Auf diese Weise glückte die Entdeckung mancher Talente, denen auf oftmals unbürokratische Art finanzielle Unterstützung gewährt und der Einstieg in eine erfolgreiche Professorenlaufbahn ermöglicht wurde. Besonders die deutsche naturwissenschaftliche Forschung hat davon in erheblichem Umfang profitiert. Der Serologe Emil von Behring (1854–1917; Medizin-Nobelpreisträger 1901), der Bakteriologe Robert Koch (1843–1910; Medizin-Nobelpreisträger 1905), der Immunologe Paul Ehrlich (1854–1915; Medizin-Nobelpreisträger 1908) – sie alle wären, ähnlich wie manche Vertreter konfessioneller Minderheitenpositionen, erwiesenermaßen niemals in leitende Universitätsstellungen gelangt, wenn ihnen nicht durch entsprechende Berufungsoktroys des Berliner Kultusministeriums der Weg zur vollen Entfaltung ihrer Talente geebnet worden wäre.

Effizienz und Flexibilität bewies die preußisch-deutsche Bildungs-, Unterrichts- und Wissenschaftsverwaltung in den Jahren vor 1914 darüber hinaus durch ihre Fähigkeit zur Anpassung an strukturell neuartige Herausforderungen in der akademischen Lehre und Forschung. Dazu zählte nicht zuletzt der rasante Anstieg der Studentenzahlen, die sich vom Sommersemester 1901 (44.832) bis zum Wintersemester 1913/14 (79.019) reichsweit fast verdoppelten. Im Säkularjahr 1900 hatten im Großherzogtum Baden erstmals auch die Absolventinnen der zum Abitur führenden Höheren Mädchenschule (Lyzeum) die Zugangsberechtigung für das Universitätsstudium erlangt. Bayern folgte 1903, Württemberg 1904, Sachsen 1906 und Preußen 1908. Im Jahr des Kriegsausbruchs betrug der Anteil weiblicher Studierender an der Gesamtstudentenzahl reichsweit bereits 6,7 Prozent.[51] Der kontinuierlich wachsenden Zahl von Studienanfängern begegneten die Kultusbürokratien in den jeweils betroffenen Bundesstaaten, allen voran Preußens, mit einem ganzen Bündel expansionsbezogener und differenzierender Maßnahmen – angefangen von der Errichtung neuer Hochschulgebäude, über den flächendeckenden Ausbau der Seminare und Institute, der Bibliotheken, Kliniken und Laboratorien bis hin zur Installierung zusätzlicher Lehrstühle, wovon besonders die mathematisch-technischen und die medizinisch-naturwissenschaftlichen Disziplinen profitieren. Auf diese Weise konnte die weltweit anerkannte Spitzenstellung der »deutschen Forschungsuniversität«[52] in den Vorkriegsjahren gehalten werden.

Dennoch regten sich seit Jahrhundertbeginn zunehmend kritische Stimmen, welche die tradierte Hochschulstruktur mit dem ihr eignenden Grundsatz der »Einheit von Forschung und

Lehre« infrage stellten und die Notwendigkeit einer neuen Forschungsorganisation jenseits des eingefahrenen Universitätsbetriebs betonten. Die wachsende Spezialisierung in den einzelnen Fachgebieten einerseits, die stetig steigende Lehrbelastung der Professoren in den Hörsälen andererseits ließen nachhaltige wissenschaftliche Arbeit auf vielen Gebieten kaum, oder jedenfalls nicht mehr allein aus der entsagungsvollen Tätigkeit eines einzelnen Hochschullehrers möglich werden, sondern nur im Verbund mehrerer, sich einer Forschungsaufgabe gemeinsam widmender Gelehrter sinnvoll erscheinen. Und die Schauplätze solcher Aktivitäten mussten durchaus nicht mehr die Universitäten mit ihrem zeitraubenden Lehr- und Lernbetrieb sein, sondern selbstständige hochschulunabhängige Forschungseinrichtungen, an denen ausschließlich Grundlagenforschung betrieben wurde. Der protestantische Theologe und preußische Wissenschaftsorganisator Adolf von Harnack (1851–1930) hatte die Entwicklung der Wissenschaften zu »Großbetrieben« bereits seit Jahrhundertbeginn als vorherrschenden Zeittrend diagnostiziert und entsprechende Konsequenzen eingefordert.[53] Nach Harnacks (und Althoffs) Plänen trat dann 1911 die »Kaiser-Wilhelm-Gesellschaft zur Förderung der Wissenschaften« als Trägerorganisation für außeruniversitäre Großforschungsinstitute ins Leben, die heute (und schon seit 1948) als »Max-Planck-Gesellschaft zur Förderung der Wissenschaften« firmiert.[54] Finanziert aus (maßgeblich von Kaiser Wilhelm II. persönlich eingeworbenen) Mitteln der Privatwirtschaft, unterhielt die Gesellschaft mit Unterstützung des preußischen Staates in der Folgezeit verschiedene naturwissenschaftliche Forschungseinrichtungen, etwa für Chemie, Biologie, Arbeitspsychologie, Kohleforschung und Physik, an denen hochqualifizierte, vom universitären Lehralltag entlastete Wissenschaftler – unter ihnen (seit 1917) Albert Einstein – intensive anwendungsorientierte Arbeit leisteten. Solche Aktivitäten dienten wiederum, zumindest in den Augen der Gesellschaftsgründer, einer Stärkung der wirtschaftlichen Konkurrenzfähigkeit Deutschlands auf dem internationalen Markt. Staatliche Wissenschaftsförderung im späten Kaiserreich stand so immer auch im Zeichen weltmachtpolitischer Ambitionen.

Das gelehrte Deutschland

Die Neuformierung der Wissenschaftslandschaft am Vorabend des Ersten Weltkriegs ergab sich nicht zuletzt als Folge des nach Jahrhundertbeginn immer deutlicher zutage tretenden Strukturwandels von Bildung, Lehre und Forschung überhaupt. War die an deutschen Universitäten gepflegte »objektive« Wissenschaft seit den Zeiten Wilhelm von Humboldts stets auch als Beitrag zur subjektiven geistigen Reifung und zur umfassenden sittlichen Selbstverwirklichung des akademisch Tätigen gewertet worden, so trat dieser humanistisch-menschenbildnerische Aspekt der Wissenschaften mit deren fortschreitender Professionalisierung zusehends in den Hintergrund. Wissenschaft galt nun, gemäß der oft zitierten Formulierung Max Webers,[55] nicht mehr als Mittel individueller Bildung, sondern als Beruf. Ihre Aufgabe wurde jetzt weniger in der Entfaltung umfassender Gelehrsamkeit als vielmehr in der Vermittlung soliden fachlichen Könnens gesehen. Versachlichung und Rationalisierung, Entpersönlichung und Spezialisierung zählten zu den charakteristischen Signaturen dieses Funktionswandels. Ihm entsprach die allmähliche Ablösung des universal gebildeten Gelehrten durch den Fachmann, des Einzelnen durch das »Team«. Das Humboldtsche Ideal voraussetzungslosen Forschens einer in »Einsamkeit und Freiheit« auf sich allein gestellten Persönlichkeit schien angesichts der rasant fortschreitenden Differenzierung des Wissenschaftsbetriebs – gipfelnd im beschriebenen Verlust des universitären Forschungsmonopols – zusehends obsolet.

Selbstverständlich waren nicht alle Wissenschaften diesem Umwandlungsprozess in gleichem Ausmaß unterworfen. Die naturwissenschaftlichen und technischen Fachgebiete, die um 1900 einen besonders nachhaltigen Ansehenszuwachs verbuchen konnten, betraf dieser Wandel weitaus stärker als etwa die meisten Geistes- und Kulturwissenschaften. Diese blieben überwiegend personengebundene Deutungsdisziplinen, in denen weiterhin der individuelle Forscher und die von diesem jeweils vertretene Schulrichtung das allgemeine Erscheinungsbild bestimmten. Den verdeckten Gegensatz zwischen Natur- und Geisteswissenschaften hatte der (seit 1903) in Heidelberg lehrende Philosoph Wilhelm Windelband (1848–1915) 1894 in einer Rede zum Antritt seines Rektorats an der Universität Straßburg durch die Begriffsantithese »nomothetisch – idiographisch« zu problematisieren versucht.[56] So sollte das nach Entdeckung allgemeingültiger abstrakter Gesetzmäßigkeiten strebende (»nomothetische«) Erkenntnisinteresse der Naturwissenschaften von den auf anschauliches Erfassen und Verstehen individueller Besonderheiten ausgerichteten (»idiographischen«) Zielen der Geisteswissenschaften unterschieden werden. Windelbands Freiburger Fachkollege und Heidelberger Lehrstuhlnachfolger Heinrich Rickert (1863–1936) hat diese Unterscheidung dann wenig später präzisiert und im Sinn einer grundsätzlichen Entgegensetzung von Naturwissenschaften und Kulturwissenschaften zugespitzt.[57] Diese Trennung galt in der Folgezeit als weithin maßstabsetzend bei der Beurteilung der stark voneinander abweichenden Methoden und Erkenntnisziele der beiden Wissenschaftsgruppen.

Die Lage der Naturwissenschaften war um die Jahrhundertwende geprägt von einer ausgesprochenen Aufbruchsstimmung. Beflügelt durch vorangegangene Erfolge und Entdeckungen, vertrauend auf die Möglichkeiten eines für nahezu unbegrenzt gehaltenen Fortschritts, genossen die Repräsentanten vieler Disziplinen den Ansehenszuwachs, den ihre Fächer gegenüber den in der öffentlichen Wertschätzung noch immer dominierenden Geisteswissenschaften allmählich verbuchen konnten. Darüber hinaus wussten sich naturwissenschaftliche Argumentationen zunehmend auch dort Einlass zu verschaffen, wo bisher »idiographische« Denkweisen vorgeherrscht hatten. Dies galt nicht zuletzt für den Bereich der politischen Publizistik und der Weltanschauungsliteratur, in deren Einzugsfeldern ein allerdings auf halbwissenschaftliches Niveau heruntergestufter Biologismus, Materialismus und billiger Fortschrittsoptimismus an Einfluss gewannen. Die beiden erfolgreichsten Autoren dieses Genres waren der Zoologe Ernst Haeckel (1834–1919) und der Journalist Wilhelm Bölsche (1861–1939). Beide präsentierten nahezu zeitgleich in auflagenstarken Bestsellern[58] einem zahlreichen Leserpublikum die seit den 1860er Jahren durch Charles Darwin vorgetragene Lehre von der evolutionären »Entstehung der Arten« in arg populistischer Verknappung. Die Deutungsrichtung solcher und manch anderer Popularisierungen verwies auf eine Übertragung geläufiger Darwinscher Schlagworte (»Kampf ums Dasein«, »Ungleichheit der Rassen«, »Auslese der Schwachen«, »Überleben der Tüchtigsten«) vom Tierreich auf die menschliche Gesellschaft. Von solchen Vorstellungen war es dann nicht mehr sehr weit zu jenen rassenanthropologischen, eugenischen und erbhygienischen Varianten des Sozialdarwinismus, die im Umfeld der »Lebensreform«-Bewegung bereits erörtert wurden.[59] Hier warb man darum, dem vermeintlich drohenden rassischen Verfall der Menschheit durch »Höherzüchtung« der germanisch-arischen »Führungsrasse« entgegenzutreten. »Randläufer der Wissenschaft«[60] – wie beispielsweise der Arzt und Anthropologe Ludwig Woltmann (1871–1907) oder der Arzt und Rassenbiologe Alfred Ploetz (1860–1940) – engagierten sich als Herausgeber entsprechend positionierter Publikationsorgane (*Politisch-anthropologische Revue* von L. Woltmann, 1902–07; *Archiv für Rassen- und Gesellschaftsbiologie* von A. Ploetz, ab 1904)[61] und strebten nach einer organisatorischen Bündelung ihrer Anliegen in der 1905 gegründeten »Gesellschaft für Rassenhygiene«. Bis 1914 ließen sich allerdings kaum mehr als 400 eingeschriebene Mitglieder für die Ziele der Gesellschaft mobilisieren.[62] Außerdem waren eugenische und rassenbiologische Vorstellungen in der Vorweltkriegszeit keine auf Deutschland beschränkten Phänomene, sondern europaweite Erscheinungen, die vor allem in England und den skandinavischen Ländern zahlreiche Anhänger gewannen.[63]

In eine gesellschaftspolitisch weitaus produktivere Richtung wiesen demgegenüber die Fortschritte in jenen beiden naturwissenschaftlichen Fachgebieten, die um die Jahrhundertwende den wohl größten und folgenreichsten Innovationsschub erlebten: Physik und Psychologie. Max Planck (1858–1947), der seit 1889 als Professor für Theoretische Physik an der Berliner Universität wirkte, präsentierte im Säkularjahr 1900 seine dann rasch zur »Quantentheorie« weiterentwickelte »Strahlungsformel«, dergemäß die Atome ihre Strahlungsenergie nicht stetig, sondern stoßweise, in bestimmten »Quanten« aussenden. Und Albert Einstein (1879–1955), den Planck 1914 als Direktor des Kaiser-Wilhelm-Instituts für Physik nach Berlin verpflichten konnte,[64] schuf mit mehreren 1905 erschienenen Schriften und Abhandlungen zur »Speziellen Relativitätstheorie« die Grundlagen für eine Totalrevision der konventionellen Vorstellungen von Raum, Zeit und Geschwindigkeit.

Beinahe zeitgleich zu diesen fundamentalen Erkenntnisfortschritten der »Neuen Physik«[65], und von ebenso zukunftweisender Bedeutung, vollzog sich die Formwandlung der Psychologie zur Wissenschaft. Während ihre Emanzipation von der sie bisher einhegenden Philosophie ganz wesentlich im Umfeld des von 1875 bis 1917 in Leipzig lehrenden Wilhelm Wundt (1832–1920) und seines auf eine Synthese anthropologischer, ethnologischer und kultursoziologischer Erkenntnisinteressen zielenden »völkerpsychologischen« Ansatzes erfolgte,[66] formierte sie sich von medizinischer Seite vor allem im Rahmen einer durch Ärzte und Pädagogen vorangetriebenen Kinder- und Jugendpsychologie und gewann mit Gründung der »Gesellschaft für experimentelle Psychologie« 1904 als praxisorientierte kulturtechnische Methode an Profil. Parallel dazu entwickelte sich seit Jahrhundertbeginn, ausgehend von den Wiener Forschungen Sigmund Freuds (1856–1939) zu Hysterien und Neurosen,[67] die von starken theoretischen Impulsen geleitete Psychoanalyse. Die sich rasch etablierende und gesellschaftliche Deutungsmacht erlangende Disziplin[68] bezog natur- und kulturwissenschaftliche Fragestellungen gleichermaßen in ihren Problemhorizont ein. Ihr Streben nach Durchdringung des seelischen »Innenlebens« und nach Erhellung bisher verborgener, »unbewußter« Triebstrukturen menschlichen Handelns traf ganz offensichtlich die Befindlichkeiten und Bedürfnisse zahlreicher Zeitgenossen. Einen organisatorisch-institutionellen Mittelpunkt fanden die damit verbundenen Aktivitäten in der 1910 etablierten »Berliner Psychoanalytischen Gesellschaft«. Sämtliche vor Kriegsausbruch veranstalteten internationalen psychoanalytischen Kongresse fanden seither in Deutschland statt: 1910 in Nürnberg, 1911 in Weimar, 1912 in München.

Als »idiographische« Disziplin gemäß der von Rickert und Windelband vorgenommenen Unterscheidung zwischen Kultur- und Naturwissenschaften verstand sich um 1900 in besonderem Ausmaß die Geschichtsforschung. Ihr kam auch im neuen Jahrhundert eine weithin akzeptierte intellektuelle Leitbildfunktion zu.[69] Historisches Bildungswissen galt einer geschichtsinteressierten, ja geschichtsgläubigen Öffentlichkeit unverändert als probates Mittel zur politisch-gesellschaftlichen Orientierung. Dabei dominierte bis zum Ausbruch des Ersten Weltkriegs eine primär politik- und diplomatiehistorisch argumentierende Sichtweise, deren Hauptvertreter Erich Marcks (1861–1938) und Max Lenz (1850–1932) in bewusster Nachfolge Leopold von Rankes einer an der Idee der Nation orientierten, kleindeutsch-borussischen Historiografie das Wort redeten.[70] Solche Positionen waren allerdings bereits vor 1914 längst nicht mehr unumstritten. Sie wurden, rückblickend betrachtet, von *drei* methodisch unterschiedlichen Perspektiven aus variiert, ergänzt und infrage gestellt.

Das geschah – *erstens* – vonseiten der Geistesgeschichte. Diese hatte in den 1880er Jahren durch den Berliner Philosophen Wilhelm Dilthey (1833–1911) einen nachhaltigen Innovationsschub erhalten.[71] Die von Dilthey zur Grundlage aller Wirklichkeitserfahrung erhobene Kategorie des »Verstehens« entwickelte sich rasch zur gängigen Münze einer geschichtswissenschaftlichen Methode, der an einer stärkeren Profilierung des individuellen Charakters historischer Phänomene gelegen war. Damit verband sich das Bemühen um eine Offenlegung von Verbindungslinien zwischen politischen Ideen und den ihnen jeweils zugeordneten staatlichen Handlungen. Ihren wohl produktivsten Vertreter fand diese Sichtweise in dem seit 1914 gleichfalls in Berlin lehrenden Historiker Friedrich Meinecke (1862–1954).[72]

Sodann erhielt – *zweitens* – ein geschichtswissenschaftlicher Methodenzweig im Verlauf des Vorkriegsjahrzehnts zunehmendes Gewicht, der staatlich-administrative und ökonomisch-soziale Großphänomene, wie z.B. die Bürokratie, das Militärwesen oder den Absolutismus, als vornehmliche Objekte einer strukturhistorischen Analyse hervorhob und sie in ihren vielfältigen Verflechtungen wechselseitig zu erhellen strebte. In ähnlicher Weise wie die Geistesgeschichte war auch dieser analytisch-strukturhistorische Argumentationsansatz starken Anregungen aus nachbarschaftlichen Disziplinen verpflichtet, allen voran der Nationalökonomie und ihrem bereits zu Wort gekommenen Berliner Schulhaupt Gustav Schmoller. Dessen Meisterschüler Otto Hintze avancierte damals zum maßgeblichen Repräsentanten dieses historiografischen Methodenzweigs.

Gegenüber den beiden nach 1900 rasch an Reputation gewinnenden geistes- und strukturgeschichtlichen Erneuerungstendenzen in der deutschen Geschichtswissenschaft hatte der *dritte* damals artikulierte Reformansatz einen schweren Stand: Karl Lamprechts (1856–1915) in Leipzig entwickelte Konzeption einer »Kulturgeschichte«, welche die sozialen, ökonomischen, intellektuellen und politischen Formschöpfungen einer Epoche integral zu umfassen versuchte.[73] Dies geschah unter programmatischer Hervorhebung kollektiver Tendenzen und materieller Phänomene im historischen Verlaufsprozess. Zudem ließ sich Lamprecht von naturwissenschaftlich-psychologischen (»nomothetischen«) Forschungsmethoden anregen und bekundete darüber hinaus deutliche Sympathien für ein kausal determiniertes Gesetzlichkeitsdenken. All das traf auf den heftigen Protest vieler Fachkollegen, die an individualisierende (»idiographische«) Urteilsmaßstäbe gewöhnt waren, woraus sich die erste große Historikerkontroverse des 20. Jahrhunderts entwickelte.[74] Sie endete mit einer weitgehenden Marginalisierung Lamprechts, dessen Werk erst wieder im Gefolge des sozialgeschichtlichen Paradigmenwechsels der deutschen Historiografie seit den 1970er Jahren Beachtung finden sollte.

Während die Geschichtswissenschaft ihre dem 19. Jahrhundert entstammende Rolle als intellektuelle Leitdisziplin vor 1914 relativ ungebrochen zu behaupten vermochte, verlor die Philosophie zunehmend ihre Deutungsmacht, die sie einst für die allgemeine Grundorientierung der deutschen Gesellschaft und deren politische Kultur besessen hatte.[75] Seit der Jahrhundertwende standen hier mehrere Denkrichtungen miteinander in Konkurrenz. Tonangebend war dabei bis zum Kriegsausbruch der Neukantianismus. Seine bereits genannten Leitfiguren Rickert, Windelband und der seit 1876 in Marburg wirkende Hermann Cohen (1842–1918) trafen sich in ihrem Anliegen, die verlorengegangene akademische Führungsstellung der Philosophie dadurch zurückzugewinnen, dass sie ihr Fach im Sinn einer wertbezogenen Erkenntnislehre neu verorteten[76] und ihm zugleich als Hauptaufgabe die Formulierung prinzipieller, allgemein gültiger Denkgesetze zuwiesen. Philosophisches Forschen sollte auf diese Weise zu einer Art Anlaufstelle und zur generellen Referenzgröße für die inhaltlich immer stärker auseinanderstrebenden geistes- und kulturwissenschaftlichen Einzeldisziplinen erhoben werden. Demgegenüber verfochten die um Ludwig Klages (1872–1956) und den ebenfalls schon genannten Georg Simmel gruppierten Anhänger der Lebensphilosophie eine stärker irrationalistisch geprägte Weltsicht. Für sie gewannen, maßgeblich inspiriert vom Werk Friedrich Nietzsches, der Begriff des »Lebens« und mit ihm verbundene, ausgesprochen »vitalistische« Kategorien, wie etwa »Erlebnis«, »Trieb« oder »Tat« die Qualität von mythisch überhöhten Leit- und Handlungsnormen.[77] Solche Normen sollten einer ausgesprochen »aktivistischen« Daseinsführung zur Grundlage dienen, die in einem entschiedenen Widerspruch zu allen »nur« geistigen Existenzformen stand.[78] Die Phänomenologie schließlich, wie sie in Edmund Husserls (1859–1938) 1900/01 erschienenen »Logischen Untersuchungen« ihre richtungweisenden Impulse erhielt, formierte sich von Halle und Göttingen aus als eine Methode vorurteilsloser Analyse evidenter, vom Bewusstsein unmittelbar wahrgenommener »Erlebnisakte«. Im Interesse sachkonzentrierten Denkens waren Husserl und seine Schüler um eine konsequente Eliminierung aller dogmatisch-metaphysischen Setzungen bemüht, um so die Philosophie zu rehabilitieren und als »strenge Wissenschaft« lebensweltlich neu zu begründen.[79]

In ihrer weit überwiegenden Mehrzahl waren die deutschen Kultur- und Geisteswissenschaften vor 1914 von einem historisierend-hermeneutischen Verstehensideal geprägt. Diese Fixierung wurde, gerade auch in der Rückschau, nicht selten kritisiert, obwohl sie doch ganz wesentlich zu jener einzigartigen Entfaltung denkerischer Spitzenleistungen im akademischen Leben des Kaiserreichs beitrug, die zu Recht Staunen und Bewunderung besonders im europäischen Ausland und in den Vereinigten Staaten hervorgerufen hat.[80] Freilich war sie mit dafür verantwortlich, dass der in Frankreich, Großbritannien und Nordamerika schon zu Jahrhundertbeginn unübersehbare Trend zur empirisch-sozialwissenschaftlichen Feldforschung in Deutschland erst in der Zeit der Weimarer Republik zum Durchbruch gelangte. Dies galt nicht zuletzt für die Nationalökonomie, deren damals prominenteste Vertreter, allen voran Lujo Brentano (1844–1931) und Werner Sombart (1863–1941), unter dem schulbildenden Einfluss Gustav Schmollers[81] ihr Augenmerk auf die historische Erforschung wirtschaftlicher und sozialer Institutionen und Phänomene vor allem des preußischen Staates richteten. Dabei galt ihnen die am »Gemeinwohl« orientierte Politik

Preußens im 18. und 19. Jahrhundert zugleich als Vorläuferin wie als Legitimationsinstanz für aktuelle sozialstaatliche Reformmaßnahmen.[82]

Ähnlich wie die Nationalökonomie blieb auch die Soziologie im Deutschland der Vorweltkriegszeit eine weitgehend hermeneutisch argumentierende Disziplin.[83] Ihre akademische Institutionalisierung vollzog sich in einem vergleichsweise raschen Tempo und erreichte mit Gründung der »Deutschen Gesellschaft für Soziologie« 1909 ihren vorläufigen Höhepunkt. Als Leitfigur galt dabei schon vielen Zeitgenossen die nicht unproblematische und auf Kosten anderer, weitaus intellektuellerer Fachvertreter wie Georg Simmel oder Max Scheler (1874–1928) zuweilen stark überschätzte Persönlichkeit Max Webers (1864–1920),[84] dessen Werk bis heute lebhafte Diskussionen und weitstrahlende Wirkungen zu entfalten vermocht hat. Webers Thesen und Begriffsprägungen[85] förderten die interdisziplinäre Anschlussfähigkeit soziologischer Forschung ebenso, wie sie dem um Profil und Konturen ringenden Fach zur Etablierung als autonomer Wissenschaftsdisziplin verhalfen.[86]

Zugleich repräsentierte Weber durch sein vielfältig verzweigtes gesellschaftliches Engagement einen Professorentyp, dessen Wirken für das Erscheinungsbild der deutschen Wissenschaftskultur im wilhelminischen Zeitalter stilprägend gewesen ist.[87] Friedrich Meinecke hat dieses von ihm selbst vertretene und mitgetragene Phänomen rückblickend durch den Begriff »Gelehrtenpolitik«[88] zu erfassen versucht und damit die teilweise sehr weitreichenden wissenschaftspolitischen und wissenschaftsorganisatorischen Aktivitäten exponierter Hochschullehrer des späten Kaiserreichs umschrieben, von denen bereits berichtet wurde. Es waren überwiegend Historiker oder historisch orientierte Nationalökonomen und Soziologen, die – überzeugt vom vermeintlich überparteilichen Ethos wissenschaftlicher Erkenntnis – nicht nur die öffentliche Meinung durch Vermittlung handlungsleitender Orientierungen beeinflussten, sondern auch bei der politisch-administrativen Führungselite, angefangen von der Ministerialbürokratie bis zu den Spitzen des Staates, Gehör und Resonanz fanden.[89] Inhaltlich dominierte bei vielen in dieser Hinsicht aktiven Professoren ein stark sozialpolitisch geprägter Wirkungswille, der auf eine Verständigung zwischen Bürgertum und Sozialdemokratie im Rahmen sozialkonservativer Integrationsbemühungen abzielte.

Voraussetzung dieser gelehrtenpolitischen Einflussnahme war die mehr oder weniger starke Einbindung der meisten Vertreter des akademischen und wissenschaftlichen Lebens in die politisch-gesellschaftlichen Strukturen der Vorweltkriegszeit. Das unterschied die Gelehrten von der literarisch-künstlerischen Avantgarde, deren Angehörige in der Regel eine größere Distanz zur herrschenden Ordnung wahrten. Hingegen stand die akademisch-universitäre Bildungsschicht dem Aufkommen der modernen Massengesellschaft mit ihren »systemtranszendierenden« Folgen skeptisch gegenüber, weil man die damit verbundenen Veränderungen als Bedrohung der eigenen, bisher weitgehend unangefochtenen elitären kulturtragenden Stellung empfand.[90] Solche Depravationsängste führten wiederum nicht selten zu pauschalen Abwehrreaktionen gegenüber den Erscheinungsformen der Moderne in ihrer Gesamtheit. Nirgends lagen modernitätsbejahender Optimismus und modernitätskritischer Eskapismus im wilhelminischen Deutschland der Vorweltkriegszeit wohl so dicht nebeneinander wie im akademischen Milieu.

7 Ausblick: Wandlungsprozesse im Weltkrieg

Auf dem Weg in die Militärdiktatur: Kaiser Wilhelm II. (M.) mit den Generalen Paul von Hindenburg (l.) und Erich Ludendorff am Kartentisch, um 1915.

Mit dem Kriegsausbruch im August 1914 endete zwar nicht die Geschichte des kaiserlichen Deutschlands, wohl aber jener Epochenabschnitt innerhalb seines Binnenverlaufs, der in den Jahren »um 1900« begonnen hatte, und dessen Umrisse dieses Buch nachzuzeichnen versuchte. Denn der Dynamisierungsschub, dem die deutsche Gesellschaft während der nun folgenden vier Kriegsjahre ausgesetzt sein sollte, stellte alle Modernisierungsdiskurse der Vorweltkriegszeit bei Weitem in den Schatten. Dabei eröffnete der Krieg durchaus Möglichkeiten, begonnene Reformansätze weiterzuführen. Anderes hingegen wurde in seinem Verlauf verschleppt oder vertan. Doch auch gänzlich neuartige, zur Friedenszeit unvorstellbare Wegrichtungen zeichneten sich in den Jahren zwischen 1914 und 1918 ab und wurden beschritten.

Zu den vor 1914 beobachteten gesellschaftspolitischen Entwicklungsprozessen, die sich unter den spezifischen Bedingungen des Weltkriegs fortsetzten und durch sie eine Beschleunigung erfuhren, zählte die erneute Ausweitung sozialer Sicherungen für die Arbeiterschaft und, damit verbunden, die endgültige Anerkennung der »Freien Gewerkschaften« als legitime Vertretungsinstanzen der Arbeitnehmerinteressen seitens des Staates. Dies geschah im Rahmen des mit bemerkenswerter Einmütigkeit zwischen der Reichsleitung, der Militärführung, den Parteien, Gewerkschaften und Arbeitgeberverbänden konsensual ausgehandelten und vom Reichstag im Dezember 1916 verabschiedeten »Gesetzes über den Vaterländischen Hilfsdienst«.[1] Gleichsam im Gegenzug zur darin beschlossenen Einführung der Arbeitspflicht für alle nicht zum aktiven Wehrdienst einberufenen Männer zwischen dem 17. und 60. Lebensjahr, die hinfort in kriegswirtschaftlich wichtigen Betrieben Dienst leisten sollten, wurden dort obligatorische Arbeitnehmerausschüsse eingerichtet, wie es sie zuvor, seit den Bestimmungen der Novelle zum Preußischen Berggesetz von 1905, lediglich in den Montanbetrieben an der Ruhr und in Oberschlesien gegeben hatte. Damit war das Prinzip betrieblicher Mitbestimmung der Arbeitnehmerschaft in Deutschland arbeitsrechtlich flächendeckend und dauerhaft verankert.

Verschleppt und vertan wurden nach 1914 hingegen alle Optionen für die Lösung der preußischen Wahlrechtsfrage in einem reformorientierten Sinn – und das hätte nach Lage der Dinge nur mittels der längst überfälligen Ersetzung des »Dreiklassenwahlrechts« durch das gleiche Wahlrecht nach dem Vorbild der Reichstagswahlen geschehen können.[2] Zwar gelang es Reichskanzler Bethmann Hollweg im Juli 1917, zwei Tage vor seinem Sturz, Wilhelm II. in dessen Eigenschaft als König von Preußen den schon seit April 1917 im Raum stehenden Erlass zur Einführung der Wahlrechtsgleichheit in Preußen abzuringen. Doch scheiterte auch Bethmann Hollwegs zweiter Amtsnachfolger Graf Hertling bei seinen Bemühungen, die Demokratisierung des Wahlrechts endgültig durchzusetzen. Fast bis zuletzt, bis zum Oktober 1918, verschloss man sich in konservativen Kreisen mit äußerster Hartnäckigkeit der Einsicht, dass die von der Bevölkerung geduldig getragenen Kriegslasten nach einer politischen Kompensation verlangten. Man wollte dort nicht wahrhaben, dass der Auferlegung gleichmäßig zu erfüllender Kriegspflichten unweigerlich die Gewährung gleicher politischer Rechte einhergehen musste,[3] dass also die anstehende Demokratisierung des Wahlrechts in Preußen nicht nur eine Forderung der politischen Vernunft, sondern auch ein Gebot der moralischen Gerechtigkeit war.

Die zweifellos gewichtigsten und zugleich problematischsten kriegsbedingten Wandlungsprozesse vollzogen sich im Rahmen der politischen Machtverteilungskompetenzen auf Reichsebene. Hier verschoben sich während des Krieges mehrfach die Gewichte. Formell blieb Deutschland bis zur vollständigen Parlamentarisierung der Reichsverfassung am 28. Oktober 1918[4] weiterhin eine konstitutionelle Monarchie. Innerhalb dieses bewährten und vertrauten Verfassungsrahmens konnte der Reichstag, vertreten durch die Sozialdemokratie, das Zentrum und den Linksliberalismus, seit Beginn des Jahres 1916 erhebliche Einflussgewinne verbuchen und seine Macht bis hart an die Grenze der parlamentarischen Regierungskontrolle ausweiten.[5] Zugleich jedoch erwuchs beiden traditionellen Machtpolen des konstitutionellen Systems, der Reichsleitung ebenso wie dem Reichstag, nach Kriegsbeginn in Gestalt der militärischen Führung ein extra-konstitutioneller Herrschaftskonkurrent, der in zunehmendem Umfang politische Entscheidungsgewalt für sich zu usurpieren strebte. Während das Verhältnis zwischen ziviler und militärischer Macht in den ersten Kriegsjahren noch relativ ausgewogen war, gelang der seit August 1916 amtierenden Dritten Obersten Heeresleitung unter Paul von Hindenburg und Erich Ludendorff mit der bei Wilhelm II. auf dem Weg schlichter Erpressung durchgesetzten Entlassung des stets um Ausgleich und Verständigung bemühten Reichskanzlers Bethmann Hollweg im

Juli 1917 faktisch die Etablierung einer »Kriegsdiktatur«[6], die den Primat der Politik aufhob und sich parlamentarischer Kontrolle weitestgehend entzog.

Damals dauerte es 15 Monate, bis Deutschland durch Ludendorffs Sturz Ende Oktober 1918 von dieser ersten »modernen« Diktaturerfahrung seiner Geschichte wieder befreit wurde. Erst 1933 sollte ein ähnliches Experiment unter völlig veränderten Bedingungen dann bekanntlich wiederholt werden. Zu diesem Zeitpunkt allerdings war das Kaiserreich für die meisten Deutschen bereits eine ferngerückte Erinnerung.

7 Anhang

Anmerkungen

Einleitung: Dynamische Zeiten (S. 7–10)

1 Vgl. den groß angelegten Forschungsbericht von Thomas Kühne: Das Deutsche Kaiserreich 1871–1918 und seine politische Kultur: Demokratisierung, Segmentierung, Militarisierung, in: Neue politische Literatur 43 (1998), S. 206–263 sowie als vorerst letzte Bilanzen die Sammelbände von Sven Oliver Müller/Cornelius Torp (Hrsg.): Das Deutsche Kaiserreich in der Kontroverse, Göttingen 2009; Bernd Heidenreich/Sönke Neitzel (Hrsg.): Das Deutsche Kaiserreich 1890–1914, Paderborn u.a. 2011.

2 Vgl. zuletzt unbeirrt uneinsichtig Volker Berghahn: Das Kaiserreich 1871–1914. Industriegesellschaft, bürgerliche Kultur und autoritärer Staat, Stuttgart 2003.

3 Zum Problem und Forschungsstand allgemein Margit Pernau: Transnationale Geschichte, Göttingen 2011, bes. S. 26f., 90ff.; inhaltlich und in der Darstellung Maßstäbe setzend Jürgen Osterhammel: Die Verwandlung der Welt. Eine Geschichte des 19. Jahrhunderts, 5. durchges. Aufl., München 2010, bes. S. 84ff., 102ff.

4 So Thomas Kühne: Die Jahrhundertwende, die »lange« Bismarckzeit und die Demokratisierung der politischen Kultur, in: Lothar Gall (Hrsg.): Otto von Bismarck und Wilhelm II. Repräsentanten eines Epochenwechsels?, Paderborn 2000, S. 85–118, hier S. 117.

5 So Paul Nolte: 1900. Das Ende des 19. und der Beginn des 20. Jahrhunderts in sozialgeschichtlicher Perspektive, in: Geschichte in Wissenschaft und Unterricht 47 (1996), S. 281–300, hier S. 283.

6 Dazu vorzüglich Michael Salewski: »Neujahr 1900«. Die Säkularwende in zeitgenössischer Sicht, in: Archiv für Kulturgeschichte 53 (1972), S. 335–381; Thomas Kuchenbuch: Die Welt um 1900. Unterhaltungs- und Technikkultur, Stuttgart, Weimar 1992; anregend ferner Lucian Hölscher: Weltgericht oder Revolution. Protestantische und Sozialistische Zukunftsvorstellungen im deutschen Kaiserreich, Stuttgart 1989, bes. S. 249–281, 371–377.

7 So wohl erstmals dezidiert Detlef J. K. Peukert: Die Weimarer Republik. Krisenjahre der klassischen Moderne, Frankfurt am Main 1987.
8 Vgl. Reinhart Koselleck: Das achtzehnte Jahrhundert als Beginn der Neuzeit, in: Ders./Reinhart Herzog (Hrsg.): Epochenschwelle und Epochenbewußtsein, München 1987, S. 269–282, hier S. 272 (»Schwellenzeit«).

Staat, Regierung und Verwaltung (S. 11–34)

1 Vgl. dazu als Pionierstudie Martin Kirsch: Monarch und Parlament im 19. Jahrhundert. Der monarchische Konstitutionalismus als europäischer Verfassungstyp – Frankreich im Vergleich, Göttingen 1999, bes. S. 11–39, 45, 49 f. sowie neuerdings Arthur Schlegelmilch: Die Alternative des monarchischen Konstitutionalismus. Eine Neuinterpretation der deutschen und österreichischen Verfassungsgeschichte des 19. Jahrhunderts, Bonn 2009.
2 Protagonist dieser Fehldeutung war lange Zeit Hans-Ulrich Wehler: Das Deutsche Kaiserreich 1871–1918, Göttingen 1973, Zitat S. 63; zuletzt, mit einigen bezeichnenden, aber keinen grundsätzlichen Korrekturen ders.: Deutsche Gesellschaftsgeschichte, Bd. III: Von der »Deutschen Doppelrevolution« bis zum Beginn des Ersten Weltkrieges 1849–1914, München 1995, z. B. S. 461–486, 771 f., 806 f. 1039–1045, 1248–1295; zum nicht-existierenden »deutschen Sonderweg«, mit Fokussierung auf dessen vermeintlich »preußische« Charakterzüge neuerdings Hartwin Spenkuch: Vergleichsweise besonders? Politisches System und Strukturen Preußens als Kern des »deutschen Sonderwegs«, in: Geschichte und Gesellschaft 29 (2003), S. 262–293.
3 So Otto Hintze: Das monarchische Prinzip und die konstitutionelle Verfassung (1911), wiederabgedruckt in: Ders.: Staat und Verfassung. Gesammelte Abhandlungen zur Allgemeinen Verfassungsgeschichte, hrsg. von Gerhard Oestreich, 3. Aufl., Göttingen 1970, S. 359–389, hier S. 382.
4 Vgl. den jüngsten Literaturbericht von Thomas Kühne: Demokratisierung und Parlamentarisierung. Neue Forschungen zur politischen Entwicklungsfähigkeit Deutschlands vor dem Ersten Weltkrieg, in: Geschichte und Gesellschaft 31 (2005), S. 293–316.
5 Das auf diesen Tag datierte verfassungsändernde Gesetz brachte dann, kurz vor Ausbruch der Novemberrevolution, die parlamentarische Regierungsweise auf Reichsebene. Laut Artikel 11 dieses Gesetzes war bei allen Verträgen mit fremden Mächten nunmehr die Zustimmung des Reichstags ebenso unerlässlich wie bei Kriegserklärungen und Friedensschlüssen. Artikel 15 legte darüber hinaus fest, dass der Reichskanzler hinfort vom Vertrauen des Reichtags abhän-

gig sein sollte. Zu den Einzelheiten vgl. Ernst Rudolf Huber: Deutsche Verfassungsgeschichte seit 1789, Bd. V: Weltkrieg, Revolution und Reichserneuerung 1914–1919, Stuttgart u. a. 1978, S. 584–592.

6 Vgl. Ernst Rudolf Huber: Die Bismarcksche Reichsverfassung im Zusammenhang der deutschen Verfassungsgeschichte (1970), wiederabgedruckt in: Ders.: Bewahrung und Wandlung. Studien zur deutschen Staatstheorie und Verfassungsgeschichte, Berlin 1975, S. 62–105, hier S. 87 f.

7 Zur damit verbundenen Problematik vgl. instruktiv Hans Boldt: Von der konstitutionellen Monarchie zur parlamentarischen Demokratie, in: Wendemarken in der deutschen Verfassungsgeschichte. Tagung der Vereinigung für Verfassungsgeschichte in Hofgeismar vom 11.3. bis 13.3.1991, in: Der Staat. Beiheft 10 (1993), S. 151–172.

8 Otto Hintze: Das Verfassungsleben der heutigen Kulturstaaten (1914), wiederabgedruckt in: Ders.: Staat und Verfassung (wie Anm. 3), S. 390–423, Zitate S. 396, 391, 402.

9 Darüber unlängst sehr ausgewogen und differenziert Wolfgang J. Mommsen: War der Kaiser an allem schuld? Wilhelm II. und die preußisch-deutschen Machteliten, München 2002, bes. S. 257 ff.; zuletzt Alexander König: Wie mächtig war der Kaiser? Kaiser Wilhelm II. zwischen Königsmechanismus und Polykratie von 1908 bis 1914, Stuttgart 2009, bes. S. 64–116.

10 Dazu jetzt grundlegend Michael A. Obst: »Einer nur ist Herr im Reiche«. Kaiser Wilhelm II. als politischer Redner, Paderborn u. a. 2010.

11 So von John C. G. Röhl: Wilhelm II. Der Weg in den Abgrund 1900–1941, München 2008; die weitaus überzeugendere Gegenposition markiert Nicolaus Sombart: Wilhelm II. Sündenbock und Herr der Mitte, Berlin 1996, bes. S. 85 ff.

12 Zum damit verbundenen Problem des »persönlichen Regiments« noch immer anregend Ernst Rudolf Huber: Das persönliche Regiment Wilhelms II. (1951), wiederabgedruckt in: Ders.: Nationalstaat und Verfassungsstaat. Studien zur Geschichte der modernen Staatsidee, Stuttgart 1965, S. 224–248; zuletzt zusammenfassend Isabel V. Hull: »Persönliches Regiment«, in: John C. G. Röhl (Hrsg.): Der Ort Kaiser Wilhelms II. in der deutschen Geschichte, München 1991, S. 3–23.

13 Vgl. neuerdings die Porträtskizze von Frank-Lothar Kroll: Wilhelm II. (1888–1918), in: Ders. (Hrsg.): Preußens Herrscher. Von den ersten Hohenzollern bis Wilhelm II., 4. Aufl., München 2009, S. 290–310, 340–343; ferner die Biografien von Eberhard Straub: Kaiser Wilhelm II. in der Politik seiner Zeit. Die Erfindung des Reiches aus dem Geiste der Moderne, Berlin 2008 und Christopher Clark: Wilhelm II. Die Herrschaft des letzten deutschen Kaisers, München 2008.

14 Allein in den fünf Jahren zwischen 1897 und 1902 unternahm Wilhelm II. im Reich über 230 Besuche in über 120 Städten.

15 Zur Einschätzung der kaiserlichen Haltung dort jetzt umfassend Lothar Reinermann: Der Kaiser in England. Wilhelm II. und sein Bild in der britischen Öffentlichkeit, Paderborn u.a. 2001, bes. S. 332–353.

16 Dazu Martin Kohlrausch: Zwischen Tradition und Innovation. Das Hofzeremoniell der wilhelminischen Monarchie, in: Andreas Biefang/Michael Epkenhans/Klaus Tenfelde (Hrsg.): Das politische Zeremoniell im Deutschen Kaiserreich 1871–1918, Düsseldorf 2008, S. 31–51.

17 Vgl. Frank Bösch: Das Zeremoniell der Kaisergeburtstage, in: Ebd., S. 53–76, hier S. 63; Martin Kohlrausch: Hof und Hofgesellschaft in der Kaiserzeit, in: Wolfgang Ribbe (Hrsg.): Schloß- und Schloßbezirk in der Mitte Berlins. Das Zentrum der Stadt als politischer und gesellschaftlicher Ort, Berlin 2005, S. 119–135.

18 Zum Ganzen Martin Kohlrausch: Der Monarch im Skandal. Die Logik der Massenmedien und die Transformation der Wilhelminischen Monarchie, Berlin 2005.

19 Zu diesem Themenkomplex zuletzt sehr erhellend Wolfgang König: Wilhelm II. und die Moderne. Der Kaiser und die technisch-industrielle Welt, Paderborn u.a. 2007, bes. S. 11 ff., 195 ff., 264–274.

20 Walther Rathenau: Der Kaiser, Berlin 1919, S. 24.

21 Dazu allgemein Ernst Rudolf Huber: Deutsche Verfassungsgeschichte seit 1789, Bd. III: Bismarck und das Reich, 2. Aufl., Stuttgart u.a. 1978, S. 811 f.

22 Huber: Die Bismarcksche Reichsverfassung (wie Anm. 6), S. 77.

23 So repräsentativ Paul Laband: Die geschichtliche Entwicklung der Reichsverfassung seit der Reichsgründung, in: Jahrbuch des öffentlichen Rechts der Gegenwart 1 (1907), S. 1–46; Heinrich Triepel: Die Kompetenzen des Bundesstaates und die geschriebene Verfassung, in: Staatsrechtliche Abhandlungen. Festgabe für Paul Laband zum fünfzigsten Jahrestage der Doktor-Promotion, Bd. 2, Tübingen 1908, S. 247–335; Georg Jellinek: Regierung und Parlament in Deutschland. Geschichtliche Entwicklung ihres Verhältnisses. Vortrag, gehalten in der Gehe-Stiftung zu Dresden am 13. März 1909, Leipzig 1909; Conrad Bornhak: Parlamentarisches Regiment im Deutschen Reiche, in: Internationale Monatsschrift für Wissenschaft, Kunst und Technik 6 (1912), Sp. 1011–1024.

24 Vgl. Michael John: Politics and the Law in Late Nineteenth-Century Germany. The Origins of the Civil Code, Oxford 1989.

25 Zu den damit verbundenen Problemen jetzt umfassend Uwe Wilhelm: Das Deutsche Kaiserreich und seine Justiz. Justizkritik – politische Strafrechtsprechung – Justizpolitik, Berlin 2010, bes. S. 15–34, 479 ff., 636–646.

26 Dazu speziell Hans Fenske: Der Verein »Recht und Wirtschaft« 1911–1923, in: Hermann Schäfer (Hrsg.): Geschichte in Verantwortung. Festschrift für Hugo Ott zum 65. Geburtstag, Frankfurt/New York 1996, S. 149–165.

27 Dazu Rainer Schröder: Die Richterschaft am Ende des zweiten Kaiserreichs unter dem Druck polarer sozialer und politischer Anforderungen, in: Arno Buschmann/Franz L. Knemeyer/Gerhard Otte/Werner Schubert (Hrsg.): Festschrift für Rudolf Gmür zum 70. Geburtstag, Bielefeld 1983, S. 201–253 sowie, unter Einbeziehung berufssoziologischer Perspektiven, Hubert Rottleuthner: Die gebrochene Bürgerlichkeit einer Scheinprofession. Zur Situation der deutschen Richterschaft zu Beginn des 20. Jahrhunderts, in: Hannes Siegrist (Hrsg.): Bürgerliche Berufe. Zur Sozialgeschichte der freien und akademischen Berufe im internationalen Vergleich, Göttingen 1988, S. 145–173.
28 Dazu noch immer die kompendiöse Darstellung von Klaus Saul: Staat, Industrie und Arbeiterbewegung im Kaiserreich. Zur Innen- und Sozialpolitik des Wilhelminischen Deutschland 1903–1914, Düsseldorf 1974.
29 Vgl. aus Sicht der Arbeiterbewegung Florian Tennstedt: Vom Proleten zum Industriearbeiter. Arbeiterbewegung und Sozialpolitik in Deutschland 1800–1914, Köln 1983.
30 Zu diesem Aspekt vorzüglich Gerhard A. Ritter: Der Sozialstaat. Entstehung und Entwicklung im internationalen Vergleich, 3. Aufl., München 2010.
31 Für entsprechende Details vgl. die noch immer unübertroffene Darstellung von Karl Erich Born: Staat und Sozialpolitik seit Bismarcks Sturz. Ein Beitrag zur Geschichte der innenpolitischen Entwicklung des Deutschen Reiches 1890–1914, Wiesbaden 1957, S. 178 ff.
32 Vgl. Max Jürgen Koch: Die Bergarbeiterbewegung im Ruhrgebiet zur Zeit Wilhelms II. (1889–1914), Düsseldorf 1954, S. 137 ff.
33 So Ernst Rudolf Huber: Deutsche Verfassungsgeschichte seit 1789, Bd. IV: Struktur und Krisen des Kaiserreichs, 2. Aufl., Stuttgart u. a. 1982, S. 1243.
34 Zu dieser Entwicklung vgl. im Zusammenhang Hans Jürgen Teuteberg: Geschichte der industriellen Mitbestimmung in Deutschland. Ursprung und Entwicklung ihrer Vorläufer im Denken und in der Wirklichkeit des 19. Jahrhunderts, Tübingen 1961, bes. S. 438 ff.
35 Vgl. explizit Klaus Rother: Die Reichsversicherungsordnung 1911. Das Ringen um die letzte große Arbeiterversicherungsgesetzgebung des Kaiserreichs unter besonderer Berücksichtigung der Rolle der Sozialdemokratie, Aachen 1994.
36 Darüber zusammenfassend zuletzt Günther Schulz: Die Angestellten seit dem 19. Jahrhundert, München 2000, S. 27 ff.
37 Dazu in vergleichender Perspektive Friedhelm Boll: Arbeitskämpfe und Gewerkschaften in Deutschland, England und Frankreich. Ihre Entwicklung vom 19. zum 20. Jahrhundert, Bonn 1992.
38 Zu den gleichwohl auf allen Seiten vorhandenen Verständigungspotenzia-

len bereits Hans-Peter Ullmann: Unternehmerschaft, Arbeitgeberverbände und Streikbewegung 1890–1914, in: Klaus Tenfelde und Heinrich Volkmann (Hrsg.): Streik. Zur Geschichte des Arbeitskampfes in Deutschland während der Industrialisierung, München 1981, S. 194–208 sowie Klaus Saul: Zwischen Repression und Integration. Staat, Gewerkschaften und Arbeitskampf im kaiserlichen Deutschland 1884 bis 1914, in: Ebd., S. 209–236.

39 Vgl. allgemein Hans Henning Hahn und Peter Kunze (Hrsg.): Nationale Minderheiten und staatliche Minderheitenpolitik in Deutschland im 19. Jahrhundert, Berlin 1999.

40 Statistisches Jahrbuch für das Deutsche Reich 26 (1905), S. 6.

41 Vergleichende Analyse bei Eva Rimmele: Sprachenpolitik im Deutschen Kaiserreich vor 1914. Regierungspolitik und veröffentlichte Meinung in Elsaß-Lothringen und den östlichen Provinzen Preußens, Frankfurt am Main u. a. 1996.

42 Vgl. Max Rehm: Reichsland Elsaß-Lothringen. Regierung und Verwaltung 1871 bis 1918, Bad Neustadt an der Saale 1991.

43 Anderer Meinung ist Hans-Ulrich Wehler: Das »Reichsland« Elsaß-Lothringen von 1870 bis 1918 (1961), wiederabgedruckt in: Ders.: Krisenherde des Kaiserreichs 1871–1918. Studien zur deutschen Sozial- und Verfassungsgeschichte, 2. Aufl., Göttingen 1979, S. 23–69, hier S. 46 ff.

44 Zu den Einzelheiten Huber: Struktur und Krisen des Kaiserreichs (wie Anm. 33), S. 468 ff. sowie zuletzt sehr ausführlich Sophie Charlotte Preibusch: Verfassungsentwicklungen im Reichsland Elsaß-Lothringen 1871–1918. Integration durch Verfassungsrecht?, Berlin 2006, S. 353–476.

45 Vgl. detailliert Manfred Rauh: Parlamentarisierung des Deutschen Reiches, Düsseldorf 1977, S. 203–239.

46 Dazu sehr erhellend Hendrik Thoß: »Purifier – centraliser – assimiler« – Reannexion und Vertreibung im Elsaß und in Lothringen nach 1918, in: Frank-Lothar Kroll und Matthias Niedobitek (Hrsg): Vertreibung und Minderheitenschutz in Europa, Berlin 2005, S. 281–296.

47 Falsche Zahlen (26 Mandate!) bei Wehler: Das »Reichsland« Elsaß-Lothringen von 1870 bis 1918 (wie Anm. 43), S. 52.

48 Einzelheiten bei Hermann Joseph Hiery: Reichstagswahlen im Reichsland. Ein Beitrag zur Landesgeschichte von Elsaß-Lothringen und zur Wahlgeschichte des Deutschen Reiches 1871–1918, Düsseldorf 1986.

49 Zum Folgenden Huber: Struktur und Krisen des Kaiserreichs (wie Anm. 33), S. 479–511; polemisch und verzerrend Hans-Ulrich Wehler: Polenpolitik im Deutschen Kaiserreich (1968), wiederabgedruckt in: Ders.: Krisenherde des Kaiserreichs (wie Anm. 43), S. 184–202.

50 Darüber jetzt zusammenfassend Frank-Lothar Kroll: Europas verlorene Mitte, in: Ders. und Hendrik Thoß (Hrsg.): Europas verlorene und wiedergewonnene Mitte. Das Ende des Alten Reiches und die Entstehung des Nationalitätenproblems im östlichen Mitteleuropa, Berlin 2011, S. 17–28, hier S. 19f.

51 In der Provinz Posen entfielen von 15 Reichstagsmandaten regelmäßig zehn bis zwölf, in der Provinz Westpreußen von 13 Mandaten bis zu sechs an polnische Politiker; in Oberschlesien wurde 1903 erstmals ein polnischer Kandidat gewählt. Dazu jetzt umfassend Albert S. Kotowski: Zwischen Staatsräson und Vaterlandsliebe. Die Polnische Fraktion im Deutschen Reichstag 1871–1918, Düsseldorf 2007.

52 Vgl. die in einen großen Rahmen hineingestellten Darlegungen von William W. Hagen: Germans, Poles, and Jews. The Nationality Conflict in the Prussian East, 1772–1914, Chicago/London 1980; neuerdings Mark Tilse: Transnationalism in the Prussian East. From National Conflict to Synthesis, 1871–1914, Houndmills (Basingstoke) 2011.

53 Verhandlungen des Reichtags: Stenographische Berichte, Bd. 287, S. 3371.

54 Zu den entsprechenden Wechselwirkungen Sabine Grabowski: Deutscher und polnischer Nationalismus. Der Deutsche Ostmarken-Verein und die polnische Straz 1894–1914, Marburg 1998.

Parlament, Parteien und organisierte Interessen (S. 35–67)

1 Das Wahlrecht für Frauen wurde vor 1914 nur in zwei europäischen Ländern eingeführt: 1906 im (mit Russland in Personalunion verbundenen) Großfürstentum Finnland und 1913 im (seit 1905 von Schweden unabhängigen) Königreich Norwegen. Für die Entwicklung im Reich vgl. Ute Rosenbusch: Der Weg zum Frauenwahlrecht in Deutschland, Baden-Baden 1998.

2 Angaben und Informationen, auch für das Weitere bei Margaret Lavinia Anderson: Lehrjahre der Demokratie. Wahlen und politische Kultur im Deutschen Kaiserreich, Stuttgart 2009, S. 32ff.; zur englischen Vergleichsperspektive Kurt Kluxen: Geschichte und Problematik des Parlamentarismus, Frankfurt am Main 1983, S. 149ff., 157ff.; zur Problematik allgemein bereits Markus Mattmüller: Die Durchsetzung des allgemeinen Wahlrechts als gesamteuropäischer Vorgang, in: Beate Junker, Peter Gilg und Richard Reich (Hrsg.): Geschichte und politische Wissenschaft. Festschrift für Erich Gruner zum 60. Geburtstag, Bern 1975, S. 213–236.

3 Zu diesem Problem Ernst Rudolf Huber: Deutsche Verfassungsgeschichte seit 1789, Bd. III: Bismarck und das Reich, 2. Aufl., Stuttgart u.a. 1978, S. 873ff.

4 Zahlen ebd., S. 876.

5 Vgl. ebd., S. 874.

6 Begriff nach Anderson: Lehrjahre der Demokratie (wie Anm. 2), S. 405.

7 Zu den Einzelheiten dieser Vorgänge ebd., S. 400–417.

8 Dazu Geoffrey Russell Searle: Corruption in British Politics, 1895–1930, Oxford 1987.

9 Vgl. die akribische Untersuchung von Brett Fairbairn: Democracy in the Undemocratic State. The German Reichstag Elections of 1898 and 1903, Toronto/Buffalo/London 1997, bes. S. 69 ff.

10 Zu den Einzelheiten detailliert Robert Arsenschek: Der Kampf um die Wahlfreiheit im Kaiserreich. Zur parlamentarischen Wahlprüfung und politischen Realität der Reichstagswahlen 1871–1914, Düsseldorf 2003, bes. S. 15, 25, 349–366.

11 Zahlen nach Jürgen Bertram: Die Wahlen zum Deutschen Reichstag vom Jahre 1912. Parteien und Verbände in der Innenpolitik des Wilhelminischen Reiches, Düsseldorf 1964, S. 208. Am politischen Geschehen im heutigen Bundesland Mecklenburg-Vorpommern zeigten sich bei den Landtagswahlen 2011 hingegen nur 51,4 Prozent der Wahlberechtigten durch Stimmabgabe interessiert.

12 Karl Mannheim: Mensch und Gesellschaft im Zeitalter des Umbaus, Darmstadt 1958, S. 52 ff.

13 Vgl. Anderson: Lehrjahre der Demokratie (wie Anm. 2), S. 379, 386 ff., 392 ff., 396 f.

14 Begriff bei Thomas Kühne: Dreiklassenwahlrecht und Wahlkultur in Preussen 1867–1914. Landtagswahlen zwischen korporativer Tradition und politischem Massenmarkt, Düsseldorf 1994, S. 111 ff.

15 Max Weber: Politik als Beruf, München/Leipzig 1919, S. 12 ff., Zitat (mit fehlerhafter Syntax) S. 30.

16 Zu den damit verbundenen Diskussionen zuletzt eingehend Hermann Butzer: Diäten und Freifahrt im Deutschen Reichstag. Der Weg zum Entschädigungsgesetz von 1906 und die Nachwirkung dieser Regelung bis in die Zeit des Grundgesetzes, Düsseldorf 1999.

17 Vgl. Otto von Bismarck: Die gesammelten Werke, Bd. 12: Reden 1878–1885, bearb. von Wilhelm Schüssler, Berlin 1929, S. 464 f. (Rede im Deutschen Reichstag vom 9. Mai 1884).

18 Dazu weiterhin maßgeblich David Schoenbaum: Zabern, 1913. Consensus Politics in Imperial Germany, London 1982.

19 Diese Vorgänge betont – polemisch überspitzend – Hans-Ulrich Wehler: Der Fall Zabern von 1913/14 als Verfassungskrise des Wilhelminischen Kaiserreichs (1963), wiederabgedruckt in: Ders.: Krisenherde des Kaiserreichs 1871–1918. Studien zur deutschen Sozial- und Verfassungsgeschichte, 2. Aufl., Göttingen 1979, S. 70–88.

20 Zitat nach ebd., S. 74.

21 Zur Kanzlerschaft Bülows vgl. Katharine Anne Lerman: The Chancellor as Courtier. Bernhard von Bülow and the Governance of Germany, 1900–1909, Cambridge 1990; zuletzt Gerd Fesser: Reichskanzler von Bülow. Architekt der deutschen Weltpolitik, Leipzig 2003.

22 Zu den Einzelheiten detailliert Eleanor L. Turk: German Liberals and the Genesis of the German Association Law of 1908, in: Konrad H. Jarausch / Larry Eugene Jones (Hrsg.): In Search of a Liberal Germany. Studies in the History of German Liberalism from 1789 to the Present, New York/Oxford/München 1990, S. 237–260.

23 Dazu paradigmatisch Helmut Altrichter: Konstitutionalismus und Imperialismus. Der Reichstag und die deutsch-russischen Beziehungen 1890–1914, Frankfurt am Main/Bern/Las Vegas 1977, S. 155–182.

24 Dazu instruktiv Michael Epkenhans: Die wilhelminische Flottenrüstung 1908–1914. Weltmachtstreben, industrieller Fortschritt, soziale Integration, München 1991; zum Prozess parlamentarischer Entscheidungsfindung noch immer brauchbar und detailliert Hansgeorg Fernis: Die Flottennovellen im Reichstag 1906–1912, Stuttgart 1934.

25 Vgl. im vorliegenden Zusammenhang ausführlich Manfred Rauh: Föderalismus und Parlamentarismus im Wilhelminischen Reich, Düsseldorf 1973, S. 298–346.

26 Dazu weiterhin maßgeblich Peter-Christian Witt: Die Finanzpolitik des Deutschen Reiches von 1903 bis 1913. Eine Studie zur Innenpolitik des Wilhelminischen Deutschlands, Lübeck 1970.

27 Vgl. Christoph Nonn: Verbraucherprotest und Parteiensystem im wilhelminischen Deutschland, Bonn 1996, S. 297–302 unter Berücksichtigung der nicht weniger klientelgebundenen Interessen der anderen Parteien.

28 Über ihn noch immer Eberhard von Vietsch: Bethmann Hollweg. Staatsmann zwischen Macht und Ethos, Boppard 1969. Eine neuere Biografie fehlt.

29 Vgl. Dieter Groh: Negative Integration und revolutionärer Attentismus. Die deutsche Sozialdemokratie am Vorabend des Ersten Weltkrieges, Frankfurt am Main/Berlin/Wien 1973, S. 112 ff.

30 So Theobald von Bethmann Hollweg: Betrachtungen zum Weltkriege, 1. Teil: Vor dem Kriege, Berlin 1919, S. 98.

31 Zu den Einzelheiten jetzt detailliert Manfred Nebelin: Ludendorff. Diktator im Ersten Weltkrieg, München 2010, S. 90 f., 96 f.

32 Dazu speziell Bertram: Die Wahlen zum Deutschen Reichstag vom Jahre 1912 (wie Anm. 11), S. 221–243.

33 Vgl. zuletzt Peter Winzen: Das Kaiserreich am Abgrund. Die Daily Telegraph-

Affäre und das Hale-Interview von 1908. Darstellung und Dokumentation, Stuttgart 2002.

34 Auf die entsprechenden Initiativen des Reichstags unmittelbar vor 1914 verweist eingehend Manfred Rauh: Die Parlamentarisierung des Deutschen Reiches, Düsseldorf 1977, S. 177 ff., 191 f.

35 Vgl. Christoph Schönberger: Das Parlament im Anstaltsstaat. Zur Theorie parlamentarischer Repräsentation in der Staatsrechtslehre des Kaiserreichs (1871–1918), Frankfurt am Main 1997.

36 Wolfgang J. Mommsen: Bürgerstolz und Weltmachtstreben. Deutschland unter Wilhelm II. 1890–1918, Berlin 1995, S. 413.

37 Hans-Ulrich Wehler: Das Deutsche Kaiserreich 1871–1918, Göttingen 1973, S. 69; ähnlich z.B. Mark Hewitson: The Kaiserreich in Question. Constitutional Crisis in Germany before the First World War, in: Journal of Modern History 73 (2001), S. 725–780.

38 Rauh: Föderalismus und Parlamentarismus im Wilhelminischen Reich (wie Anm. 25), S. 26, 31.

39 Die zur vollständigen Parlamentarisierung hin offene Entwicklungsrichtung in den Jahren vor Kriegsausbruch betonen mittlerweile zahlreiche jüngere Kaiserreich-Interpreten. Vorzüglich Marcus Kreuzer: Und sie parlamentarisierte sich doch. Die Verfassungsordnung des Kaiserreichs in vergleichender Perspektive, in: Marie-Luise Recker (Hrsg.): Parlamentarismus in Europa. Deutschland, England und Frankreich im Vergleich, München 2004, S. 17–40; verhaltener Christoph Schönberger: Die überholte Parlamentarisierung. Einflußgewinn und fehlende Herrschaftsfähigkeit des Reichstags im sich demokratisierenden Kaiserreich, in: Historische Zeitschrift 272 (2001), S. 623–666; zum Forschungsstand Thomas Kühne: Demokratisierung und Parlamentarisierung. Neue Forschungen zur politischen Entwicklungsfähigkeit Deutschlands vor dem Ersten Weltkrieg, in: Geschichte und Gesellschaft 31 (2005), S. 293–316.

40 Zum Grundsätzlichen Thomas Nipperdey: Grundprobleme der deutschen Parteigeschichte im 19. Jahrhundert (1968), wiederabgedruckt in: Gerhard A. Ritter (Hrsg.): Deutsche Parteien vor 1918, Köln 1973, S. 32–55.

41 Dazu noch immer grundlegend Thomas Nipperdey: Die Organisation der deutschen Parteien vor 1918, Düsseldorf 1961, bes. S. 241–264.

42 Zu diesem Aspekt besonders Rauh: Föderalismus und Parlamentarismus im Wilhelminischen Reich (wie Anm. 25), S. 249 ff., 351.

43 Vgl. Thomas Nipperdey: Die Organisation der bürgerlichen Parteien in Deutschland (1958), wiederabgedruckt in: Ritter (Hrsg.): Deutsche Parteien vor 1918 (wie Anm. 40), S. 100–119.

44 Zur Verflechtung von konservativen und agrarischen Interessen in diesem

Zusammenhang noch immer grundlegend, aber einseitig Hans-Jürgen Puhle: Agrarische Interessenpolitik und preußischer Konservatismus im wilhelminischen Reich (1893–1914). Ein Beitrag zur Analyse des Nationalismus in Deutschland am Beispiel des Bundes des Landwirte und der Deutsch-Konservativen Partei, Hannover 1966, bes. S. 261 ff.; vgl. ferner Jens Flemming: Landwirtschaftliche Interessen und Demokratie. Ländliche Gesellschaft, Agrarverbände und Staat 1890–1925, Bonn 1978.

45 Vgl. Gotthard Klein: Der Volksverein für das katholische Deutschland 1890–1933. Geschichte, Bedeutung, Untergang, Paderborn u.a. 1996; spezieller Horstwalter Heitzer: Der Volksverein für das Katholische Deutschland im Kaiserreich 1890–1918, Mainz 1979.

46 Dies betont nachdrücklich Nipperdey: Die Organisation der bürgerlichen Parteien in Deutschland (wie Anm. 43), S. 116.

47 Zitat bei Hans-Joachim Schoeps: Das andere Preußen. Konservative Gestalten und Probleme im Zeitalter Friedrich Wilhelms IV., 3. Aufl., Berlin 1964, S. 56.

48 Zur Parteigeschichte noch immer Hans Booms: Die Deutschkonservative Partei. Preußischer Charakter, Reichsauffassung, Nationalbegriff, Düsseldorf 1954; daneben James N. Retallack: Notables of the Right. The Conservative Party and Political Mobilization in Germany, 1876–1918, Boston 1988; zu den möglichen Reformpotenzialen zuletzt Kirsten Heinsohn: Konservative Parteien in Deutschland 1912 bis 1933. Demokratisierung und Partizipation in geschlechterhistorischer Perspektive, Düsseldorf 2010, S. 25–30.

49 Dazu eingehend Hannelore Horn: Der Kampf um den Bau des Mittellandkanals. Eine politologische Untersuchung über die Rolle eines Wirtschaftlichen Interessenverbandes im Preußen Wilhelms II., Köln 1964.

50 Grundlegend Matthias Alexander: Die Freikonservative Partei 1890–1918. Gemäßigter Konservatismus in der konstitutionellen Monarchie, Düsseldorf 2000, bes. S. 375 ff.

51 Vgl. Hartmut Kaelble: Industrielle Interessenpolitik in der Wilhelminischen Gesellschaft. Centralverband Deutscher Industrieller 1895–1914, Berlin 1967.

52 Adolf Grabowsky: Der Kulturkonservatismus und die Reichstagswahlen, Berlin 1912, bes. S. 5 f., 10 ff.; zu diesem Konzept eingehend Rüdiger vom Bruch: Kulturstaat – Sinndeutung von oben? (1989), wiederabgedruckt in: Ders.: Bürgerlichkeit, Staat und Kultur im Kaiserreich, hrsg. von Christoph Liess, Stuttgart 2005, bes. S. 73 ff.

53 So noch Hans-Jürgen Puhle: Radikalisierung und Wandel des deutschen Konservatismus vor dem Ersten Weltkrieg, in: Ritter (Hrsg.): Deutsche Parteien vor 1918 (wie Anm. 40), S. 165–186, hier S. 171.

54 Dazu jetzt einschlägig Nonn: Verbraucherprotest und Parteiensystem im wilhelminischen Deutschland (wie Anm. 27), S. 281–312.

55 Vgl. die aufschlussreichen Bemerkungen bei Stefan Breuer: Die Völkischen in Deutschland. Kaiserreich und Weimarer Republik, Darmstadt 2008, S. 68–83.

56 Zum Problem generell Thomas Nipperdey: Interessenverbände und Parteien in Deutschland vor dem Ersten Weltkrieg (1961), wiederabgedruckt in: Ders.: Gesellschaft, Kultur, Theorie. Gesammelte Aufsätze zur neueren Geschichte, Göttingen 1976, S. 319–337; ders.: Organisierter Kapitalismus, Verbände und die Krise des Kaiserreichs, in: Geschichte und Gesellschaft 5 (1979), S. 418–433; Hans-Peter Ullmann: Interessenverbände in Deutschland, Frankfurt am Main 1988, S. 77–123.

57 Vgl. Hans-Peter Ullmann: Der Bund der Industriellen. Organisation, Einfluss und Politik klein- und mittelbetrieblicher Industrieller im Deutschen Kaiserreich 1895–1914, Göttingen 1976.

58 Dazu die Monografie von Siegfried Mielke: Der Hansa-Bund für Gewerbe, Handel und Industrie 1909–1914, Göttingen 1976.

59 Repräsentativ Emil Lederer: Parteien und Interessentenorganisationen, in: Der Staatsbürger 3 (1912), Sp. 329–338; ders.: Die wirtschaftlichen Organisationen, Leipzig/Berlin 1913.

60 Vgl. Ludwig Richter: »Auseinanderstrebendes Zusammenhalten«. Bassermann, Stresemann und die Nationalliberale Partei im letzten Jahrzehnt des Kaiserreiches, in: Ders./Wolfram Pyta (Hrsg.): Gestaltungskraft des Politischen. Festschrift für Eberhard Kolb, Berlin 1998, S. 271–312.

61 Zu diesem Aspekt aufschlussreich Dieter Grosser: Vom monarchischen Konstitutionalismus zur parlamentarischen Demokratie. Die Verfassungspolitik der deutschen Parteien im letzten Jahrzehnt des Kaiserreiches, Den Haag 1970, S. 69–75.

62 Zu den Einzelheiten dieser Entwicklung Peter Gilg: Die Erneuerung des demokratischen Denkens im Wilhelminischen Deutschland. Eine ideengeschichtliche Studie zur Wende vom 19. zum 20. Jahrhundert, Wiesbaden 1965, S. 230–237.

63 Vgl. problemorientiert Beverly Heckart: From Bassermann to Bebel. The Grand Bloc's Quest for Reform in the Kaiserreich, 1900–1914, New Haven 1974.

64 Zu Richter maßgeblich Ina Susanne Lorenz: Eugen Richter. Der entschiedene Liberalismus in wilhelminischer Zeit 1871–1906, Husum 1980; ferner Ralph Raico: Die Partei der Freiheit. Studien zur Geschichte des deutschen Liberalismus, Stuttgart 1990, S. 87–151.

65 Vgl. speziell Konstanze Wegner: Theodor Barth und die Freisinnige Vereinigung. Studien zur Geschichte des Linksliberalismus im wilhelminischen Deutschland (1893–1910), Tübingen 1968.

66 Vgl. James C. Hunt: The People's Party in Württemberg and Southern Germany, 1890–1914. The Possibilities of Democratic Politics, Stuttgart 1975.
67 Vgl. Alastair Paul Thompson: Left Liberals in German State and Society, 1907–1918, London 1989.
68 Zu Naumanns politischer Verortung Rüdiger vom Bruch (Hrsg.): Friedrich Naumann in seiner Zeit, Berlin 2000; zuletzt vorzüglich Frank Fehlberg: Protestantismus und Nationaler Sozialismus. Liberale Theologie und politisches Denken um Friedrich Naumann, Bonn 2012, bes. S. 370–375.
69 Vgl. Gilg: Die Erneuerung des demokratischen Denkens (wie Anm. 62), S. 178–218.
70 Friedrich Naumann: Demokratie und Kaisertum. Ein Handbuch für innere Politik, Berlin 1900. Diese Gedanken wurden später noch präzisiert. Vgl. Friedrich Naumann: Das Königtum (1909), wiederabgedruckt in: Ders.: Werke, Bd. 2: Schriften zur Verfassungspolitik, Köln/Opladen 1964, S. 407–439; ders.: Demokratie und Monarchie (1912), wiederabgedruckt in: Ebd., S. 439–444 sowie ders.: Der Kaiser im Volksstaat, Berlin 1917; zum Ganzen Elisabeth Fehrenbach: Wandlungen des deutschen Kaisergedankens 1871–1918, München/Wien 1969, S. 168.
71 Dazu Peter Theiner: Sozialer Liberalismus und deutsche Weltpolitik. Friedrich Naumann im Wilhelminischen Deutschland (1860–1919), Baden-Baden 1983.
72 Dazu aus noch zeitgenössischer Zentrumssicht Karl Bachem: Vorgeschichte, Geschichte und Politik der deutschen Zentrumspartei 1814–1914, Bd. VI: Das Zentrum in Berlin in den Jahren 1898–1906, Köln 1929, S. 262 ff.; zuletzt Jürgen Strötz: Wilhelm II. und der Katholizismus, in: Stefan Samerski (Hrsg.): Wilhelm II. und die Religion. Facetten einer Persönlichkeit und ihres Umfelds, Berlin 2001, S. 171–198.
73 Zitat nach Rudolf Morsey: Die deutschen Katholiken und der Nationalstaat zwischen Kulturkampf und Erstem Weltkrieg (1970), wiederabgedruckt in: Ders.: Von Windthorst bis Adenauer. Ausgewählte Aufsätze zu Politik, Verwaltung und politischem Katholizismus im 19. und 20. Jahrhundert, Paderborn u. a. 1997, S. 158–187, Zitat S. 165.
74 So noch immer treffend Winfried Baumgart: Deutschland im Zeitalter des Imperialismus (1890–1914). Grundkräfte, Thesen und Strukturen, Frankfurt am Main/Berlin/Wien 1972, S. 161.
75 Zur Politik des Zentrums in der Spätphase des Kaiserreichs speziell Wilfried Loth: Das Zentrum und die Verfassungskrise des Kaiserreichs, in: Geschichte in Wissenschaft und Unterricht 38 (1987), S. 204–221.
76 Dazu grundlegend Martin Baumeister: Parität und katholische Inferiorität. Untersuchungen zur Stellung des Katholizismus im Deutschen Kaiserreich, Paderborn u. a. 1987.

77 Vgl. Christopher Dowe: Auch Bildungsbürger. Katholische Studierende und Akademiker im Kaiserreich, Göttingen 2006.

78 Vgl. Maria Cristina Giacomin: Zwischen katholischem Milieu und Nation. Literatur und Literaturkritik im Hochland (1903–1918), Paderborn u.a. 2009.

79 Dazu Margaret Lavinia Anderson: Windthorsts Erben. Konfessionalität und Interkonfessionalismus im politischen Katholizismus 1890–1918, in: Winfried Becker/Rudolf Morsey (Hrsg.): Christliche Demokratie in Europa. Grundlagen und Entwicklungen seit dem 19. Jahrhundert, Köln/Wien 1988, S. 69–90.

80 So Wilfried Loth: Katholiken im Kaiserreich. Der politische Katholizismus in der Krise des wilhelminischen Deutschland, Düsseldorf 1984, S. 78.

81 Vgl. umfassend Bernhard Forster: Adam Stegerwald (1874–1945). Christlich-nationaler Gewerkschafter, Zentrumspolitiker, Mitbegründer der Unionsparteien, Düsseldorf 2003.

82 Zum katholischen Integralismus um 1900 eingehender Loth: Katholiken im Kaiserreich (wie Anm. 80), S. 156 ff., 260–277.

83 Vgl. Stefan Vogt: Arbeiterbewegung und nationale Integration. Zum Verhältnis von sozialer und nationaler Frage in der deutschen Sozialdemokratie, in: Klaus Holz (Hrsg.): Staatsbürgerschaft. Soziale Differenzierung und politische Inklusion, Wiesbaden 2000, S. 119–136.

84 Eduard Bernstein: Die Voraussetzungen des Sozialismus und die Aufgabe der Sozialdemokratie, Stuttgart 1899; dazu instruktiv Hans Mommsen: Nationalismus und nationale Frage im Denken Eduard Bernsteins, in: Ders.: Arbeiterbewegung und nationale Frage. Ausgewählte Aufsätze, Göttingen 1979, S. 109–124.

85 Zum sozialdemokratischen Revisionismus vor 1914 vgl. neben der klassischen Darstellung von Carl E. Schorske: Die große Spaltung. Die deutsche Sozialdemokratie 1905 bis 1917, Berlin 1981 noch immer instruktiv Hans-Josef Steinberg: Sozialismus und deutsche Sozialdemokratie. Zur Ideologie der Partei vor dem Ersten Weltkrieg, 5. Aufl., Berlin/Bonn 1979.

86 Dazu aufschlussreich Gerhard A. Ritter: Die Sozialdemokratie im Deutschen Kaiserreich in sozialgeschichtlicher Perspektive (1989), wiederabgedruckt in: Ders.: Arbeiter, Arbeiterbewegung und soziale Ideen in Deutschland. Beiträge zur Geschichte des 19. und 20. Jahrhunderts, München 1996, S. 183–226, hier S. 191.

87 Karl Kautsky: Bernstein und das sozialdemokratische Programm. Eine Antikritik, Stuttgart 1899.

88 Rosa Luxemburg: Sozialreform oder Revolution?, Leipzig 1899.

89 Für die entsprechenden Zusammenhänge weiterhin maßgeblich Gerhard A. Ritter: Die Arbeiterbewegung im Wilhelminischen Reich. Die Sozialdemokratische Partei und die Freien Gewerkschaften 1890–1900, Berlin-Dahlem 1959, bes. S. 206 ff.

90 Dazu sehr pointiert Eckhard Jesse: Demokratie oder Diktatur? Luxemburg und der Luxemburgismus, in: Uwe Backes und Stephane Courtois (Hrsg.): »Ein Gespenst geht um in Europa«. Das Erbe kommunistischer Ideologien, Köln/Weimar/Wien 2002, S. 187–212.

91 Ritter: Die Arbeiterbewegung im Wilhelminischen Reich (wie Anm. 89), S. 203.

92 Ebd.

93 Dazu maßgeblich Klaus Schönhoven: Expansion und Konzentration. Studien zur Entwicklung der Freien Gewerkschaften im Wilhelminischen Deutschland 1890 bis 1914, Stuttgart 1980, bes. S. 331 ff.

94 Vgl. Gerhard A. Ritter (Hrsg.): Der Aufstieg der deutschen Arbeiterbewegung. Sozialdemokratie und Freie Gewerkschaften im Parteiensystem und Sozialmilieu des Kaiserreichs. München 1990; Manfred Scharrer: Organisation und Vaterland. Gewerkschaften vor dem Ersten Weltkrieg. Köln 1990, bes. S. 108 ff.

95 Dazu Ursula Ratz: Sozialreform und Arbeiterschaft. Die »Gesellschaft für Soziale Reform« und die sozialdemokratische Arbeiterbewegung von der Jahrhundertwende bis zum Ausbruch des Ersten Weltkrieges. Bonn 1980.

Eine Gesellschaft in Bewegung (S. 68–96)

1 Zahlenangaben nach Winfrid Halder: Innenpolitik im Kaiserreich 1871–1914, Darmstadt 2003, S. 30.

2 Zahlen nach Jürgen Reulecke: Geschichte der Urbanisierung in Deutschland, Frankfurt am Main 1985, S. 57 ff.

3 Vgl. Wolfgang J. Mommsen: Bürgerstolz und Weltmachtstreben. Deutschland unter Wilhelm II. 1890 bis 1918, Berlin 1995, S. 63.

4 Dies betont zu Recht Volker Ullrich: Die nervöse Großmacht. Aufstieg und Untergang des deutschen Kaiserreichs 1871–1918, Frankfurt am Main 1997, S. 309–312.

5 Vgl. den Überblick von Hartmut Kaelble: Soziale Mobilität und Chancengleichheit im 19. und 20. Jahrhundert. Deutschland im internationalen Vergleich, Göttingen 1983.

6 Dazu die kompendiöse Darstellung von Jürgen Kocka und Ute Frevert (Hrsg.): Bürgertum im 19. Jahrhundert. Deutschland im europäischen Vergleich, Bde. 1–3, München 1988.

7 Bahnbrechend hierzu Dolores L. Augustine: Patricians and Parvenus. Wealth and High Society in Wilhelmine Germany, Oxford/Providence 1994, bes. S. 147 ff.

8 Vgl. die Bilanzen von Heinz Reif (Hrsg.): Adel und Bürgertum in Deutschland. Entwicklungslinien und Wendepunkte im 19. Jahrhundert, Berlin 2000 und Andreas Schulz: Lebenswelt und Kultur des Bürgertums im 19. und 20. Jahrhundert, München 2005, S. 69 ff.

9 Dazu Klaus Vondung (Hrsg.): Das wilhelminische Bildungsbürgertum. Zur Sozialgeschichte seiner Ideen, Göttingen 1976, bes. S. 20–33; Werner Conze / Jürgen Kocka (Hrsg.): Bildungsbürgertum im 19. Jahrhundert, Teil I: Bildungssystem und Professionalisierung in internationalen Vergleichen, Stuttgart 1985; Reinhart Koselleck (Hrsg.): Bildungsbürgertum im 19. Jahrhundert, Teil II: Bildungsgüter und Bildungswissen, Stuttgart 1988; M. Rainer Lepsius (Hrsg.): Bildungsbürgertum im 19. Jahrhundert, Teil III: Lebensführung und ständische Vergesellschaftung, Stuttgart 1992; Jürgen Kocka (Hrsg.): Bildungsbürgertum im 19. Jahrhundert, Teil IV: Politischer Einfluß und gesellschaftliche Formation, Stuttgart 1989.

10 So Ullrich: Die nervöse Großmacht (wie Anm. 4), S. 285.

11 Zur Diskussion den aufschlussreichen Literaturbericht von Utz Haltern: Die Gesellschaft der Bürger, in: Geschichte und Gesellschaft 19 (1993), S. 100–134.

12 Gustav Schmoller: Was verstehen wir unter dem Mittelstande? Hat er im 19. Jahrhundert zu- oder abgenommen?, in: Die Verhandlungen des Achten Evangelisch-sozialen Kongresses, Göttingen 1897, S. 132–161.

13 Dazu überblickshaft Heinrich August Winkler: Der rückversicherte Mittelstand: Die Interessenverbände von Handwerk und Kleinhandel im deutschen Kaiserreich (1971), wiederabgedruckt in: Ders.: Zwischen Marx und Monopolen. Der deutsche Mittelstand vom Kaiserreich zur Bundesrepublik Deutschland, Frankfurt am Main 1991, S. 17–37.

14 Zahlenangaben nach Mommsen: Bürgerstolz und Weltmachtstreben (wie Anm. 3), S. 60.

15 Zum Ganzen Hans-Peter Ullmann: Das Deutsche Kaiserreich 1871–1918, Frankfurt am Main 1995, S. 105–116.

16 Vgl. Jürgen Kocka: Die Angestellten in der deutschen Geschichte 1850–1980. Vom Privatbeamten zum angestellten Arbeitnehmer, Göttingen 1981; detaillierter Toni Pierenkemper: Arbeitsmarkt und Angestellte im Deutschen Kaiserreich 1880–1913. Interessen und Strategien als Elemente der Integration eines segmentierten Arbeitsmarktes, Stuttgart 1987.

17 So Ullrich: Die nervöse Großmacht (wie Anm. 4), S. 305.

18 Zum Problem Jürgen Kocka (Hrsg.): Arbeiter und Bürger im 19. Jahrhundert. Varianten ihres Verhältnisses im europäischen Vergleich, München 1986.

19 Darüber im Zusammenhang Josef Mooser: Arbeiterleben in Deutschland 1900–1970. Klassenlagen, Kultur und Politik, Frankfurt am Main 1984, bes. S. 140 ff.; Wolfgang Ruppert (Hrsg.): Die Arbeiter. Lebensformen, Alltag und Kultur von der Frühindustrialisierung bis zum »Wirtschaftswunder«, München 1986.

20 Konkrete Zahlenangaben bei Mommsen: Bürgerstolz und Weltmachtstreben (wie Anm. 3), S. 48 f.

21 Zahlenangabe nach Ullmann: Das Deutsche Kaiserreich 1871–1918 (wie Anm. 15), S. 112.

22 Zahlenangabe nach Winfried Baumgart: Deutschland im Zeitalter des Imperialismus (1890–1914). Grundkräfte, Thesen und Strukturen, Frankfurt am Main/Berlin/Wien 1972, S. 202.

23 Zahlenangabe nach Gerhard A. Ritter / Klaus Tenfelde: Arbeiter im Deutschen Kaiserreich 1871 bis 1914, Berlin 1992, S. 241 ff.

24 Zu den Einzelheiten weiterhin sehr instruktiv Gerhard A. Ritter: Der Durchbruch der Freien Gewerkschaften Deutschlands zur Massenbewegung im letzten Viertel des 19. Jahrhunderts (1975), wiederabgedruckt in: Ders.: Arbeiterbewegung, Parteien und Parlamentarismus. Aufsätze zur deutschen Sozial- und Verfassungsgeschichte des 19. und 20. Jahrhunderts, Göttingen 1976, S. 55–101.

25 Vgl. Richard W. Reichard: From the Petition to the Strike. A History of Strikes in Germany, 1869–1914, New York u. a. 1991.

26 Dazu Hans-Peter Ullmann: Tarifverträge und Tarifpolitik in Deutschland bis 1914. Entstehung und Entwicklung, interessenpolitische Bedingungen und Bedeutung des Tarifvertragswesens für die sozialistischen Gewerkschaften, Frankfurt am Main 1977.

27 Zahlen nach Ernst Rudolf Huber: Deutsche Verfassungsgeschichte seit 1789, Bd. IV: Struktur und Krisen des Kaiserreichs, 2. Aufl., Stuttgart u. a. 1982, S. 1254.

28 Zu diesem gesamteuropäischen Trend und seinen nationalen Differenzierungen sehr erhellend Dominic Lieven: Abschied von Macht und Würden. Der europäische Adel 1815–1914, Frankfurt am Main 1995, bes. S. 179 ff.

29 Vgl. zusammenfassend Heinz Reif: Adel im 19. und 20. Jahrhundert, München 1999, bes. S. 29–39.

30 Zuletzt Stephan Malinowski: Ihr liebster Feind. Die deutsche Sozialgeschichte und der preußische Adel, in: Sven Oliver Müller / Cornelius Torp (Hrsg.): Das Deutsche Kaiserreich in der Kontroverse, Göttingen 2009, S. 203–218.

31 So noch bei Francis L. Carsten: Der preußische Adel und seine Stellung in Staat und Gesellschaft bis 1945, in: Hans-Ulrich Wehler (Hrsg.): Europäischer Adel 1750–1950, Göttingen 1990, S. 112–125; ausgewogener, da auch englische Vergleichsbeispiele heranziehend, hingegen Hanna Schissler: Die Junker. Zur Sozialgeschichte und historischen Bedeutung der agrarischen Elite in Preußen, in: Hans-Jürgen Puhle / Hans-Ulrich Wehler (Hrsg.): Preußen im Rückblick, Göttingen 1980, S. 89–123.

32 Reif: Adel im 19. und 20. Jahrhundert (wie Anm. 29), S. 37.

33 Dazu noch immer lesenswert Otto Graf zu Stolberg-Wernigerode: Die unentschiedene Generation. Deutschlands konservative Führungsschichten am Vorabend des Ersten Weltkrieges, München/Wien 1968, S. 275–303; interessante Vergleichszahlen bei Nikolaus von Preradovich: Die Führungsschichten in Österreich und Preußen (1804–1918). Mit einem Ausblick bis zum Jahre 1945, Wiesbaden 1955, bes. S. 78–103.

34 1910 stellte der Adel 33,6 Prozent des Kerns der höheren preußischen Bürokratie. Zahl bei Tibor Süle: Preußische Bürokratietradition. Zur Entwicklung von Verwaltung und Beamtenschaft in Deutschland 1871–1918, Göttingen 1988, S. 193 f.; vgl. Hans Fenske: Preußische Beamtenpolitik vor 1918, in: Der Staat 12 (1973), S. 339–356.

35 Exakte Aufschlüsselung nach Rängen bei Baumgart: Deutschland im Zeitalter des Imperialismus (wie Anm. 22), S. 191 f.; vgl. Steven E. Clemente: For King and Kaiser! The making of the Prussian Army Officer, 1860–1914, New York/Westport/London 1992 sowie zuletzt sehr instruktiv Marcus Funck: Feudales Kriegertum und militärische Professionalität. Adel und Bürgertum in den preußisch-deutschen Offizierkorps 1860–1933/34, Berlin 2008, der nachweist, dass sich der relativ hohe Anteil adliger Offiziere in der Regel nicht bloßen Herkunftshierarchien oder gesellschaftlichen Protektionsmechanismen verdankte, sondern schlicht eine Folge fachlicher Professionalität war, die viele adlige Leistungsträger im militärischen Metier vor 1914 aufzuweisen hatten.

36 Zuletzt Margaret Lavinia Anderson: Lehrjahre der Demokratie. Wahlen und politische Kultur im Deutschen Kaiserreich, Stuttgart 2009, S. 231, 233.

37 Vgl. zum Begriff jetzt sehr ausgewogen Heinz Reif: Die Junker, in: Etienne François/Hagen Schulze (Hrsg.): Deutsche Erinnerungsorte, Bd. 1, München 2001, S. 520–536.

38 Der entsprechende Vergleich zwischen Deutschland und England findet sich bei Kenneth D. Barkin: Germany and England. Economic Inequality, in: Tel-Aviver Jahrbuch für deutsche Geschichte 26 (1987), S. 200–211, hier S. 203 f.

39 Dazu jetzt mit grundlegend neuen Erkenntnissen Patrick Wagner: Bauern, Junker, Beamte. Lokale Herrschaft und Partizipation im Ostelbien des 19. Jahrhunderts, Göttingen 2005.

40 Vgl. umfassend Heinz Reif (Hrsg.): Ostelbische Agrargesellschaft im Kaiserreich und in der Weimarer Republik. Agrarkrise – junkerliche Interessenpolitik – Modernisierungsstrategien, Berlin 1994.

41 Vgl. umfassend Klaus Jürgen Bade (Hrsg.): Auswanderer – Wanderarbeiter – Gastarbeiter. Bevölkerung, Arbeitsmarkt und Wanderung in Deutschland seit der Mitte des 19. Jahrhunderts, Bde. 1–2, Ostfildern 1984; zuletzt Ulrich Herbert:

Geschichte der Ausländerpolitik in Deutschland. Saisonarbeiter, Zwangsarbeiter, Gastarbeiter, Flüchtlinge, München 2001.

42 Zum britischen Vergleichsfall David Cannadine: The Decline and Fall of the British Aristocracy, New Haven/London 1990, bes. S. 341–387, 406 ff., 698 ff.

43 Dazu instruktiv Hartmut Berghoff: Aristokratisierung des Bürgertums? Zur Sozialgeschichte der Nobilitierung von Unternehmern in Preußen und Großbritannien 1870–1918, in: Vierteljahrsschrift für Sozial- und Wirtschaftsgeschichte 81 (1994), S. 178–204, hier S. 192.

44 Vgl. Manfred Hettling: Bürgerliche Kultur – Bürgerlichkeit als kulturelles System, in: Peter Lundgreen (Hrsg.): Sozial- und Kulturgeschichte des Bürgertums. Eine Bilanz des Bielefelder Sonderforschungsbereichs (1986–1997), Göttingen 2000, S. 319–339.

45 Vgl. umfassend und instruktiv Kai Buchholz, Rita Latocha, Hilke Peckmann / Klaus Wolbert (Hrsg.): Die Lebensreform. Entwürfe zur Gestaltung von Leben und Kunst um 1900, Bde. I–II, Darmstadt 2001.

46 Dazu grundlegend Klaus Bergmann: Agrarromantik und Großstadtfeindschaft, Meisenheim am Glan 1970, bes. S. 85–163; unlängst Clemens Zimmermann / Jürgen Reulecke (Hrsg.): Die Stadt als Moloch? Das Land als Kraftquell? Wahrnehmungen und Wirkungen der Großstädte um 1900, Basel/Boston/Berlin 1999.

47 Vgl. Axel Schollmeier: Gartenstädte in Deutschland. Ihre Geschichte, städtebauliche Entwicklung und Architektur zu Beginn des 20. Jahrhunderts, Münster 1990.

48 Vgl. William H. Rollins: A Greener Vision of Home. Cultural Politics and Environmental Reform in the German »Heimatschutz« Movement, 1904–1918, Ann Arbour 1997.

49 Gustav Wyneken: Schule und Jugendkultur, Jena 1913; ders.: Die neue Jugend. Der Kampf um Freiheit und Wahrheit in Schule und Elternhaus, in Religion und Erotik, München 1914.

50 Zur pädagogischen Diskussion um 1900 überblickshaft Ulrich Herrmann: Pädagogisches Denken und Anfänge der Reformpädagogik, in: Christa Berg (Hrsg.): Handbuch der deutschen Bildungsgeschichte, Bd. IV: 1870–1918. Von der Reichsgründung bis zum Ende des Ersten Weltkriegs, München 1991, S. 147–178 sowie ders. (Hrsg.): »Neue Erziehung«, »Neue Menschen«. Ansätze zur Erziehungs- und Bildungsreform in Deutschland zwischen Kaiserreich und Diktatur, Weinheim/Basel 1987.

51 Dazu perspektivenreich Stefan Breuer: Die Völkischen in Deutschland. Kaiserreich und Weimarer Republik, Darmstadt 2008, S. 85 ff., 112 ff.

52 Gelehrte Überblicke zu entsprechenden Organisationen und Verbänden bei

Uwe Puschner/Walter Schmitz/Justus H. Ulbricht (Hrsg.): Handbuch zur »Völkischen Bewegung« 1871–1918, München 1999; ferner Stefanie von Schnurbein/Justus H. Ulbricht (Hrsg.): Völkische Religion und Krisen der Moderne. Entwürfe »arteigener« Glaubenssysteme seit der Jahrhundertwende, Würzburg 2001 sowie zuletzt sehr umfänglich Sandra Franz: Die Religion des Grals. Entwürfe arteigener Religiosität im Spektrum von völkischer Bewegung, Lebensreform, Okkultismus, Neuheidentum und Jugendbewegung (1871–1945), Schwalbach im Taunus 2009, bes. S. 357ff.

53 Zu dieser Vereinigung und ihrem Begründer Theodor Fritsch (1852–1933) Uwe Puschner: Die Völkische Bewegung im wilhelminischen Kaiserreich. Sprache, Rasse, Religion, Darmstadt 2001, S. 57ff.

54 Dazu Peter E. Becker: Zur Geschichte der Rassenhygiene. Wege ins Dritte Reich, Stuttgart/New York 1988, bes. S. 238ff.

55 Willibald Hentschel: Mittgart. Ein Weg zur Erneuerung der germanischen Rasse, Leipzig 1904.

56 Zahlen bei Wolfgang R. Krabbe: Gesellschaftsveränderung durch Lebensreform. Strukturmerkmale einer sozialreformerischen Bewegung im Deutschland der Industrialisierungsperiode, Göttingen 1974, S. 37ff. (Anti-Alkoholbewegung), 142ff. (Naturheilkundebewegung), 133ff. (Vegetarier), 146ff. (Nacktkulturbewegung); vgl. ferner Eva Barlösius: Naturgemäße Lebensführung. Zur Geschichte der Lebensreform um die Jahrhundertwende, Frankfurt am Main/New York 1997.

57 Zahl nach Puschner: Die völkische Bewegung im wilhelminischen Kaiserreich (wie Anm. 53), S. 385.

58 Für die kunstwissenschaftlichen Zusammenhänge Frank-Lothar Kroll: Ornamenttheorien im Zeitalter des Historismus, in: Isabelle Frank/Freia Hartung (Hrsg.): Die Rhetorik des Ornaments, München 2001, S. 163–175, bes. S. 169f. sowie María Ocón Fernández: Ornament und Moderne. Theoriebildung und Ornamentdebatte im deutschen Architekturdiskurs (1850–1930), Berlin 2004, bes. S. 190ff., 363ff.

59 Vgl. zuletzt maßgeblich Frederic Schwartz: The Werkbund. Design Theory and Mass Culture before the First World War, New Haven 1996.

60 Gute Zusammenfassung bei Corona Hepp: Avantgarde. Moderne Kunst, Kulturkritik und Reformbewegungen nach der Jahrhundertwende, München 1987, S. 159–167.

61 So ebd., S. 160.

62 Henry van de Velde: Die drei Sünden wider die Schönheit, Zürich 1918, S. 40; für den Zusammenhang ausführlich Frank-Lothar Kroll: Das Ornament in der Kunsttheorie des 19. Jahrhunderts, Hildesheim/Zürich/New York 1987, S. 115–122.

63 Dazu jetzt unter vorzüglicher Berücksichtigung des lokalpolitischen Umfelds Jennifer Jenkins: Provincial Modernity. Local Culture and Liberal Politics in Fin-de-Siècle Hamburg, Ithaca 2003.

64 Zahlenangaben und Details bei Gerhard Kratzsch: Kunstwart und Dürerbund. Ein Beitrag zur Geschichte der Gebildeten im Zeitalter des Imperialismus, Göttingen 1969, S. 336–357.

65 Vgl. die Skizze von Detlev J. K. Peukert: »Mit uns zieht die neue Zeit ...«. Jugend zwischen Disziplinierung und Revolte, in: Ders., August Nitschke, Gerhard A. Ritter/Rüdiger vom Bruch (Hrsg.): Jahrhundertwende. Der Aufbruch in die Moderne 1880–1930, Bd. 1, Reinbek bei Hamburg 1990, S. 176–202, hier S. 184; ferner Joachim H. Knoll/Julius H. Schoeps (Hrsg.): Typisch Deutsch. Die Jugendbewegung. Beiträge zu einer Phänomengeschichte, Opladen 1987.

66 Dazu Christa Hasenclever: Jugendhilfe und Jugendgesetzgebung seit 1900, Göttingen 1978; grundlegend ferner Detlev J. K. Peukert: Grenzen der Sozialdisziplinierung. Aufstieg und Krise der deutschen Jugendfürsorge 1878–1932, Köln 1986.

67 Zum geistesgeschichtlichen Zusammenhang Justus H. Ulbricht: Der »neue Mensch« auf der Suche nach »neuer Religiosität«. Ästhetisch-religiöse Sinnsuche um 1900, in: Der Deutschunterricht 50 (1998), S. 38–49.

68 Zitat und weiterführende Literatur bei Winfried Mogge/Jürgen Reulecke (Hrsg.): Hoher Meißner 1913. Der Erste Freideutsche Jugendtag in Dokumenten, Deutungen und Bildern, Köln 1988, hier S. 52.

69 Vgl. den instruktiven Literaturbericht von Gerhard Kluchert: Die deutsche Jugendbewegung. Sozialgeschichtliche Ansätze und Überlegungen zu ihrer Deutung, in: Neue politische Literatur 33 (1988), S. 25–51, hier S. 29.

70 Dazu speziell Uwe K. Ketelsen: »Die Jugend von Langemarck«. Ein poetisch-politisches Motiv der Zwischenkriegszeit, in: Thomas Koebner/Rolf-Peter Janz/Frank Trommler (Hrsg.): »Mit uns zieht die neue Zeit«. Der Mythos Jugend, Frankfurt am Main 1985, S. 68–96; Bernd Hüppauf: Langemarck, Verdun and the Myth of a New Man in Germany after the First World War, in: War & Society 6 (1988), S. 70–103.

71 Zahlen nach Hans-Dieter Kübler: Zwischen Parteilichkeit und Markt. Die Presse im Wilhelminischen Kaiserreich, in: Werner Faulstich (Hrsg.): Das Erste Jahrzehnt, München 2006, S. 23–46, hier S. 29.

72 Ebd., S. 30.

73 Dazu die klassische Darstellung von Peter de Mendelssohn: Zeitungsstadt Berlin. Menschen und Mächte in der Geschichte der deutschen Presse, Berlin 1959.

74 Zahlen nach Jürgen Wilke: Grundzüge der Medien- und Kommunikationsgeschichte. Von den Anfängen bis ins 20. Jahrhundert, Köln/Weimar/Wien 2000, S. 260, 275, 277.

75 Dazu als neuestes Resümee Dirk Stegmann: Kulturzeitschriften und intellektuelle Milieus, in: Faulstich (Hrsg.): Das erste Jahrzehnt (wie Anm. 71), S. 47–58.

76 Guter Überblick bei Ricarda Strobel: Vom Jahrmarkt in den Filmpalast: Kino und Film im ersten Jahrzehnt, in: Faulstich (Hrsg.): Das erste Jahrzehnt (wie Anm. 71), S. 71–83.

77 Zahlen nach Corinna Müller: Frühe deutsche Kinematographie. Formale, wirtschaftliche und kulturelle Entwicklungen, Stuttgart 1994, S. 29.

78 Dazu Martin Loiperdinger: Plädoyer für eine Zukunft des frühen Kinos, in: Ursula Keitz (Hrsg.): Früher Film und späte Folgen, Marburg 1998, S. 66–83.

79 Dazu jetzt umfassend Dominik Petzold: Der Kaiser und das Kino. Herrschaftsinszenierung, Populärkultur und Filmpropaganda im Wilhelminischen Zeitalter, Paderborn 2011.

80 Kurt Pinthus (Hrsg.): Das Kinobuch, Berlin 1913; zur Diskussion der damit verbundenen Fragen im Kontext bildungsbürgerlicher Kritik an den neuen »Massenkünsten« und deren als Zerfallssymptom empfundenem »Warencharakter« Georg Bollenbeck: Tradition, Avantgarde, Reaktion. Deutsche Kontroversen um die kulturelle Moderne 1880–1945, Frankfurt am Main 1999, S. 171–179.

81 Zur Interpretation des Sports als »Modernisierungsagent« Christiane Eisenberg: »English sports« und deutsche Bürger. Eine Gesellschaftsgeschichte 1800–1939, Paderborn u.a. 1999, S. 233.

82 Guter Überblick im internationalen Rahmen bei Michael Schaffrath: Der Aufstieg des Sports zur Weltbewegung, in: Faulstich (Hrsg.): Das erste Jahrzehnt (wie Anm. 71), S. 205–217.

83 Zahlen nach ebd., S. 209.

84 Darüber zuletzt instruktiv Axel Grießmer: Massenverbände und Massenparteien im wilhelminischen Reich. Zum Wandel der Wahlkultur 1903–1912, Düsseldorf 2000, bes. S. 49ff., 52–69 (Flottenverein), 103–139 (Alldeutscher Verband).

85 Vgl. Marilyn Shevin-Coetzee: The German Army League. Popular Nationalism in Wilhelmine Germany, New York/Oxford 1990.

86 Vgl. Roger Chickering: We Men Who Feel Most German. A Cultural Study of the Pan-German League, 1886–1914, London/Sydney 1984 sowie zuletzt Rainer Hering: Konstruierte Nation. Der Alldeutsche Verband 1890 bis 1939, Hamburg 2003.

87 Dazu im vorliegenden Zusammenhang Heinz Gollwitzer: Geschichte des weltpolitischen Denkens, Bd. 2: Zeitalter des Imperialismus und der Weltkriege,

Göttingen 1982, S. 23ff., 217–252 sowie zuletzt Sönke Neitzel: Weltmacht oder Untergang. Die Weltreichslehre im Zeitalter des Imperialismus. Mit einem Geleitwort von Winfried Baumgart, Paderborn u.a. 2000, S. 81–210.

88 Vgl. Thomas Rohkrämer: Der Militarismus der »kleinen Leute«. Die Kriegervereine im Deutschen Kaiserreich 1871–1914, München 1990.

89 Daniel Frymann [Heinrich Class]: Wenn ich der Kaiser wär'. Politische Wahrheiten und Notwendigkeiten, Leipzig 1912; dazu eingehend Michael Peters: Der Alldeutsche Verband am Vorabend des Ersten Weltkrieges (1908–1914). Ein Beitrag zur Geschichte des völkischen Nationalismus im spätwilhelminischen Deutschland, 2. Aufl., Frankfurt am Main u.a. 1996.

90 So Bollenbeck: Tradition, Avantgarde, Reaktion (wie Anm. 80), S. 183.

91 Für Sachsen Matthias Piefel: Antisemitismus und völkische Bewegung im Königreich Sachsen 1879–1914, Göttingen 2004, S. 140–173; für Hessen Hansjörg Pötzsch: Antisemitismus in der Region. Antisemitistische Erscheinungsformen in Sachsen, Hessen, Hessen-Nassau und Braunschweig 1870–1914, Wiesbaden 2000; für das Reichsgebiet generell Stefan Scheil: Die Entwicklung des politischen Antisemitismus in Deutschland zwischen 1881 und 1912. Eine wahlgeschichtliche Untersuchung, Berlin 1999.

92 Zum intellektuellen Antisemitismus-Diskurs um 1900 jetzt Nicolas Berg (Hrsg.): Kapitalismusdebatten um 1900. Über antisemitisierende Semantiken des Jüdischen, Leipzig 2011; zur Differenz zwischen Radikalnationalismus und Antisemitismus in der Deutungskultur vor 1914 treffend Peter Walkenhorst: Nation – Volk – Rasse. Radikaler Nationalismus im Deutschen Kaiserreich 1890–1914, Göttingen 2007, S. 281ff.

Reich und Länder, Metropole und Provinz: die Regionen (S. 97–128)

1 Georg Simmel: Die Großstädte und das Geistesleben (1903), wiederabgedruckt in: Ders.: Brücke und Tür. Essays des Philosophen zur Geschichte, Religion, Kunst und Gesellschaft, hrsg. von Michael Landmann, Stuttgart 1957, S. 227–242, hier S. 228.

2 Vgl. Karl Lamprecht: Deutsche Geschichte, Ergänzungsbde. 1–2/1, 2/2: Zur jüngsten deutschen Vergangenheit. Freiburg/Br. 1902–1904. Für Lamprecht galten »Reizsamkeit« und »Nervosität« als charakteristische Epochensignaturen, Kaiser Wilhelm II. erschien ihm in diesem Deutungsrahmen als symbolischer Kristallisationspunkt zeitgenössischer »Modernität«. Vgl. Karl Lamprecht: Der Kaiser. Versuch einer Charakteristik. Berlin 1913, bes. S. 117 ff; dazu sehr erhellend Joachim Radkau: Die wilhelminische Ära als nervöses Zeitalter oder: Die

Nerven als Netz zwischen Tempo- und Körpergeschichte, in: Geschichte und Gesellschaft 20 (1994), S. 211–241.

3 Simmel: Die Großstädte und das Geistesleben (wie Anm. 1), S. 241.

4 Vgl. Wolfgang Jacobeit/Josef Mooser/Bo Strath (Hrsg.): Idylle oder Aufbruch? Das Dorf im bürgerlichen 19. Jahrhundert. Ein europäischer Vergleich, Berlin 1990.

5 Zum Grundsätzlichen Celia Applegate: A Nation of Provincials. The German Idea of Heimat, Berkeley/New York/London 1990.

6 Zu diesem Aspekt Walther Peter Fuchs: Bundesstaaten und Reich: Der Bundesrat, in: Oswald Hauser (Hrsg.): Zur Problematik »Preußen und das Reich«, Köln/Wien 1984, S. 83–104.

7 Vgl. im Einzelnen Manfred Rau: Föderalismus und Parlamentarismus im Wilhelminischen Reich, Düsseldorf 1973, S. 298 ff.; ders.: Die Parlamentarisierung des Deutschen Reiches, Düsseldorf 1977, S. 22.

8 So Fuchs: Bundesstaaten und Reich (wie Anm. 6), S. 100.

9 Ebd., S. 104.

10 Zum Problem Bernhard vom Brocke: Kultusministerien und Wissenschaftsverwaltungen in Deutschland und Österreich: Systembrüche und Kontinuitäten 1918/19 – 1933/38 – 1945/46, in: Rüdiger vom Bruch/Brigitte Kaderas (Hrsg.): Wissenschaften und Wissenschaftspolitik. Bestandsaufnahmen zu Formationen, Brüchen und Kontinuitäten im Deutschland des 20. Jahrhunderts, Stuttgart 2002, S. 193–214.

11 Heinrich Triepel: Unitarismus und Föderalismus im Deutschen Reiche. Eine staatsrechtliche und politische Studie, Tübingen 1907, S. 109.

12 Vgl. Kersten Rosenau: Hegemonie und Dualismus. Preußens staatsrechtliche Stellung im Deutschen Reich, Regensburg 1986, bes. S. 10–39; zum Problem insgesamt Richard Dietrich: Föderalismus, Unitarismus oder Hegemonialstaat?, in: Hauser (Hrsg.): Zur Problematik »Preußen und das Reich« (wie Anm. 6), S. 49–81; Karl Erich Born: Preußen im deutschen Kaiserreich 1871–1918. Führungsmacht des Reiches und Aufgehen im Reich, in: Wolfgang Neugebauer (Hrsg.): Handbuch der Preußischen Geschichte, Bd. 3: Vom Kaiserreich zum 20. Jahrhundert und Große Themen der Geschichte Preußens, Berlin/New York 2000, S. 15–148.

13 So treffend Rauh: Die Parlamentarisierung des Deutschen Reiches (wie Anm. 7), S. 44.

14 Zu dieser Entwicklung vorzüglich Rudolf Morsey: Die Aufgaben des Norddeutschen Bundes und des Reiches, in: Kurt G.A. Jeserich/Hans Pohl/Georg-Christoph von Unruh (Hrsg.): Deutsche Verwaltungsgeschichte, Bd. 3: Das Deutsche Reich bis zum Ende der Monarchie, Stuttgart 1984, S. 138–186.

15 Dazu jetzt grundlegend Hartwin Spenkuch: Das Preußische Herrenhaus. Adel und Bürgertum in der Ersten Kammer des Landtages 1854–1918, Düsseldorf 1998, bes. S. 114 ff., 455 ff., 537 ff.

16 Otto von Bismarck: Die gesammelten Werke, Bd. 10: Reden (1847–1869), bearb. von Wilhelm Schüssler, Berlin 1928, S. 357 (Rede im Reichstag des Norddeutschen Bundes, 28. März 1867).

17 Zahlen wie auch das Folgende bei Ernst Rudolf Huber: Deutsche Verfassungsgeschichte seit 1789, Bd. III: Bismarck und das Reich, 2. Aufl., Stuttgart u. a. 1978, S. 91.

18 Einzelheiten ebd., S. 92.

19 Zum gesamten Themenkomplex umfassend Thomas Kühne: Dreiklassenwahlrecht und Wahlkultur in Preußen 1867–1914. Landtagswahlen zwischen korporativer Tradition und politischem Massenmarkt, Düsseldorf 1994.

20 Dazu im Einzelnen Ernst Rudolf Huber: Deutsche Verfassungsgeschichte seit 1789, Bd. IV: Struktur und Krisen des Kaiserreichs, 2. Aufl., Stuttgart u. a. 1982, S. 374 ff.

21 Zitate bei Kühne: Dreiklassenwahlrecht und Wahlkultur in Preußen (wie Anm. 19), S. 526.

22 So treffend Wolfgang J. Mommsen: Bürgerstolz und Weltmachtstreben. Deutschland unter Wilhelm II. 1890 bis 1918, Berlin 1995, S. 374.

23 Zu den Einzelheiten detailliert Kühne: Dreiklassenwahlrecht und Wahlkultur in Preußen (wie Anm. 19), S. 529–569.

24 Dazu im vorliegenden Zusammenhang vorzüglich Dieter Lindenlaub: Richtungskämpfe im Verein für Socialpolitik im Kaiserreich, vornehmlich vom Beginn des »Neuen Kurses« bis zum Ausbruch des Ersten Weltkrieges (1890–1914), Bde. 1–2, Wiesbaden 1967.

25 Gustav Schmoller: Die preußische Wahlrechtsreform von 1910 auf dem Hintergrunde des Kampfes zwischen Königtum und Feudalität, in: Schmollers Jahrbuch 34 (1910), S. 1261–1279, hier S. 1279.

26 Vgl. explizit Jürgen Thiel: Die Großblockpolitik der Nationalliberalen Partei Badens 1905–1914. Ein Beitrag zur Zusammenarbeit von Liberalismus und Sozialdemokratie in der Spätphase des Wilhelminischen Deutschlands, Stuttgart 1976, bes. S. 17–25; ferner Renate Ehrismann: Der regierende Liberalismus in der Defensive. Verfassungspolitik im Großherzogtum Baden 1876–1905, Frankfurt am Main u. a. 1993.

27 Dazu umfassend Rosemarie Menzinger: Verfassungsrevision und Demokratisierungsprozeß im Königreich Württemberg. Ein Beitrag zur Entstehungsgeschichte des parlamentarischen Regierungssystems in Deutschland, Stuttgart 1969, S. 51–68; zur mentalitätsgeschichtlichen Verortung vorzüglich Alon Confino: The Nation as a local Methaphor. Württemberg, imperial Germany, and national Memory, 1871–1918, Chapel Hill/London 1997; zu den Wahlen selbst jetzt detailliert Andreas Gawatz: Wahlkämpfe in Württemberg. Landtags- und Reichstagswahlen beim Übergang zum politischen Massenmarkt (1889–1912), Düsseldorf 2001.

28 Vgl. überblickshaft Paul Sauer: Württembergs letzter König. Das Leben Wilhelms II., Stuttgart 1994, bes. S. 237 f.

29 Dazu speziell Peter Kritzer: Zur bayerischen Wahlrechtsreform von 1906, in: Zeitschrift für bayerische Landesgeschichte 48 (1985), S. 719–732.

30 Dass die damit verbundene Problematik des neuen bayerischen Wahlrechts politisch und gesellschaftlich desintegrierend wirkte, betont nachdrücklich Karl Möckl: Die Prinzregentenzeit. Gesellschaft und Politik während der Ära des Prinzregenten Luitpold, München/Wien 1972, S. 533 f.

31 Darüber im Zusammenhang Willy Albrecht: Landtag und Regierung in Bayern am Vorabend der Revolution von 1918. Studien zur gesellschaftlichen und staatlichen Entwicklung Deutschlands von 1912–1918, Berlin 1968, S. 25, 33 f., 46 f.

32 So Thomas Nipperdey: Deutsche Geschichte 1866–1918, Bd. II: Machtstaat vor der Demokratie, München 1992, S. 618; für Bayern speziell Werner Ross: Bohemiens und Belle Epoque. Als München leuchtete, Berlin 1997, S. 173–240.

33 Vgl. Dan S. White: The Splintered party. National Liberalism in Hessen and the Reich, 1867–1918, Cambridge (Mass.)/London 1976.

34 Vgl. Hansjörg Pötzsch: Antisemitismus in der Region. Antisemitische Erscheinungsformen in Sachsen, Hessen, Hessen-Nassau und Braunschweig 1870–1914, Wiesbaden 2000.

35 Vgl. überblickshaft zuletzt Frank-Lothar Kroll: Geschichte Hessens, 2. Aufl., München 2010, S. 72 f.

36 Vgl. für Lübeck Hartmut Fuchs: Privilegien oder Gleichheit. Die Entwicklung des Wahlrechts in der Freien und Hansestadt Lübeck 1875–1920, Kiel 1971; für Hamburg Hans Wilhelm Eckardt: Privilegien und Parlament. Die Auseinandersetzungen um das allgemeine und gleiche Wahlrecht in Hamburg, Hamburg 1980.

37 Vgl. Wolfgang Schröder: Wahlen und Wahlpolitik im Königreich Sachsen 1867–1914, in: Simone Lässig / Karl Heinrich Pohl (Hrsg.): Sachsen im Kaiserreich. Politik, Wirtschaft und Gesellschaft im Umbruch, Weimar/Köln/Wien 1997, S. 29–86.

38 Vgl. Gerhard A. Ritter. Das Wahlrecht und die Wählerschaft der Sozialdemokratie im Königreich Sachsen 1867–1914, in: Ders. (Hrsg.): Der Aufstieg der deutschen Arbeiterbewegung. Sozialdemokratie und Freie Gewerkschaften im Parteiensystem und Sozialmilieu des Kaiserreichs, München 1990, S. 49–101.

39 Zu den Einzelheiten Simone Lässig: Wahlrechtskampf und Wahlreform in Sachsen (1895–1909), Köln/Weimar/Wien 1996.

40 Vgl. Ellen Mosebach-Tegtmeier: Die Wahlrechtsentwicklung im Großherzogtum Oldenburg zwischen Beharrung und Fortschritt (1848–1909), in: Wolfgang Günther (Hrsg.): Parteien und Wahlen in Oldenburg. Beiträge zur Landesgeschichte im 19. und 20. Jahrhundert, Oldenburg 1983, S. 117–131.

41 Zum Problem aus der Perspektive eines der prominentesten damaligen Staatsrechtlehrer Georg Jellinek: Das Pluralwahlrecht und seine Wirkungen. Vortrag, gehalten in der Gehe-Stiftung zu Dresden am 18. März 1905, Dresden 1905.

42 Dazu detailliert Wilhelm Hartwieg: Um Braunschweigs Thron 1912/13. Ein Beitrag zur Geschichte der Thronbesteigung des Herzogs Ernst August im Jahre 1913, Braunschweig 1964; zum innerdeutschen Kontext umfassend Hans Philippi: Preußen und die braunschweigische Thronfolgefrage 1866–1913, Hildesheim 1966, bes. S. 161–186.

43 Zu diesem Aspekt speziell Elisabeth Fehrenbach: Der Lippische Thronfolgestreit. Zum Problem des monarchischen Bundesstaats in Deutschland, in: Kurt Kluxen / Wolfgang J. Mommsen (Hrsg.): Politische Ideologien und nationalstaatliche Ordnung. Studien zur Geschichte des 19. und 20. Jahrhunderts. Festschrift für Theodor Schieder zu seinem 60. Geburtstag, München/Wien 1968, S. 337–355; die Details analysiert Helmut Reichold: Der Streit um die Thronfolge im Fürstentum Lippe 1895–1905, Münster 1967, bes. S. 57 ff.

44 Vgl. Hans Fenske: Der liberale Südwesten. Freiheitliche und demokratische Traditionen in Baden und Württemberg 1790–1933, Stuttgart u.a. 1981.

45 Dazu speziell Karl Rohe: Regionalkultur, regionale Identität und Regionalismus im Ruhrgebiet. Empirische Sachverhalte und theoretische Überlegungen, in: Wolfgang Lipp (Hrsg.): Industriegesellschaft und Regionalkultur, Köln u.a. 1984, S. 123–153 sowie zusammenfassend ders.: Vom Revier zum Ruhrgebiet. Wahlen, Parteien, politische Kultur, Essen 1986.

46 Vgl. z.B. Michael Stürmer: Das ruhelose Reich. Deutschland 1866–1918, Berlin 1983, S. 104 ff.

47 Zu entsprechenden Lebenswelten Wolfgang Kaschuba / Carola Lipp: Dörfliches Überleben. Zur Geschichte materieller und sozialer Reproduktion ländlicher Gesellschaft im 19. und frühen 20. Jahrhundert, Tübingen 1982, bes. S. 149–176.

48 Dies betont nachdrücklich George Steinmetz: Regulating the Social. The Welfare State and Local Politics in Imperial Germany, Princeton 1993.

49 Dazu allgemein Wolfgang R. Krabbe: Munizipalsozialismus und Interventionsstaat. Die Ausbreitung der städtischen Leistungsverwaltung im Kaiserreich,

in: Geschichte in Wissenschaft und Unterricht 30 (1979), S. 265–283; speziell zum rheinisch-westfälischen Raum ders.: Kommunalpolitik und Industrialisierung. Die Entfaltung der städtischen Leistungsverwaltung im 19. und frühen 20. Jahrhundert. Fallstudien zu Dortmund und Münster, Stuttgart u.a. 1985, bes. S. 23–77; ferner sehr instruktiv Wolfgang Hofmann: Oberbürgermeister und Stadterweiterungen (1971), wiederabgedruckt in: Ders.: Bürgerschaftliche Repräsentanz und Kommunale Daseinsvorsorge. Studien zur neueren Stadtgeschichte, Stuttgart 2012, S. 95–119; ders.: Preußische Stadtverordnetenversammlungen als Repräsentativorgane (1978), wiederabgedruckt in: Ebd., S. 25–46.

50 Dazu und zum Folgenden grundlegend Helmut Reichold: Bismarcks Zaunkönige. Duodez im 20. Jahrhundert. Eine Studie zum Föderalismus im Bismarckreich, Paderborn 1977, hier S. 162f.

51 Darüber im Zusammenhang vorzüglich Hellmut Kretzschmar: Das sächsische Königtum im 19. Jahrhundert. Ein Beitrag zur Typologie der Monarchie in Deutschland (1950), wiederabgedruckt in: Ders.: Vom Anteil Sachsens an der neueren deutschen Geschichte. Ausgewählte Aufsätze, hrsg. von Reiner Groß und Manfred Kobuch, Stuttgart 1999, S. 478–513.

52 Über ihn jetzt umfassend Bernhard Post/Dietrich Werner: Herrscher in der Zeitenwende. Wilhelm Ernst von Sachsen-Weimar-Eisenach 1876–1923, Jena 2006.

53 Vgl. Harald Sandner: Hitlers Herzog – Carl Eduard von Sachsen-Coburg und Gotha. Die Biographie, Aachen 2011; ferner den Überblick bei Thomas Nicklas: Das Haus Sachsen-Coburg. Europas späte Dynastie, Stuttgart 2003, S. 203–210.

54 Dazu speziell die Skizze von Katharina Weigand: Prinzregent Luitpold. Die Inszenierung der Volkstümlichkeit?, in: Dies./Alois Schmid (Hrsg.): Die Herrscher Bayerns. 25 historische Portraits von Tassilo III. bis Ludwig III., München 2001, S. 359–375.

55 Über ihn zuletzt Frank-Lothar Kroll: Friedrich August III. 1904–1918, in: Ders. (Hrsg.): Die Herrscher Sachsens. Markgrafen, Kurfürsten, Könige 1089–1918, 3. Aufl., München 2013, S. 306–319, 351f.

56 Zu den Einzelheiten Reichold: Bismarcks Zaunkönige (wie Anm. 50), S. 230f.

57 Vgl. Karl Möckl: Hof- und Hofgesellschaft in Bayern in der Prinzregentenzeit, in: Karl Ferdinand Werner (Hrsg.): Hof, Kultur und Politik im 19. Jahrhundert. Akten des 18. Deutsch-Französischen Historikerkolloquiums Darmstadt vom 27.–30. September 1982, Bonn 1985, S. 182–235.

58 Vgl. Karlheinz Blaschke: Hof und Hofgesellschaft im Königreich Sachsen während des 19. Jahrhunderts (1990), wiederabgedruckt in: Ders.: Beiträge zur Verfassungs- und Verwaltungsgeschichte Sachsens. Ausgewählte Aufsätze, Leipzig 2002, S. 547–573.

59 Vgl. Gisela Herdt: Der Württembergische Hof im 19. Jahrhundert. Studien über das Verhältnis zwischen Königtum und Adel in der absoluten und konstitutionellen Monarchie, Göttingen 1970.

60 Vgl. Walther Peter Fuchs: Hof und Hofgesellschaft in Baden, in: Ders.: Studien zu Großherzog Friedrich I. von Baden, Stuttgart 1995, S. 1–7; ferner den Überblick bei Hansmartin Schwarzmaier: Baden. Dynastie – Land – Staat, Stuttgart 2005, S. 245–252.

61 Vgl. Eckhart G. Franz: Hof und Hofgesellschaft im Großherzogtum Hessen, in: Karl Möckl (Hrsg.): Hof und Hofgesellschaft in den deutschen Staaten im 19. und beginnenden 20. Jahrhundert, Boppard 1990, S. 157–176.

62 Zahlen nach Fuchs: Hof und Hofgesellschaft in Baden (wie Anm. 60), S. 2 und Blaschke: Hof und Hofgesellschaft im Königreich Sachsen (wie Anm. 58), S. 558.

63 Vgl. Frank-Lothar Kroll: Zum Typus des »homme de lettre« in den deutschen Fürstenstaaten des 19. Jahrhunderts, in: König Johann von Sachsen. Zwischen zwei Welten, Halle an der Saale 2001, S. 135–140.

64 Vgl. Angelika Pöthe: Carl Alexander. Mäzen in Weimars »Silberner Zeit«, Köln/Weimar/Wien 1998 sowie zuletzt umfassend dies.: Fin de Siècle in Weimar. Moderne und Antimoderne 1885–1918, Wien/Köln/Weimar 2011; sehr instruktiv darüber hinaus Lothar Ehrlich/Justus H. Ulbricht (Hrsg.): Carl Alexander von Sachsen-Weimar-Eisenach. Erbe, Mäzen und Politiker, Köln/Weimar/Wien 2004.

65 Vgl. Peter Grupp: Harry Graf Kessler 1868–1937. Eine Biographie, München 1995, S. 85–128.

66 Dazu speziell Martina Wehlte-Höschele: Der Deutsche Künstlerbund im Spektrum von Kunst und Kulturpolitik des Wilhelminischen Kaiserreichs, Heidelberg 1994; zum ambivalenten Ergebnis dieser Reformbemühungen Burkhard Stenzel: Harry Graf Kessler und die Weimarer Reformen von 1902 bis 1906. Ein Versuch der Moderne, in: Jürgen John (Hrsg.): Kleinstaaten und Kultur in Thüringen vom 16. bis 20. Jahrhundert, Weimar/Köln/Wien 1994, S. 501–528.

67 So Hannelore Schneider: Nachklassische Kultur und konservativ-humanistische Politik Georgs II. von Sachsen-Meiningen, in: John: Kleinstaaten und Kultur (wie Anm. 66), S. 471–488, hier S. 471; ferner Arno Paul: Das Meininger Hoftheater und der Historismus, in: Werner: Hof, Kultur und Politik (wie Anm. 57), S. 313–323; zuletzt umfassend Alfred Erck/Hannelore Schneider: Georg II. von Sachsen-Meiningen. Ein Leben zwischen ererbter Macht und künstlerischer Freiheit, Zella-Mehlis/Meiningen 1997.

68 Zahlen nach Paul: Das Meininger Hoftheater und der Historismus (wie Anm. 67), S. 318.

69 Vgl. Reichold: Bismarcks Zaunkönige (wie Anm. 50), S. 98 f.

70 Dazu Eckehardt Bartsch: Die Prinzregentenstraße in München von 1880 bis 1914, München 1984.

71 Vgl. Manfred Knodt: Ernst Ludwig, Großherzog von Hessen und bei Rhein. Sein Leben und seine Zeit, Darmstadt 1978; ferner den Überblick bei Eckhart G. Franz: Das Haus Hessen. Eine europäische Familie, Stuttgart 2005, bes. S. 174–178.

72 Dazu speziell Eckhart G. Franz: Der erste und der letzte Großherzog von Hessen. Fürstliche Kunstförderung in Darmstadt, in: Werner: Hof, Kultur und Politik (wie Anm. 57), S. 291–311, bes. S. 301 ff.; zuletzt Renate Ulmer: »Mein Hessenland blühe und in ihm die Kunst«. Großherzog Ernst Ludwig von Hessen und bei Rhein, in: Eckhart G. Franz/Bernd Heidenreich (Hrsg.): Kronen, Kriege, Künste. Das Haus Hessen im 19. und 20. Jahrhundert, Frankfurt am Main 2009, S. 164–189.

73 So der programmatische Eröffnungsartikel von Friedrich Naumann: Der deutsche Süden, in: Süddeutsche Monatshefte 1 (1904), S. 1–5.

74 Diesen Aspekt unterschlägt, wie manches andere, Lothar Machtan: Die Abdankung. Wie Deutschlands gekrönte Häupter aus der Geschichte fielen, Berlin 2008.

75 Hierzu vorzüglich Dieter J. Weiss: Kronprinz Rupprecht von Bayern (1869–1955). Eine politische Biografie, Regensburg 2007, S. 225 ff.

Kultur, Bildung, Wissenschaften (S. 129–159)

1 Heinrich von Treitschke: Das constitutionelle Königthum in Deutschland (1869/71), in: Ders.: Historische und Politische Aufsätze, Bd. 3: Freiheit und Königthum, 6. Aufl., Leipzig 1903, S. 427–561, hier S. 476.

2 Dazu und für das Folgende grundlegend und umfassend Wolfgang J. Mommsen: Bürgerliche Kultur und künstlerische Avantgarde. Kultur und Politik im deutschen Kaiserreich 1870 bis 1918, Frankfurt am Main/Berlin 1994, S. 26 ff.; ferner als vorzügliche Zusammenfassung auf knappstem Raum ders.: Die Kultur der Moderne im Deutschen Kaiserreich (1993), wiederabgedruckt in: Ders.: Bürgerliche Kultur und politische Ordnung. Künstler, Schriftsteller und Intellektuelle in der deutschen Gesellschaft 1830–1933, Frankfurt am Main 2000, S. 76–96.

3 Dazu perspektivenreich Wolfgang Freiherr von Löhneysen: Der Einfluß der Reichsgründung auf Kunst und Kunstgeschmack in Deutschland, in: Zeitschrift für Religions- und Geistesgeschichte 12 (1960), S. 17–44.

4 Dazu jetzt in länderübergreifender Perspektive Bettina Best: Secession und Secessionen. Idee und Organisation einer Kunstbewegung um die Jahrhundertwende. Eine vergleichende Darstellung der Interaktionen, Aktivitäten und Programme der deutschsprachigen Künstlervereinigungen der Secession, München 2000; klassisch weiterhin die Ausführungen von Werner Hofmann: Das Irdische Paradies. Motive und Ideen des 19. Jahrhunderts, 2. Aufl., München 1974, S. 121 ff., 183 ff.

5 Für den kulturgeschichtlichen Zusammenhang noch immer wichtig Werner Hofmann: Grundlagen der modernen Kunst. Eine Einführung in ihre symbolischen Formen, Stuttgart 1978, bes. S. 243 ff.

6 Zur gesamtgesellschaftlichen Einordnung aus literaturgeschichtlicher Perspektive York-Gothart Mix (Hrsg.): Naturalismus, Fin de siècle, Expressionismus 1890–1918, München 2000 sowie Klaus Dieter Bertl / Ulrich Müller: Vom Naturalismus zum Expressionismus. Literatur des Kaiserreichs, Stuttgart 1984; problemorientiert Bernd Hüppauf (Hrsg.): Expressionismus und Kulturkrise, Heidelberg 1983.

7 Dazu zeitgenössisch und weithin richtungweisend Wilhelm Worringer: Abstraktion und Einfühlung. Ein Beitrag zur Stilpsychologie, München 1908.

8 Dazu die mittlerweile klassischen Ausführungen von Heinrich Lützeler: Abstrakte Malerei. Bedeutung und Grenze, Gütersloh 1967, bes. S. 7 ff., 125 ff.

9 Vgl. den neuesten Überblick von Melanie Unseld: Schlußakkord oder Auftakt? Musik zwischen 1900 und 1910, in: Werner Faulstich (Hrsg.): Das Erste Jahrzehnt, München 2006, S. 135–146, hier S. 137 ff.

10 Dazu speziell Theodor W. Adorno: Philosophie der neuen Musik, Frankfurt am Main 1949.

11 Vgl. perspektivenreich Thomas Nipperdey: Wie das Bürgertum die Moderne erfand, Berlin 1988, bes. S. 54 ff.; ferner Wolfgang J. Mommsen: Kultur als Instrument der Legitimierung bürgerlicher Hegemonie im Nationalstaat (1998), wiederabgedruckt in: Ders.: Bürgerliche Kultur und politische Ordnung (wie Anm. 2), S. 59–75.

12 Vgl. Volker Drehsen / Walter Sparn (Hrsg.): Vom Weltbildwandel zur Weltanschauungsanalyse. Krisenwahrnehmung und Krisenbewältigung um 1900, Berlin 1996.

13 Zur typologisch-generationellen Kennzeichnung Martin Doerry: Übergangsmenschen. Die Mentalität der Wilhelminer und die Krise des Kaiserreichs, Bde. 1–2, Weinheim/München 1986.

14 Ernst Jünger: Vom Ende des geschichtlichen Zeitalters, in: Martin Heidegger zum Siebzigsten Geburtstag. Festschrift, Pfullingen 1959, S. 309–341, bes. S. 329 ff.

15 So treffend Mommsen: Bürgerliche Kultur und künstlerische Avantgarde (wie Anm. 2), S. 49.

16 Vgl. detailliert Dominik Bartmann: Anton von Werner. Zur Kunst und

Kunstpolitik im Deutschen Kaisereich, Berlin 1985, S. 163 ff., 176 ff.; ferner Ekkehard Mai: Die Berliner Kunstakademie im 19. Jahrhundert. Kunstpolitik und Kunstpraxis, in: Ders. und Stephan Waetzoldt (Hrsg.): Kunstverwaltung, Bau- und Denkmal-Politik im Kaiserreich, Berlin 1981, S. 431–479.

17 Vgl. aufschlussreich Christopher B. With: The Prussian Landeskunstkommission 1862–1911. A study in State Subvension of the Arts, Berlin 1986.

18 Eine umfassende Untersuchung zur Kunst- und Kulturpolitik Wilhelms II. ist weiterhin ein Desiderat der Forschung. Vgl. zeitgenössisch-affirmativ, jedoch als Materialsammlung unentbehrlich Paul Seidel: Der Kaiser und die Kunst, Berlin 1907; vorläufig Martin Stather: Die Kunstpolitik Wilhelms II., Konstanz 1994.

19 So Wilhelm II. anlässlich der Einweihung der von ihm maßgeblich veranlassten und mitgestalteten Siegesallee in Berlin Ende 1901. Die Reden Kaiser Wilhelms II. in den Jahren 1906 bis Ende 1912, Teil 4, gesammelt und hrsg. von Bogdan Krieger, Leipzig 1913, S. 177–179, hier S. 178; vgl. sehr instruktiv Uta Lehnert: Der Kaiser und die Siegesallee. Réclame Royale, Berlin 1998, bes. S. 30 ff., 96 f.

20 Vgl. Jürgen Krüger: Rom und Jerusalem. Kirchenbauvorstellungen der Hohenzollern im 19. Jahrhundert, Berlin 1995; aufschlussreich zuletzt Benjamin Hasselhorn: Politische Theologie Wilhelms II., Berlin 2012.

21 Dazu grundsätzlich Valentin W. Hammerschmidt: Anspruch und Ausdruck in der Architektur des späten Historismus in Deutschland (1860–1914), Frankfurt am Main/Bern/New York 1985, bes. S. 131 ff., 224 ff., 633 ff.

22 Vgl. neuerdings John V. Maciuika: Before the Bauhaus. Architecture, Politics, and the German State, 1890–1920, Cambridge 2005.

23 Exemplarisch aufgewiesen bei Barbara Paul: Hugo von Tschudi und die moderne französische Kunst im Deutschen Kaiserreich, Mainz 1993, bes. S. 109–116, 181 ff., 253–276.

24 Zu den diesbezüglichen Kontroversen eingehend Georg Bollenbeck: Tradition, Avantgarde, Reaktion. Deutsche Kontroversen um die kulturelle Moderne 1880–1945, Frankfurt am Main 1999, S. 99 ff.

25 Vgl. umfassend Brian Ladd: Urban planning and civic order in Germany, 1860–1914, Cambridge (Mass.)/London 1990.

26 Dazu als Überblick Wolfgang J. Mommsen: Die Stiftung bürgerlicher Identität. Kunst- und Museumsvereine in Deutschland 1820–1914, in: Ders.: Bürgerliche Kultur und politische Ordnung (wie Anm. 2), S. 46–58 sowie die neueren Untersuchungen von Georg Kunz: Verortete Geschichte. Regionales Geschichtsbewußtsein in den deutschen Historischen Vereinen des 19. Jahrhunderts, Göttingen 2000, bes. S. 58–67 und Thomas Schmitz: Die deutschen Kunstvereine im 19. und frühen 20. Jahrhundert. Ein Beitrag zur Kultur-, Konsum- und Sozialgeschichte der bildenden Kunst im bürgerlichen Zeitalter, Neuried 2002, bes. S. 338 ff., 345 ff.

27 Überzeugend nachgewiesen jetzt bei Wolfgang Neugebauer: Preußen als Kulturstaat, in: Forschungen zur Brandenburgischen und Preußischen Geschichte, N.F. 17 (2007), S. 161–179, hier S. 169 f., 174 f. sowie ders.: Verwaltung und Gesellschaft in der Geschichte des preußischen Kulturstaates, in: Bärbel Holtz (Hrsg.): Krise, Reformen – und Kultur. Preußen vor und nach der Katastrophe von 1806, Berlin 2010, S. 299–318, hier S. 307 ff.

28 Die entsprechenden Kontinuitätslinien betonen explizit Hellmut Becker / Gerhard Kluchert: Die Bildung der Nation. Schule, Gesellschaft und Politik vom Kaiserreich zur Weimarer Republik, Stuttgart 1993, bes. S. 145 ff.

29 Zu diesem Aspekt Frank-Lothar Kroll: Kultur, Bildung und Wissenschaft im 20. Jahrhundert, München 2003, bes. S. 11, 74; zuletzt perspektivenreich Peter Hoeres: Die Kultur von Weimar. Durchbruch der Moderne, Berlin 2008, bes. S. 54 ff.

30 Zahlen, wie auch für das Folgende, bei Thomas Nipperdey: Deutsche Geschichte 1866–1918, Bd. 1: Arbeitswelt und Bürgergeist, München 1990, S. 543 ff.

31 Zur Entwicklung des Volksschulwesens vor 1914 vgl. Marjorie Lamberti: State, Society, and the Elementary school in Imperial Germany, New York/Oxford 1989.

32 Zahl nach Rainer Bölling: Sozialgeschichte der deutschen Lehrer. Ein Überblick von 1800 bis zur Gegenwart. Göttingen 1983, S. 14.

33 Zahlen nach Becker / Kluchert: Die Bildung der Nation (wie Anm. 28), bes. S. 145 ff.

34 Zur Unterrichtspraxis instruktiv Gerhardt Petrat: Schulerziehung. Ihre Sozialgeschichte in Deutschland bis 1945, München 1987.

35 Becker / Kluchert: Die Bildung der Nation (wie Anm. 28), S. 17.

36 So bei Hans-Ulrich Wehler: Das Deutsche Kaiserreich 1871 bis 1918, Göttingen 1973, S. 124 ff.

37 So treffend Becker / Kluchert: Die Bildung der Nation (wie Anm. 28), S. 14.

38 Dazu maßgeblich Frank-Michael Kuhlemann: Niedere Schulen, in: Christa Berg (Hrsg.): Handbuch der deutschen Bildungsgeschichte, Bd. IV: 1870–1918. Von der Reichsgründung bis zum Ende des Ersten Weltkriegs, München 1991, S. 179–227, hier S. 180 ff.

39 Dazu Margret Kraul: Das deutsche Gymnasium 1780 bis 1980, Frankfurt am Main 1984.

40 Vgl. Christoph Führ: Die preußischen Schulkonferenzen von 1890 und 1900. Ihre bildungspolitische Rolle und bildungsgeschichtliche Bewertung, in: Peter Baumgart (Hrsg.): Bildungspolitik in Preußen zur Zeit des Kaiserreichs,

Stuttgart 1980, S. 189–223; James C. Albisetti: Secondary school reform in Imperial Germany, Princeton 1983, S. 243–291.

41 Zu den historischen Voraussetzungen dieses Prozesses noch immer grundlegend Friedrich Paulsen: Geschichte des gelehrten Unterrichts auf den deutschen Schulen und Universitäten vom Ausgang des Mittelalters bis zur Gegenwart. Mit besonderer Rücksicht auf den klassischen Unterricht, Bde. 1–2, 3. Aufl., Leipzig/Berlin 1921, hier Bd. 2, S. 131–142.

42 Dazu ausführlich Wolfgang König: Wilhelm II. und die Moderne. Der Kaiser und die technisch-industrielle Welt, Paderborn 2007, S. 110–136.

43 Zahlen nach Nipperdey: Arbeitswelt und Bürgergeist (wie Anm. 30), S. 554 f.

44 Zahlen nach Becker/Kluchert: Die Bildung der Nation (wie Anm. 28), S. 12. Ähnliches galt mit Blick auf die Verteilung der Schülerzahlen im größten Bundesstaat Preußen. Hier betrugen die Anteile 72 Prozent zu 24 Prozent zu 4 Prozent (1891) bzw. 54 Prozent zu 25 Prozent zu 21 Prozent (1911); Zahlen nach Mommsen: Bürgerliche Kultur und künstlerische Avantgarde (wie Anm. 2), S. 64.

45 Die entsprechenden Zusammenhänge erhellt neben dem Standardwerk von Wolfgang Scheibe: Die reformpädagogische Bewegung 1900–1932. Eine einführende Darstellung (1969), 10., erw. Aufl. mit einem Nachwort von Heinz-Elmar Tenorth, Weinheim/Basel 1994, zuletzt umfassend Dietrich Benner/Herwig Kemper: Theorie und Geschichte der Reformpädagogik, Teil 2: Die Pädagogische Bewegung von der Jahrhundertwende bis zum Ende der Weimarer Republik, Weinheim/Basel 2003; kritisch-distanziert Jürgen Oelkers: Reformpädagogik. Eine kritische Dogmengeschichte, 4. Aufl., Weinheim/München 2005; zu entsprechenden Modernitätspotenzialen Heiner Ullrich: Die Reformpädagogik. Modernisierung der Erziehung oder Weg aus der Moderne?, in: Zeitschrift für Pädagogik 36 (1990), S. 893–918 sowie Heinz-Elmar Tenorth: »Reformpädagogik«. Erneuter Versuch, ein erstaunliches Phänomen zu verstehen, in: Ebd. 40 (1994), S. 585–604.

46 Zahlen nach Nipperdey: Arbeitswelt und Bürgergeist (wie Anm. 30), S. 570.

47 Zahlen nach Bernhard vom Brocke: Kultusministerien und Wissenschaftsverwaltungen in Deutschland und Österreich: Systembrüche und Kontinuitäten 1918/19 – 1933/38 – 1945/46, in: Rüdiger vom Bruch/Brigitte Kaderas (Hrsg.): Wissenschaften und Wissenschaftspolitik. Bestandsaufnahmen zu Formationen, Brüchen und Kontinuitäten im Deutschland des 20. Jahrhunderts, Stuttgart 2002, S. 193–214, hier S. 195.

48 So Bernhard vom Brocke: Hochschul- und Wissenschaftspolitik in Preußen und im Deutschen Kaiserreich 1882–1907: das »System Althoff«, in: Baumgart (Hrsg.): Bildungspolitik in Preußen zur Zeit des Kaiserreichs (wie Anm. 40), S. 9–118, hier S. 11.

49 Darüber umfassend Bernhard vom Brocke (Hrsg.): Wissenschaftsgeschichte und Wissenschaftspolitik im Industriezeitalter. Das »System Althoff« in historischer Perspektive, Hildesheim 1991 sowie unlängst Lode Vereeck: Das deutsche Wissenschaftswunder. Eine ökonomische Analyse des Systems Althoff (1882–1907), Berlin 2001.

50 Vgl. zuletzt Bernhard vom Brocke: Berufungspolitik und Berufungspraxis im Deutschen Kaiserreich, in: Christian Hesse / Rainer Christoph Schwinges (Hrsg.): Professorinnen und Professoren gewinnen. Zur Geschichte des Berufungswesens an den Universitäten Mitteleuropas, Basel 2012, S. 55–104.

51 Zu den sich daraus ergebenden universitären Profilwandlungen Johanna Bleker (Hrsg.): Der Einritt der Frauen in die Gelehrtenrepublik. Zur Geschlechterfrage im akademischen Selbstverständnis und in der wissenschaftlichen Praxis am Anfang des 20. Jahrhunderts, Husum 1998.

52 So Bernhard vom Brocke: Die Entstehung der deutschen Forschungsuniversität, ihre Blüte und Krise um 1900, in: Rainer Christoph Schwinges (Hrsg.): Humboldt international. Der Export des deutschen Universitätsmodells im 19. und 20. Jahrhundert, Basel 2001, S. 367–401.

53 Adolf Harnack: Vom Großbetrieb der Wissenschaft, in: Preußische Jahrbücher 119 (1905), S. 193–201; vgl. neuerdings Christian Nottmeier: Adolf von Harnack und die deutsche Politik 1890–1930. Eine biographische Studie zum Verhältnis von Protestantismus, Wissenschaft und Politik, Tübingen 2004, bes. S. 269–279.

54 Zur Gründungsgeschichte Lothar Burchardt: Wissenschaftspolitik im Wilhelminischen Deutschland. Vorgeschichte, Gründung und Aufbau der Kaiser-Wilhelm-Gesellschaft zur Förderung der Wissenschaften, Göttingen 1975, bes. S. 31–52; zur historischen Entwicklung Bernhard vom Brocke: Die Kaiser-Wilhelm-Gesellschaft im Kaiserreich. Vorgeschichte, Gründung und Entwicklung bis zum Ausbruch des Ersten Weltkrieges, in: Ders. / Rudolf Vierhaus (Hrsg.): Forschung im Spannungsfeld von Politik und Gesellschaft. Geschichte und Struktur der Kaiser-Wilhelm-/Max-Planck-Gesellschaft. Aus Anlaß ihres 75jährigen Bestehens, Stuttgart 1990, S. 17–162; zur Differenzierung in einzelne Institute ders. / Hubert Laitko (Hrsg.): Die Kaiser-Wilhelm-/Max-Planck-Gesellschaft und ihre Institute. Das Harnack-Prinzip, Berlin 1996.

55 Max Weber: Wissenschaft als Beruf, München/Leipzig 1921.

56 Wilhelm Windelband: Geschichte und Naturwissenschaft. Rektoratsrede, Straßburg 1894.

57 Heinrich Rickert: Kulturwissenschaft und Naturwissenschaft, Tübingen 1899.

58 Ernst Haeckel: Die Welträthsel. Gemeinverständliche Studien über Monistische Philosophie, Bonn 1899; Wilhelm Bölsche: Das Liebesleben in der Natur.

Eine Entwicklungsgeschichte der Liebe, Jena 1898; vgl. neuerdings Gerd-Hermann Susen / Edith Wack (Hrsg.): »Was wir im Verstande ausjäten, kommt im Traume wieder«. Wilhelm Bölsche (1861–1939), Würzburg 2012.

59 Dazu als Überblick Hannsjoachim W. Koch: Der Sozialdarwinismus. Seine Genese und sein Einfluß auf das imperialistische Denken, München 1973.

60 So treffend Nipperdey: Arbeitswelt und Bürgergeist (wie Anm. 30), S. 628.

61 Vgl. Stefan Breuer: Ordnungen der Ungleichheit. Die deutsche Rechte im Widerstreit ihrer Ideen 1871–1945, Darmstadt 2001, S. 61 ff.; Peter Emil Becker: Zur Geschichte der Rassenhygiene. Wege ins Dritte Reich, Stuttgart/New York 1988, S. 57–137.

62 Zahlen nach Paul Weindling: Health, Race, and German Politics Between National Unification and Nazism, 1870–1945, Cambridge 1989, S. 146–149.

63 Zum internationalen Vergleich neuerdings Christian Geulen: Wahlverwandte. Rassendiskurs und Nationalismus im späten 19. Jahrhundert, Hamburg 2004, bes. S. 30 ff., 116–152, 272–307.

64 Vgl. detailliert Hubert Goenner: Einstein in Berlin, München 2005; Dieter Hoffmann: Einsteins Berlin, Berlin 2006.

65 Max Planck: Das Weltbild der neuen Physik, Leipzig 1929.

66 Vgl. Wilhelm Wundt: Völkerpsychologie. Eine Untersuchung der Entwicklungsgesetze von Sprache, Mythos und Sitte, Bde. 1–10, Leipzig 1900–1920; ders.: Elemente der Völkerpsychologie. Grundlinien einer psychologischen Entwicklungsgeschichte der Menschheit, Leipzig 1912, bes. S. 1–11.

67 Sigmund Freuds diesbezüglich wegweisende Abhandlungen erschienen zwischen 1900 (»Die Traumdeutung«) und 1905 (»Drei Abhandlungen zur Sexualtheorie«).

68 Dazu speziell Heinz Schott: Die Entdeckung des Unbewußten um 1900. Wissenschaftshistorische Anmerkungen zu Sigmund Freud, in: Berichte zur Wissenschaftsgeschichte 20 (1997), S. 287–295.

69 Vgl. instruktiv Notker Hammerstein (Hrsg.): Deutsche Geschichtswissenschaft um 1900, Stuttgart 1988.

70 Vgl. Hans-Heinz Krill: Die Rankerenaissance – Max Lenz und Erich Marcks. Ein Beitrag zum historisch-politischen Denken in Deutschland 1880–1935, Berlin 1962 sowie neuerdings Jens Nordalm: Historismus und moderne Welt. Erich Marcks (1861–1938) in der deutschen Geschichtswissenschaft, Berlin 2003.

71 Dazu speziell Joachim Thielen: Wilhelm Dilthey und die Entwicklung des geschichtlichen Denkens in Deutschland im ausgehenden 19. Jahrhundert, Würzburg 1999.

72 Vgl. Stefan Meineke: Friedrich Meinecke. Persönlichkeit und politisches Denken bis zum Ende des Ersten Weltkrieges, Berlin/New York 1995.

73 Vgl. Luise Schorn-Schütte: Karl Lamprecht. Kulturgeschichtsschreibung zwischen Wissenschaft und Politik, Göttingen 1984, bes. S. 90–99, 111 ff., 142 ff.; zuletzt maßgeblich Roger Chickering: Karl Lamprecht. A German Academic Life, New Jersey 1993.

74 Vgl. speziell Roger Chickering: The Lamprecht Controversy, in: Hartmut Lehmann (Hrsg.): Historikerkontroversen, Göttingen 2000, S. 17–29.

75 Zu diesem Entwicklungsprozess umfassend und informativ Herbert Schnädelbach: Philosophie in Deutschland 1830–1933, 5. Aufl., Frankfurt am Main 1994.

76 Vgl. instruktiv Hans-Ludwig Ollig: Der Neukantianismus, Stuttgart 1979, S. 53–66.

77 Dazu sehr erhellend Joachim H. W. Rosteutscher: Die Wiederkunft des Dionysos. Der naturmystische Irrationalismus in Deutschland, Bern 1947, bes. S. 137–192, 244–253.

78 Vgl. Ferdinand Fellmann: Lebensphilosophie. Elemente einer Theorie der Selbsterfahrung, Reinbek bei Hamburg 1993 sowie Karl Albert: Lebensphilosophie. Von den Anfängen bei Nietzsche bis zu ihrer Kritik bei Lukács, Freiburg/München 1995, bes. S. 115 ff., 131 ff., 179 ff.

79 Vgl. speziell Edmund Husserl: Philosophie als strenge Wissenschaft, in: Logos I (1911), S. 289–340; dazu zeitgenössisch Eugen Fink: Die Phänomenologische Philosophie Edmund Husserls in der gegenwärtigen Kritik. Mit einem Vorwort von Edmund Husserl, Berlin-Charlottenburg 1934, bes. S. 23 ff. und Ludwig Landgrebe: Phänomenologie und Metaphysik, Hamburg 1949, bes. S. 101–131; als Gesamtdarstellung unübertroffen Herbert Spiegelberg: The Phenomenological Movement. A Historical Introduction, Bde. 1–2, 3. Aufl., The Hague 1982.

80 Zur Entwicklung dieser Denkbewegung noch immer maßgeblich das monumentale Werk von Joachim Wach: Das Verstehen. Grundzüge einer Geschichte der hermeneutischen Theorie im 19. Jahrhundert, Bde. 1–3, Tübingen 1926–1933.

81 Vgl. zuletzt Friedrich Lenger: Sozialwissenschaft um 1900. Studien zu Werner Sombart und einigen seiner Zeitgenossen, Frankfurt am Main u. a. 2009 sowie Michael Seewald: Lujo Brentano und die Ökonomien der Moderne. Wissenschaft als Erzählung, Empirie und Theorie in der deutschen ökonomischen Tradition (1871–1931), Marburg 2010, bes. S. 27 ff., 165 ff., 300 ff.

82 Zum damit vielfach verbundenen politischen Engagement Dieter Krüger: Nationalökonomen im Wilhelminischen Deutschland, Göttingen 1983.

83 Dazu problemorientiert Klaus Lichtblau: Kulturkrise und Soziologie um die Jahrhundertwende. Zur Genealogie der Kultursoziologie in Deutschland, Frankfurt am Main 1996, bes. S. 102 ff.

84 Zur Problematik Webers sehr erhellend Gregor Schöllgen: Max Weber, München 1998, bes. S. 11–29.

85 Vgl. zuletzt maßgeblich Joachim Radkau: Max Weber. Die Leidenschaft des Denkens, München/Wien 2005.

86 Dazu Wilhelm Hennis: Max Webers Wissenschaft vom Menschen. Neue Studien zur Biographie des Werks, Tübingen 1996, bes. S. 71 ff., 101 ff.

87 Zu diesem Aspekt weiterhin grundlegend und unentbehrlich Wolfgang J. Mommsen: Max Weber und die deutsche Politik 1890–1920, Tübingen 1959.

88 Friedrich Meinecke: Drei Generationen deutscher Gelehrtenpolitik. Friedrich Theodor Vischer – Gustav Schmoller – Max Weber, in: Historische Zeitschrift 125 (1922), S. 248–283.

89 Dazu grundlegend Rüdiger vom Bruch: Wissenschaft, Politik und öffentliche Meinung. Gelehrtenpolitik im Wilhelminischen Deutschland (1890–1914), Husum 1980, bes. S. 11–57, 412–423.

90 Zu diesem Aspekt in größeren Zusammenhängen Fritz K. Ringer: Die Gelehrten. Der Niedergang der deutschen Mandarine 1890–1933, Stuttgart 1983, bes. S. 12–22, 229–272.

Ausblick: Wandlungsprozesse im Weltkrieg (S. 160–163)

1 Hierzu wie für das Folgende Ernst Rudolf Huber: Deutsche Verfassungsgeschichte seit 1789, Bd. V: Weltkrieg, Revolution und Reichserneuerung 1914–1919, Stuttgart u.a. 1978, S. 101–115; detaillierter Gerald D. Feldman: Armee, Industrie und Arbeiterschaft in Deutschland 1914 bis 1918, Berlin 1985, S. 173 ff.

2 Die Entwicklung der Wahlrechtsfrage im Krieg schildert ausführlich Reinhard Patemann: Der Kampf um die preußische Wahlreform im Ersten Weltkrieg, Düsseldorf 1964.

3 Zu diesem Aspekt eindringlich Jürgen Kocka: Klassengesellschaft im Krieg. Deutsche Sozialgeschichte 1914–1918, Göttingen 1973, S. 37.

4 Diesen Prozess beschreibt Rüdiger Schütz: Monarchischer Konstitutionalismus und parlamentarisches System. Zum Problem der Parlamentarisierungsbestrebungen in der Endphase des Deutschen Kaiserreichs, in: Heinrich Bodensieck (Hrsg.): Preußen, Deutschland und der Westen. Auseinandersetzungen und Beziehungen seit 1789. Zum 70. Geburtstag von Prof. Dr. Oswald Hauser, Göttingen/Zürich 1980, S. 103–132, bes. S. 111 ff.

5 Dies betont zu Recht bereits Kocka: Klassengesellschaft im Krieg (wie Anm. 3), S. 40, 108 ff.

6 So pointiert und treffend Manfred Nebelin: Ludendorff. Diktator im Ersten Weltkrieg, München 2011, S. 339.

Auswahlbibliografie

Alexander, Matthias: Die Freikonservative Partei 1890–1918. Gemäßigter Konservatismus in der konstitutionellen Monarchie. Düsseldorf 2000.

Anderson, Margaret Lavinia: Lehrjahre der Demokratie. Wahlen und politische Kultur im Deutschen Kaiserreich. Stuttgart 2009.

Arsenschek, Robert: Der Kampf um die Wahlfreiheit im Kaiserreich. Zur parlamentarischen Wahlprüfung und politischen Realität der Reichstagswahlen 1871–1914. Düsseldorf 2003.

Augustine, Dolores L.: Patricians and Parvenus. Wealth and High Society in Wilhelmine Germany. Oxford, Providence 1994.

Barlösius, Eva: Naturgemäße Lebensführung. Zur Geschichte der Lebensreform um die Jahrhundertwende. Frankfurt am Main, New York 1997.

Baumgart, Winfried: Deutschland im Zeitalter des Imperialismus (1890–1914). Grundkräfte, Thesen und Strukturen. Frankfurt am Main, Berlin, Wien 1972.

Becker, Hellmut; Kluchert, Gerhard: Die Bildung der Nation. Schule, Gesellschaft und Politik vom Kaiserreich zur Weimarer Republik. Stuttgart 1993.

Berghahn, Volker: Das Kaiserreich 1871–1914. Industriegesellschaft, bürgerliche Kultur und autoritärer Staat. Stuttgart 2003.

Bergmann, Klaus: Agrarromantik und Großstadtfeindschaft. Meisenheim am Glan 1970.

Biefang, Andreas; Epkenhans, Michael; Tenfelde, Klaus (Hrsg.): Das politische Zeremoniell im Deutschen Kaiserreich 1871–1918. Düsseldorf 2008.

Bollenbeck, Georg: Tradition, Avantgarde, Reaktion. Deutsche Kontroversen um die kulturelle Moderne 1880–1945. Frankfurt am Main 1999.

Born, Karl Erich: Staat und Sozialpolitik seit Bismarcks Sturz. Ein Beitrag zur Geschichte der innenpolitischen Entwicklung des Deutschen Reiches 1890–1914. Wiesbaden 1957.

Breuer, Stefan: Die Völkischen in Deutschland. Kaiserreich und Weimarer Republik. Darmstadt 2008.

Brocke, Bernhard vom (Hrsg.): Wissenschaftsgeschichte und Wissenschaftspolitik im Industriezeitalter. Das »System Althoff« in historischer Perspektive. Hildesheim 1991.

Bruch, Rüdiger vom: Wissenschaft, Politik und öffentliche Meinung. Gelehrtenpolitik im Wilhelminischen Deutschland (1890–1914). Husum 1980.

Chickering, Roger: We Men Who Feel Most German. A Cultural Study of the Pan-German League, 1886–1914. London, Sydney 1984.

Clark, Christopher: Wilhelm II. Die Herrschaft des letzten deutschen Kaisers. München 2008.

Doerry, Martin: Übergangsmenschen. Die Mentalität der Wilhelminer und die Krise des Kaiserreichs. Bde. 1–2. Weinheim, München 1986.

Dowe, Christopher: Auch Bildungsbürger. Katholische Studierende und Akademiker im Kaiserreich. Göttingen 2006.

Drehsen, Volker; Sparn, Walter (Hrsg.): Vom Weltbildwandel zur Weltanschauungsanalyse. Krisenwahrnehmung und Krisenbewältigung um 1900. Berlin 1996.

Epkenhans, Michael: Die wilhelminische Flottenrüstung 1908–1914. Weltmachtstreben, industrieller Fortschritt, soziale Integration. München 1991.

Faulstich, Werner (Hrsg.): Das Erste Jahrzehnt. München 2006.

Franz, Sandra: Die Religion des Grals. Entwürfe arteigener Religiosität im Spektrum von völkischer Bewegung, Lebensreform, Okkultismus, Neuheidentum und Jugendbewegung (1871–1945). Schwalbach im Taunus 2009.

Frie, Ewald: Das Deutsche Kaiserreich. Darmstadt 2004.

Gawatz, Andreas: Wahlkämpfe in Württemberg. Landtags- und Reichstagswahlen beim Übergang zum politischen Massenmarkt (1889–1912). Düsseldorf 2001.

Gilg, Peter: Die Erneuerung des demokratischen Denkens im Wilhelminischen Deutschland. Eine ideengeschichtliche Studie zur Wende vom 19. zum 20. Jahrhundert. Wiesbaden 1965.

Grabowski, Sabine: Deutscher und polnischer Nationalismus. Der Deutsche Ostmarken-Verein und die polnische Straz 1894–1914. Marburg 1998.

Grießmer, Axel: Massenverbände und Massenparteien im wilhelminischen Reich. Zum Wandel der Wahlkultur 1903–1912. Düsseldorf 2000.

Grosser, Dieter: Vom monarchischen Konstitutionalismus zur parlamentarischen Demokratie. Die Verfassungspolitik der deutschen Parteien im letzten Jahrzehnt des Kaiserreiches. Den Haag 1970.

Hahn, Hans Henning; Kunze, Peter (Hrsg.): Nationale Minderheiten und staatliche Minderheitenpolitik in Deutschland im 19. Jahrhundert. Berlin 1999.

Halder, Winfrid: Innenpolitik im Kaiserreich 1871–1914. Darmstadt 2003.

Heckart, Beverly: From Bassermann to Bebel. The Grand Bloc's Quest for Reform in the Kaiserreich, 1900–1914. New Haven 1974.

Heidenreich, Bernd; Neitzel, Sönke (Hrsg.): Das Deutsche Kaiserreich 1890–1914. Paderborn u.a. 2011.

Heinsohn, Kirsten: Konservative Parteien in Deutschland 1912 bis 1933. Demokratisierung und Partizipation in geschlechterhistorischer Perspektive. Düsseldorf 2010.

Hepp, Corona: Avantgarde. Moderne Kunst, Kulturkritik und Reformbewegungen nach der Jahrhundertwende. München 1987.

Hering, Rainer: Konstruierte Nation. Der Alldeutsche Verband 1890 bis 1939. Hamburg 2003.

Hertz-Eichenrode, Dieter: Deutsche Geschichte 1890–1918. Das Kaiserreich in der Wilhelminischen Zeit. Stuttgart, Berlin, Köln 1996.

Huber, Ernst Rudolf: Deutsche Verfassungsgeschichte seit 1789. Bd. III: Bismarck und das Reich, 2. Aufl. Stuttgart u.a. 1978; Bd. IV: Struktur und Krisen des Kaiserreichs, 2. Aufl. Stuttgart u.a. 1982; Bd. V: Weltkrieg, Revolution und Reichserneuerung 1914–1919. Stuttgart u.a. 1978.

Jenkins, Jennifer: Provincial Modernity. Local Culture and Liberal Politics in Fin-de-Siècle Hamburg. Ithaca 2003.

John, Michael: Politics and the Law in Late Nineteenth-Century Germany. The Origins of the Civil Code. Oxford 1989.

Kirsch, Martin: Monarch und Parlament im 19. Jahrhundert. Der monarchische Konstitutionalismus als europäischer Verfassungstyp – Frankreich im Vergleich. Göttingen 1999.

Kocka, Jürgen: Klassengesellschaft im Krieg. Deutsche Sozialgeschichte 1914–1918. Göttingen 1973.

Kohlrausch, Martin: Der Monarch im Skandal. Die Logik der Massenmedien und die Transformation der Wilhelminischen Monarchie. Berlin 2005.

König, Alexander: Wie mächtig war der Kaiser? Kaiser Wilhelm II. zwischen Königsmechanismus und Polykratie von 1908 bis 1914. Stuttgart 2009.

König, Wolfgang: Wilhelm II. und die Moderne. Der Kaiser und die technisch-industrielle Welt. Paderborn u.a. 2007.

Kotowski, Albert S.: Zwischen Staatsräson und Vaterlandsliebe. Die Polnische Fraktion im Deutschen Reichstag 1871–1918. Düsseldorf 2007.

Kroll, Frank-Lothar: Kultur, Bildung und Wissenschaft im 20. Jahrhundert. München 2003.

Kuchenbuch, Thomas: Die Welt um 1900. Unterhaltungs- und Technikkultur. Stuttgart, Weimar 1992.

Ladd, Brian: Urban planning and civic order in Germany, 1860–1914. Cambridge (Mass.), London 1990.

Lässig, Simone: Wahlrechtskampf und Wahlreform in Sachsen (1895–1909). Köln, Weimar, Wien 1996.

Lerman, Katharine Anne: The Chancellor as Courtier. Bernhard von Bülow and the Governance of Germany, 1900–1909. Cambridge 1990.

Lichtblau, Klaus: Kulturkrise und Soziologie um die Jahrhundertwende. Zur Genealogie der Kultursoziologie in Deutschland. Frankfurt am Main 1996.

Loth, Wilfried: Katholiken im Kaiserreich. Der politische Katholizismus in der Krise des wilhelminischen Deutschland. Düsseldorf 1984.

Loth, Wilfried: Das Kaiserreich. Obrigkeitsstaat und politische Mobilisierung. München 1996.

Maciuika, John V.: Before the Bauhaus. Architecture, Politics, and the German State, 1890–1920. Cambridge 2005.

Mai, Ekkehard; Waetzoldt, Stephan (Hrsg.): Kunstverwaltung, Bau- und Denkmal-Politik im Kaiserreich. Berlin 1981.

Mix, York-Gothart (Hrsg.): Naturalismus, Fin de siècle, Expressionismus 1890–1918. München 2000.

Möckl, Karl (Hrsg.): Hof und Hofgesellschaft in den deutschen Staaten im 19. und beginnenden 20. Jahrhundert. Boppard a.R. 1990.

Möckl, Karl: Die Prinzregentenzeit. Gesellschaft und Politik während der Ära des Prinzregenten Luitpold. München, Wien 1972.

Mommsen, Wolfgang J.: Der autoritäre Nationalstaat. Verfassung, Gesellschaft und Kultur im deutschen Kaiserreich. Frankfurt am Main 1990.

Mommsen, Wolfgang J.: Bürgerliche Kultur und künstlerische Avantgarde. Kultur und Politik im deutschen Kaiserreichs 1870 bis 1918. Frankfurt am Main, Berlin 1994.

Mommsen, Wolfgang J.: Bürgerstolz und Weltmachtstreben. Deutschland unter Wilhelm II. 1890 bis 1918. Berlin 1995.

Mommsen, Wolfgang J: Bürgerliche Kultur und politische Ordnung. Künstler, Schriftsteller und Intellektuelle in der deutschen Gesellschaft 1830–1933. Frankfurt am Main 2000.

Mommsen, Wolfgang J.: War der Kaiser an allem schuld? Wilhelm II. und die preußisch-deutschen Machteliten. München 2002.

Müller, Sven Oliver; Torp, Cornelius (Hrsg.): Das Deutsche Kaiserreich in der Kontroverse. Göttingen 2009.

Nebelin, Manfred: Ludendorff. Diktator im Ersten Weltkrieg. München 2010.

Nipperdey, Thomas: Deutsche Geschichte 1866–1918. Bd. 1: Arbeitswelt und Bürgergeist. München 1990.

Nipperdey, Thomas: Deutsche Geschichte 1866–1918. Bd. 2: Machtstaat vor der Demokratie. München 1992.

Nipperdey, Thomas: Die Organisation der deutschen Parteien vor 1918. Düsseldorf 1961.

Nonn, Christoph: Verbraucherprotest und Parteiensystem im wilhelminischen Deutschland. Bonn 1996.

Obst, Michael A.: »Einer nur ist Herr im Reiche«. Kaiser Wilhelm II. als politischer Redner. Paderborn u. a. 2010.

Peters, Michael: Der Alldeutsche Verband am Vorabend des Ersten Weltkrieges (1908–1914). Ein Beitrag zur Geschichte des völkischen Nationalismus im spätwilhelminischen Deutschland, 2. Aufl. Frankfurt am Main u. a. 1996.

Petzold, Dominik: Der Kaiser und das Kino. Herrschaftsinszenierung, Populärkultur und Filmpropaganda im Wilhelminischen Zeitalter. Paderborn 2011.

Peukert, Detlev J. K.; Nitschke, August; Ritter, Gerhard A.; Bruch, Rüdiger vom (Hrsg.): Jahrhundertwende. Der Aufbruch in die Moderne 1880–1930. Bd. 1. Reinbek 1990.

Pierenkemper, Toni: Arbeitsmarkt und Angestellte im Deutschen Kaiserreich 1880–1913. Interessen und Strategien als Elemente der Integration eines segmentierten Arbeitsmarktes. Stuttgart 1987.

Pöthe, Angelika: Fin de Siècle in Weimar. Moderne und Antimoderne 1885–1918. Wien, Köln, Weimar 2011.

Preibusch, Sophie Charlotte: Verfassungsentwicklungen im Reichsland Elsaß-Lothringen 1871–1918. Integration durch Verfassungsrecht? Berlin 2006.

Puhle, Hans-Jürgen: Agrarische Interessenpolitik und preußischer Konservatismus im wilhelminischen Reich (1893–1914). Ein Beitrag zur Analyse des Nationalismus in Deutschland am Beispiel des Bundes des Landwirte und der Deutsch-Konservativen Partei. Hannover 1966.

Puschner, Uwe: Die Völkische Bewegung im wilhelminischen Kaiserreich. Sprache, Rasse, Religion. Darmstadt 2001.

Puschner, Uwe; Schmitz, Walther; Ulbricht, Justus H. (Hrsg.): Handbuch zur »Völkischen Bewegung« 1871–1918. München 1996.

Rauh, Manfred: Die Parlamentarisierung des Deutschen Reiches. Düsseldorf 1977.

Rauh, Manfred: Föderalismus und Parlamentarismus im Wilhelminischen Reich. Düsseldorf 1973.

Reichard, Richard W.: From the Petition to the Strike. A History of Strikes in Germany, 1869–1914. New York u. a. 1991.

Reichold, Helmut: Bismarcks Zaunkönige. Duodez im 20. Jahrhundert. Eine Studie zum Föderalismus im Bismarckreich. Paderborn 1977.

Reinermann, Lothar: Der Kaiser in England. Wilhelm II. und sein Bild in der britischen Öffentlichkeit. Paderborn u.a. 2001.

Retallack, James N.: Notables of the Right. The Conservative Party and Political Mobilization in Germany, 1876–1918. Boston 1988.

Rimmele, Eva: Sprachenpolitik im Deutschen Kaiserreich vor 1914. Regierungspolitik und veröffentlichte Meinung in Elsaß-Lothringen und den östlichen Provinzen Preußens. Frankfurt am Main u.a. 1996.

Ringer, Fritz K.: Die Gelehrten. Der Niedergang der deutschen Mandarine 1890–1933. Stuttgart 1983.

Ritter, Gerhard A.: Die Arbeiterbewegung im Wilhelminischen Reich. Die Sozialdemokratische Partei und die Freien Gewerkschaften 1890–1900. Berlin-Dahlem 1959.

Ritter, Gerhard A. (Hrsg.): Deutsche Parteien vor 1918. Köln 1973.

Ritter, Gerhard A. (Hrsg.): Der Aufstieg der deutschen Arbeiterbewegung. Sozialdemokratie und Freie Gewerkschaften im Parteiensystem und Sozialmilieu des Kaiserreichs. München 1990.

Ritter, Gerhard A.; Tenfelde, Klaus: Arbeiter im Deutschen Kaiserreich 1871 bis 1914. Berlin 1992.

Rohkrämer, Thomas: Der Militarismus der »kleinen Leute«. Die Kriegervereine im Deutschen Kaiserreich 1871–1914. München 1990.

Röhl, John C. G.: Wilhelm II. Der Weg in den Abgrund 1900–1941. München 2008.

Rollins, William H.: A Greener Vision of Home. Cultural Politics and Environmental Reform in the German »Heimatschutz« Movement, 1904–1918. Ann Arbour 1997.

Ross, Werner: Bohemiens und Belle Epoque. Als München leuchtete. Berlin 1997.

Saul, Klaus: Staat, Industrie und Arbeiterbewegung im Kaiserreich. Zur Innen- und Sozialpolitik des Wilhelminischen Deutschland 1903–1914. Düsseldorf 1974.

Scharrer, Manfred: Organisation und Vaterland. Gewerkschaften vor dem Ersten Weltkrieg. Köln 1990.

Scheil, Stefan.: Die Entwicklung des politischen Antisemitismus in Deutschland zwischen 1881 und 1912. Eine wahlgeschichtliche Untersuchung. Berlin 1999.

Schoenbaum, David: Zabern, 1913. Consensus Politics in Imperial Germany. London 1982.

Schönberger, Christoph: Das Parlament im Anstaltsstaat. Zur Theorie parlamentarischer Repräsentation in der Staatsrechtslehre des Kaiserreichs (1871–1918). Frankfurt am Main 1997.

Schönhoven, Klaus: Expansion und Konzentration. Studien zur Entwicklung der Freien Gewerkschaften im Wilhelminischen Deutschland 1890 bis 1914. Stuttgart 1980.

Schorske, Carl E.: Die große Spaltung. Die deutsche Sozialdemokratie 1905 bis 1917. Berlin 1981.

Shevin-Coetzee, Marilyn: The German Army League. Popular Nationalism in Wilhelmine Germany. New York, Oxford 1990.

Sombart, Nicolaus: Wilhelm II. Sündenbock und Herr der Mitte. Berlin 1996.

Spenkuch, Hartwin: Das Preußische Herrenhaus. Adel und Bürgertum in der Ersten Kammer des Landtages 1854–1918. Düsseldorf 1998.

Steinmetz, George: Regulating the Social. The Welfare State and Local Politics in Imperial Germany. Princeton 1993.

Stolberg-Wernigerode, Otto Graf zu: Die unentschiedene Generation. Deutschlands konservative Führungsschichten am Vorabend des Ersten Weltkrieges. München, Wien 1968.

Straub, Eberhard: Kaiser Wilhelm II. in der Politik seiner Zeit. Die Erfindung des Reiches aus dem Geiste der Moderne. Berlin 2008.

Stürmer, Michael: Das ruhelose Reich. Deutschland 1866–1918. Berlin 1983.

Süle, Tibor: Preußische Bürokratietradition. Zur Entwicklung von Verwaltung und Beamtenschaft in Deutschland 1871–1918. Göttingen 1988.

Tenfelde, Klaus; Volkmann, Heinrich (Hrsg.): Streik. Zur Geschichte des Arbeitskampfes in Deutschland während der Industrialisierung. München 1981.

Thompson, Alastair Paul: Left Liberals in German State and Society, 1907–1918. London 1989.

Ullmann, Hans-Peter: Das Deutsche Kaiserreich 1871–1918. Frankfurt am Main 1995.

Ullmann, Hans-Peter: Politik im Deutschen Kaiserreich 1871–1918. München 1999.

Ullrich, Volker: Die nervöse Großmacht. Aufstieg und Untergang des deutschen Kaiserreichs 1871–1918. Frankfurt am Main 1997.

Vondung, Klaus (Hrsg.): Das wilhelminische Bildungsbürgertum. Zur Sozialgeschichte seiner Ideen. Göttingen 1976.

Wagner, Patrick: Bauern, Junker, Beamte. Lokale Herrschaft und Partizipation im Ostelbien des 19. Jahrhunderts. Göttingen 2005.

Walkenhorst, Peter: Nation – Volk – Rasse. Radikaler Nationalismus im Deutschen Kaiserreich 1890–1914, Göttingen 2007.

Wehler, Hans-Ulrich: Das Deutsche Kaiserreich 1871–1918. Göttingen 1973.

Wehler, Hans-Ulrich: Krisenherde des Kaiserreichs 1871–1918. Studien zur deutschen Sozial- und Verfassungsgeschichte, 2. Aufl. Göttingen 1979.

Wehler, Hans-Ulrich: Deutsche Gesellschaftsgeschichte. Bd. III: Von der »Deutschen Doppelrevolution« bis zum Beginn des Ersten Weltkrieges 1849–1914. München 1995.

Werner, Karl Ferdinand (Hrsg.): Hof, Kultur und Politik im 19. Jahrhundert. Akten des 18. Deutsch-Französischen Historikerkolloquiums · Darmstadt vom 27.–30. September 1982. Bonn 1985.

Wilhelm, Uwe: Das Deutsche Kaiserreich und seine Justiz. Justizkritik – politische Strafrechtsprechung – Justizpolitik. Berlin 2010.

Winzen, Peter: Das Kaiserreich am Abgrund. Die Daily Telegraph-Affäre und das Hale-Interview von 1908. Darstellung und Dokumentation. Stuttgart 2002.

Witt, Peter-Christian: Die Finanzpolitik des Deutschen Reiches von 1903 bis 1913. Eine Studie zur Innenpolitik des Wilhelminischen Deutschlands. Lübeck 1970.

Zimmermann, Clemens; Reulecke, Jürgen (Hrsg.): Die Stadt als Moloch? Das Land als Kraftquell? Wahrnehmungen und Wirkungen der Großstädte um 1900. Basel, Boston, Berlin 1999.

Personenregister

Sachregister

Der Autor

Frank-Lothar Kroll, geboren 1959 in Aachen, lehrt seit 2004 als Inhaber der Professur für Europäische Geschichte des 19. und 20. Jahrhunderts an der Technischen Universität Chemnitz. Promotion 1987 in Köln, Habilitation 1995 in Erlangen; seit 2006 Vorsitzender der Preußischen Historischen Kommission, seit 2011 Vorsitzender der Prinz-Albert-Gesellschaft; Vorstandsmitglied der Ranke-Gesellschaft; Mitglied der Wissenschaftlichen Beiräte des Instituts für Zeitgeschichte München, des Deutschen Historischen Instituts Warschau, der Forschungsgemeinschaft 20. Juli 1944 und der Stiftung Flucht, Vertreibung, Versöhnung; seit 2006 (mit Wolfgang Neugebauer) Herausgeber der »Forschungen zur Brandenburgischen und Preußischen Geschichte«. Wichtigste Monografien: »Das Ornament in der Kunsttheorie des 19. Jahrhunderts« (1987), »Friedrich Wilhelm IV. und das Staatsdenken der deutschen Romantik« (1990), »Utopie als Ideologie. Geschichtsdenken und politisches Handeln im Dritten Reich« (1998, 2. Aufl. 1999, japan. Übers. 2006), »Das geistige Preußen. Zur Ideengeschichte eines Staates« (2001), »Kultur, Bildung und Wissenschaft im 20. Jahrhundert« (2003), »Geschichte Hessens« (2006, 2. Aufl. 2010), »Die Hohenzollern« (2008), »Intellektueller Widerstand im Dritten Reich. Heinrich Lützeler und der Nationalsozialismus« (2008), »Geschichtswissenschaft in politischer Absicht. Hans-Joachim Schoeps und Preußen« (2010), »Rousseau in Preußen und Russland. Zur Geschichte seiner Wirkung im 18. Jahrhundert« (2012).

»Deutsche Geschichte im 20. Jahrhundert«

Mit der Reihe »Deutsche Geschichte im 20. Jahrhundert« wendet sich erstmals eine junge Generation von Historikern dem gerade zu Ende gegangenen »deutschen Jahrhundert« zu. In 16 populär geschriebenen Bänden werfen sie einen unverstellten Blick auf Alltag, Kultur, Politik und Wirtschaft vom Kaiserreich bis zur Berliner Republik.

Jeder Band ca. 200 Seiten, ca. 20 Abb., 19,90 € [D] / 26,90 SFr / 20,50 € [A]

Bd. 1: Frank-Lothar Kroll
Geburt der Moderne. Politik, Gesellschaft und Kultur vor dem Ersten Weltkrieg

Bd. 2: Jürgen Angelow
Der Weg in die Urkatastrophe. Der Zerfall des alten Europa 1900–1914.

Bd. 3: Sönke Neitzel
Weltkrieg und Revolution. 1914–1918/19.

Bd. 4: Hans-Christof Kraus
Versailles und die Folgen. Außenpolitik zwischen Revisionismus und Verständigung 1919–1933.

Bd. 5: Peter Hoeres
Die Kultur von Weimar. Durchbruch der Moderne.

Bd. 6: Hendrik Thoß
Demokratie ohne Demokraten? Die Innenpolitik der Weimarer Republik.

Bd. 7: Riccardo Bavaj
Die nationalsozialistische Diktatur. Gewaltherrschaft und Sozialexperiment *Erscheint ca. Herbst 2013*

Bd. 8: Lars Lüdicke
Griff nach der Weltherrschaft. Die Außenpolitik des Dritten Reiches 1933–1945.

Bd. 9: Alexander Brakel
Der Holocaust. Judenverfolgung und Völkermord.

Bd. 10: Rainer F. Schmidt
Der Zweite Weltkrieg. Die Zerstörung Europas.

Bd. 11: Matthias Uhl
Die Teilung Deutschlands. Niederlage, Ost-West-Spaltung und Wiederaufbau 1945–1949.

Bd. 12: Carsten Kretschmann
Zwischen Spaltung und Gemeinsamkeit. Kultur in Deutschland.

Bd. 13: Thomas Brechenmacher
Die Bonner Republik. Politisches System und innere Entwicklung der Bundesrepublik.

Bd. 14: Stefan Creuzberger
Westintegration und Neue Ostpolitik. Die Außenpolitik der Bonner Republik.

Bd. 15: Dierk Hofmann
Von Ulbricht zu Honecker. Die DDR 1949–1989.
Erscheint ca. Herbst 2013

Bd. 16: Manfred Görtemaker
Die Berliner Republik. Wiedervereinigung und Neuorientierung.

Jürgen Angelow

Der Weg in die Urkatastrophe
Der Zerfall des alten Europas 1900–1914

208 Seiten, 9 Abb., geb.
19,90 € [D] / 26,90 SFr / 20,50 € [A]

ISBN 978-3-89809-402-3

Die Zeit vor dem Ersten Weltkrieg gehört zu den spannendsten Phasen der deutschen Geschichte. Jürgen Angelow analysiert anschaulich das Handeln der politischen Akteure in einer von Unsicherheiten und Widersprüchen gekennzeichneten Welt, die ebenso von Modernität und Globalisierung wie auch von Tradition und Nationalismus geprägt war. Die auf die Julikrise 1914 folgenden Ereignisse unterbrachen jäh die wirtschaftliche, politische und gesellschaftliche Entwicklung Europas.

Sönke Neitzel

Weltkrieg und Revolution 1914–1918/19

208 Seiten, 20 Abb., geb.
19,90 € [D] / 26,90 SFr / 20,50 € [A]

ISBN 978-3-89809-403-0

Der Erste Weltkrieg war die »Urkatastrophe des 20. Jahrhunderts«. Er zerstörte die politische Weltordnung, ermöglichte den Siegeszug des Kommunismus in Russland und ließ die USA zur Weltmacht aufsteigen. Sönke Neitzel schildert Ursachen und Verlauf dieses Krieges, beschreibt die Technisierung der Kriegführung und nimmt auch die wirtschaftlichen, gesellschaftlichen und politischen Folgen in den Blick. Eine zentrale Rolle spielt dabei die Revolution von 1918/19 in Deutschland.

Hans-Christof Kraus

Versailles und die Folgen. Außenpolitik zwischen Revisionismus und Verständigung 1919–1933

200 Seiten, 15 Abb., geb.
19,90 € [D] / 26,90 SFr / 20,50 € [A]

ISBN 978-3-89809-404-7

In den Jahren nach dem Ersten Weltkrieg standen alle europäischen Staaten vor der Herausforderung, ihre politischen, wirtschaftlichen und gesellschaftlichen Verhältnisse von Grund auf neu zu ordnen. Hans-Christof Kraus beschreibt präzise und anschaulich das Ringen der Politiker jener Zeit um ein geordnetes Miteinander – vor dem Hintergrund eines gerade zu Ende gegangenen Krieges, der fast neun Millionen Todesopfer gefordert hatte.

Peter Hoeres

Die Kultur von Weimar
Durchbruch der Moderne

192 Seiten, 7 Abb., geb.
19,90 € [D] / 26,90 SFr / 20,50 € [A]

ISBN 978-3-89809-405-4

Die Kultur der zwanziger Jahre gilt als Inbegriff der Moderne: Expressionismus und Neue Sachlichkeit in Kunst, Literatur und Theater, neue Unterhaltungsmedien wie Radio und Kino, veränderten gesellschaftliche Konventionen und die Präsenz der politischen wie ökonomischen Krisen samt einer ausufernden Kultur der Gewalt lassen die Kultur von Weimar als faszinierend, aber auch als bedrohlich erscheinen.

Lars Lüdicke

Griff nach der Weltherrschaft
Die Außenpolitik des Dritten Reiches 1933–1945

192 Seiten, 10 Abb., geb.
19,90 € [D] / 26,90 SFr / 20,50 € [A]

ISBN 978-3-89809-408-5

Die Außenpolitik des Dritten Reiches war von Anfang an auf jenen Weltanschauungskrieg ausgerichtet, den Hitler seit den 1920er Jahren gewollt hatte. Lars Lüdicke beschreibt und erklärt die Ursachen und Zusammenhänge, die dem Diktator den Griff nach der Weltherrschaft ermöglichten: Das Zusammenspiel mit den alten Eliten im Innern und die Wirkung von Aggression und Diplomatie nach außen. Rassenwahn und Expansionsdrang mündeten zuletzt in Vernichtung und Untergang.

Rainer F. Schmidt

Der Zweite Weltkrieg
Die Zerstörung Europas

192 Seiten, 9 Abb., geb.
19,90 € [D] / 26,90 SFr / 20,50 € [A]

ISBN 978-3-89809-410-8

Der Zweite Weltkrieg verwandelte Europa in eine Leichen- und Trümmerlandschaft. Rainer F. Schmidt beschreibt Ursachen und Verlauf dieses Krieges: die ersten erfolgreichen „Blitzfeldzüge" der Wehrmacht, den Raub- und Vernichtungskrieg gegen die Sowjetunion und den zu Lande, zu Wasser und in der Luft geführten Kampf gegen Großbritannien und die USA. Die Gründe für die unausweichliche Niederlage Deutschlands werden dabei genauso in den Blick genommen wie die alliierten Pläne für die Gestaltung einer Nachkriegsordnung.